Rachel Smolker
DAS LIED DER WILDEN DELFINE

Rachel Smolker

Das Lied der wilden Delfine

Aus dem Englischen
von Thorsten Schmidt

List

Die Originalausgabe erschien 2001 unter dem Titel
To Touch a Wild Dolphin
bei Nan A. Talese, New York

2. *Auflage 2001*

Der List Verlag ist ein Unternehmen
der Econ Ullstein List Verlag GmbH & Co. KG

ISBN 3-471-78664-3

Satz: Josefine Urban – KompetenzCenter, Düsseldorf
Druck und Bindung: Pustet, Regensburg

Vorwort

Ein lautes, heftiges »Pfhuu« weckt mich aus dem leichten
Halbschlaf, den man an Bord eines Bootes hat. Für einen
Augenblick liege ich still da, die Augen weit geöffnet, und lausche. Kein Zweifel, es ist das Atmen eines Delfins, und dann
wieder, erstaunlich nahe. Nachdem ich die klammen Decken
zurückgeschlagen habe, klettere ich auf das Deck der *Nortrek,*
unseres zwölf Meter langen Katamarans. Eine beständige kühle Brise weht aus Südwest, und die Sterne flimmern grell – ein
breiter, leuchtender Bogen am weiten Firmament. Der Mond
wirft eine schimmernde Bahn auf das dunkle und ruhige Wasser. Die Strömung der herannahenden Flut zerrt sanft an der
Vertäuung der *Nortrek* und gleitet an ihrem Zwillingsrumpf
entlang. Da, im Mondschein, sehe ich die silberne Silhouette
eines Delfins, der an der Wasseroberfläche entlanggleitet, Atem
holt und in einer fließenden Bewegung untertaucht. Plötzlich
bricht ein phosphoreszierendes Glitzern wie ein Komet nach
vorn und zerstreut sich in einem schäumenden Klatschen, als
der Delfin nach einem Fisch stößt. Danach taucht er abermals
auf, um Luft zu holen.
  Der Delfin ist so nahe am Boot, dass ich gerade noch die
Rückenfinne ausmachen kann, die am oberen Rand Kerben
aufweist – es ist Nicky. Sie bewegt sich durch die Bahn des
Mondlichts, und ihre glatte silberne Haut schimmert, als sie
wieder unter die Wasseroberfläche gleitet und sich dabei wieder in einen phosphoreszierenden Kometen verwandelt. Ihr

5

Atmen und die Art, wie sie sich bewegt, verraten mir, dass sie auf der Jagd ist.

In dem empfänglichen Schwebezustand der gerade aus dem Schlaf Gerissenen mache ich es mir an Deck bequem, um das Schauspiel zu bewundern: unten die phosphoreszierenden Kometen und oben die Milchstraße. Die Erhabenheit dieses Schauspiels reißt mich hinaus in die Unendlichkeit. Die Shark Bay öffnet ihre riesige Wasserfläche weit zum Indischen Ozean hin. Weit weg von den Lichtern der Städte ist sie ein Ort, an dem der Nachthimmel einem sich langsam drehenden Karussell von Sternbildern, pulsierenden bunten Planeten, glänzenden Wolken von Sternhaufen und dunklen, unheimlichen Sternnebeln gleicht. Die gelegentlich vorüberziehenden Satelliten und Sternschnuppen sind die einzigen Objekte, die eine ansonsten konstante und mittlerweile vertraute Geometrie stören. Gerade jetzt steht Orion tief am Horizont, es muss also ungefähr drei Uhr morgens sein.

In einer Nacht wie dieser scheint das Wasser buchstäblich von Lebewesen zu wimmeln, die an der Oberfläche dahinflitzen, platschen, springen, gleiten, schnappen und schlucken. Und das ist lediglich ein kleiner Ausschnitt aus der Welt, die sich unterhalb der Wasseroberfläche verbirgt. Ich bin froh, darüber zu sitzen, geborgen auf dem Deck der *Nortrek*, und unwillkürlich drängt sich mir die Frage auf, wie es wohl für Nicky ist, sich in der Dunkelheit durch diese Unterwasserwelt zu bewegen. Ihre Echoortung gestattet es ihr, Gegenstände mithilfe von Schallwellen zu »sehen«, aber nur in einem schmalen »Lichtkegel« unmittelbar vor ihr. Sehr viele Lebewesen, die mit ihr in dieser dunklen Suppe umherschwimmen, sind gefährlich, sogar tödlich. Wir sind hier schließlich in der Shark Bay. Einige Haie sind harmlos, andere aber, wie der Tigerhai, erbeuten Delfine. Es gibt auch giftige Drachenköpfe mit ihren kunstvoll drapierten todbringenden Stacheln, die schrecklichen, gut getarnten Steinfische, schnell um sich schlagende Stachelrochen und Seeschlangen. Sie alle können einem Delfin, der ihnen in einer dunklen Nacht in die Quere kommt, das Leben schwer machen.

6

In einiger Entfernung höre ich mindestens einen weiteren Delfin Luft holen, wahrscheinlich Nickys Mutter, Holeyfin, und vielleicht auch ihre Altersgenossin und Freundin Puck. Nachdem ich noch eine Weile dem Rhythmus ihres Atmens gelauscht habe, erkenne ich, dass sich Nicky in Richtung der anderen Delfine bewegt. Ich sehe förmlich, wie die anderen Delfine innehalten, um auf sie zu warten: Sie gleitet längs an Holeyfin entlang und dreht dabei den Bauch zur Begrüßung leicht zu ihrer Mutter hin. Beide tauchen ab, um eine Stelle mit Tang auf dem Meeresboden zu inspizieren, wo ein Fisch Zuflucht gesucht hat. Ich kenne Nicky gut, sie bringt ihre Zuneigung im Allgemeinen nur verhalten zum Ausdruck. Sie ist intelligent und für gewöhnlich recht ernsthaft, schwer zufrieden zu stellen und wirkt zuweilen in sich gekehrt. In gewisser Hinsicht ähnelt sie mir, und vielleicht fühle ich mich deshalb besonders zu ihr hingezogen.

Nicky, ihre Familie und die vielen anderen Delfine in der Red Cliff Bay (einer kleineren Bucht innerhalb der weitaus größeren Shark Bay) bilden nun schon seit über fünfzehn Jahren einen Schwerpunkt meines Lebens. Mir wurde das Privileg zuteil, an ihrer Welt teilzuhaben, und mit der Zeit habe ich eine tiefe Zuneigung zu ihnen gefasst. Es ist jene Art erwartungsvoller Sympathie, die ich zuweilen verspürte, als ich in fremden Ländern ungewöhnlich interessante und exotische Menschen kennen lernte. Obgleich wir uns kaum miteinander verständigen können und ich wenig über ihre Welt weiß, erzeugt der Vergleich unserer Gemeinsamkeiten und Unterschiede ein tiefes Gefühl der Verwandtschaft und gleichzeitig das deutliche, unabweisbare Bewusstsein, bloß Beobachter zu sein. Bei Delfinen ist diese Verwandtschaft weitläufiger, und noch dazu bin ich ein Beobachter von außen.

Auf dieser zerbrechlichen Nussschale hockend, die sich am Küstenstreifen dieses entlegenen, windgepeitschten Außenpostens an ihren Anker klammert, wird die Weite, die mich von allen Seiten umgibt, eine sinnfällige Wahrnehmung. Im Westen, jenseits des breit gespannten Indischen Ozeans, liegen Madagaskar und die Ostküste Afrikas. Hoch im Norden erstreckt sich Indonesien, und im Süden eine Unendlichkeit aus Wind, Wellen und Meer, die bis an den antarktischen Kontinent reicht. Im Osten liegt das winzige Fischercamp Monkey Mia, und dahinter hunderte von Kilometern Wüste, das Herzland Australiens. Darüber die unermessliche Weite des Weltraums.

Ein solcher Ausblick verstärkt mein Gefühl der Verwandtschaft mit Nicky und den anderen Delfinen. Nachdem ich sie seit mehr als fünfzehn Jahren beobachte, habe ich zusammen mit mehreren anderen Mitgliedern unserer Forschungsgruppe vieles über das Leben der Delfine in der Shark Bay herausgefunden. Vor allem haben diese Erkenntnisse die Konturen unserer Unkenntnis deutlich hervortreten lassen. Doch ungeachtet aller Sinne, Erfahrungen und Fähigkeiten, die wir nicht mit diesen Delfinen teilen, verbindet uns eine einfache, lebendige, starke und begeisternde Gemeinsamkeit.

Meine Reise in die Welt der Shark-Bay-Delfine begann, als ich noch ein – ahnungsloses – Kind war. Die meisten mir bekannten Delfinliebhaber behaupten, ihr Interesse an Delfinen sei in ihrer Kindheit geweckt worden, für gewöhnlich durch die Wiederholungen von »Flipper« im Fernsehen. Ich habe »Flipper« nie gesehen, und offen gestanden habe ich, soweit ich mich erinnern kann, auch nie einen Gedanken an Delfine verschwendet. Doch als Tochter zweier Biologen entwickelte ich schon früh eine Leidenschaft für Tiere. Zu meinem Vater, einem Ornithologen, wurden alle Jungvögel in unserer Gegend gebracht, die aus ihren Nestern gefallen waren, beziehungsweise verletzte Vögel, die unsere Nachbarn auf dem ländlichen Long Island fanden. Diese gab er dann in meine Obhut. Ich verbrachte meine gesamte Freizeit damit, kleine Würmer und Heuschrecken zu suchen, die Jungvögel zum Fressen zu bewegen und sie warm und sauber zu halten.

Als ich kürzlich eine Schachtel mit alten Fotos durchstöberte, fand ich eine Reihe von Schnappschüssen mit der Aufschrift »Rachel und ihre Lieblinge«. Eines zeigt mich mit einem Goldspecht auf meiner Hand. Ich schaue begeistert, aber auch ein wenig nervös drein, als ob es mir lästig wäre, mit dem Vogel für die Kamera meines Vaters zu posieren. Dieser Goldspecht kam seinerzeit als Baby zu uns, und ich verbrachte fast den ganzen Sommer damit, ihn durch die Wälder zu tragen, Termitennester ausfindig zu machen und ihn die Futtersuche zu lehren. Später folgte er (oder sie?) mir, wenn ich hoch zu Ross durch die Wälder ritt, kehrte gelegentlich zurück, um sich auf meiner Schulter niederzulasssen und mit seiner phänomenal langen Spechtzunge meine Ohren, Nasenlöcher und Augen gründlich zu untersuchen. Es existiert auch eine Reihe von Fotos von mir mit verschiedenen Entenjungen. Schon gleich nach dem Ausschlüpfen auf mich geprägt, folgten sie mir überallhin, und ich himmelte sie an.

Die Vögel waren Teil einer größeren Menagerie unserer Familie, zu der Hunde, Katzen, ein Pferd, Meerschweinchen, Kaninchen, Waschbären, Rennmäuse, Hamster, Schildkröten, Chamäleons, Schlangen und ein Krötenfisch zählten. Das größte aller Vergnügen war für mich als Kind, Tiere zu beobachten und für sie zu sorgen. Ich liebte sie mit einer Innigkeit, die ich später nur wieder bei der Geburt meiner Kinder verspürte. Ihr Wohlbefinden, ihre Sicherheit und die Befriedigung ihrer Bedürfnisse bedeuteten mir alles.

Heute bin ich der Meinung, dass diese Erlebnisse mit Tieren keineswegs belanglos für meine persönliche Entwicklung waren. Sie lehrten mich die Verantwortung, die mit der Fürsorge für ein anderes Lebewesen verbunden ist: Ich weiß noch, wie ich Nacht für Nacht mit einem jungen Blauhäher schlief, den ich, um ihn zu wärmen, vorsichtig in meiner hohlen Hand hielt. Sie lehrten mich, wie sich Leben entwickelt: Ich erinnere mich, dass ich von tiefer Ehrfurcht ergriffen war, als ich mit meiner Mutter winzige Löcher in die Schalen von Hühnereiern, die in Brutkästen ausgebrütet wurden, bohrte, in die wir Objektträger mit Wachs einließen, sodass wir die Entwicklung der Küken beobachten konnten. Und sie lehrten mich die Auseinandersetzung mit dem Tod: Wenn meine Tiere starben oder verschwanden, was sie alle früher oder später taten, war ich betrübt, lernte aber, den Verlust zu bewältigen.

Als Jugendliche verlagerten sich meine Interessen von Tieren hin zu Jungen. Nachdem ich die High-School abgebrochen hatte, folgte ich einem dieser Jungen nach Kalifornien. Peter weckte mein Interesse für Delfine; zusammen lasen wir John Lillys Bücher über Delfine: *Mensch und Delfin, Die Intelligenz des Delfins, Kommunikation zwischen Mensch und Delfin.* Lilly, ein gelernter Neurobiologe, hatte sich für das Gehirn des Delfins interessiert. Seine Studien lenkten die öffentliche Aufmerksamkeit auf die Tatsache, dass Delfine ein außergewöhnlich großes Gehirn besitzen. Er behauptete, Delfine seien womöglich sogar intelligenter als Menschen und besäßen eine Sprache, die der menschlichen ebenbürtig sei.

In dem Maße, wie sich Lilly in Experimente mit LSD vertiefte, wurden seine Behauptungen über die Leistungsfähigkeit des Delfingehirns jedoch bedauerlicherweise immer abstruser. Dennoch führten seine Bücher dazu, dass viele Menschen, nicht zuletzt ich, überzeugt davon waren, dass es noch eine weitere Spezies auf dem Planeten – in den Meeren – geben könnte, die über Intelligenz verfügt und zu enormem Einfühlungsvermögen und Freundlichkeit fähig war. Ebenbürtige Erdenbewohner, mit denen wir uns möglicherweise intelligent verständigen konnten und die vielleicht fähig waren, uns in unseren tiefsten Gedanken, Ideen und Sehnsüchten zu verstehen. Diese Vorstellungen muteten fantastisch an, waren beflügelnd und unwiderstehlich.

Weder Peter noch ich hatten jemals einen echten, lebenden Delfin gesehen. Dennoch waren wir davon überzeugt, dass sie hochintelligent sind. Auf eine magische Weise. Und nicht nur das; sie sollten auch sanftmütig sein, unaufhörlich lächeln und den Menschen wohlgesinnt sein.

Schließlich hatten wir, wie die meisten Menschen, Geschichten über Delfine gehört, die in Seenot geratene Menschen retteten, sich mit Kindern anfreundeten und Fischern halfen. Wir hatten den alten Spielfilmklassiker »Der Tag des Delfins« gesehen, in dem der Delfinstar in heroische Possen verwickelt wurde, als er George C. Scott aus einigen brenzligen Situationen zu retten versuchte, während er die ganze Zeit in einer Delfinversion der menschlichen Sprache den Satz »Fa liebt Pa« aufsagte.

Einige von uns hatten das Glück, Delfine in freier Wildbahn zu erleben. Am häufigsten sehen wir sie aber im Fernsehen (»Flipper«) oder in Kinofilmen (»Free Willy«). Günstigstenfalls haben wir Gelegenheit, die Kunststücke von Delfinen in Meeresaquarien wie Sea World zu bestaunen, wo sie es scheinbar genießen, uns mit atemberaubenden Sprüngen, freundlichem Gekasper und stetem Lächeln zu unterhalten. Von diesen, zum Teil auf Tatsachen, zum Teil auf Projektion beruhenden Erlebnissen leiten die meisten Leute ihre Vorstellung ab, Delfine seien entzückende, liebenswerte, freundliche und äußerst intelligente Geschöpfe. Peter und ich fielen darauf rein. Was konnte anziehender sein als ein Tier, das sowohl hochintelligent als auch gutmütig war? Mein Interesse für Delfine wurde geweckt, bevor ich überhaupt einem leibhaftigen Delfin begegnete.

Die erste Gelegenheit dazu bot sich 1980. Während ich Peter, der Psychologie studierte, in Kalifornien von einem College zum nächsten folgte, hielt ich mich mit Gelegenheitsarbeiten über Wasser, machte Musik und töpferte. Als Peter dann an die Universität von Kalifornien in Santa Cruz (UCSC) wechselte, schloss sich der Kreis, und ich kehrte zu meinen Wurzeln als Biologin zurück. Die UCSC, die auch liebevoll »Uncle Charlie's Summer Camp« genannt wird, beherbergte das Long Marine Laboratory, an dem Ken Norris, ein Wegbereiter der Delfinbiologie, lehrte. Ich wollte unbedingt bei ihm studieren und machte deshalb am örtlichen College so viele Scheine, wie man in einem Semester nur machen konnte, um die Anforderungen für einen Wechsel an die UCSC zu erfüllen.

Ken bot mir die Teilnahme an seinem Forschungsprojekt über Hawaii-Spinnerdelfine an. Diese nach ihren spektakulären Sprüngen benannten Delfine kamen jeden Morgen in die Kealakeakua Bay an der Kona-Küste der Hauptinsel Hawaii, wo sie sich den ganzen Tag über tummelten. Am späten Nachmittag begannen sie sich aufzuwärmen, und ihre akrobatischen

Luftsprünge wurden immer tollkühner. Damit holten sie sich den nötigen Schwung für einen weiten Ausflug ins offene Meer, wo sie nachts in den tiefen, dunklen Gewässern auf die Jagd gingen.

Mein Jahr mit den Spinnern war ein in Erfüllung gegangener Traum; aber er hatte seine Schattenseite. Es war idyllisch, Delfine zu beobachten, in einem tropischen Paradies zu leben, Mangos, Papayas und frischen Fisch zu verzehren und im klaren, korallenreichen Wasser zu schwimmen. Wir beobachteten die Delfine von der Küste aus, von Booten, von einer Vermessungsstation auf einer Klippe, aus einem kleinen Flugzeug und in einem Aquarium, dem Sea Life Park auf Oahu.

Nur selten jedoch konnten wir die einzelnen Delfine identifizieren, obgleich wir zu diesem Zweck hunderte von Fotos der natürlichen Markierungen auf ihren Rückenfinnen machten. Diese schnellen, geschmeidigen Meerestiere schienen in einer viel komprimierteren Zeitskala als der unseren zu leben. Wir erhaschten flüchtige Blicke von ihrem Leben, doch meistens geschahen die Dinge so schnell, dass wir ihnen nicht folgen konnten. Am Ende des Jahres hatte ich eine Menge darüber gelernt, wie man Delfine beobachtet, aber ich lernte sie nicht so kennen, wie ich es mir wünschte. Es war, als ob ich versucht hätte, mein Interesse an Menschen dadurch zu befriedigen, dass ich eine Studie über U-Bahn-Fahrgäste in New York City durchführte, statt mich mit wenigen Einzelpersonen anzufreunden. Ich wollte direkten Kontakt mit einem Delfin haben. Ich wollte meine Hand auf seine Haut legen, ihm in die Augen schauen und eine persönlichere Beziehung entwickeln und erkunden.

Zurück an der UCSC, nahm ich an Seminaren über die Evolution des Sozialverhaltens teil. Geleitet wurden sie von Bob Trivers, der einige der wichtigsten Theorien über das Verhalten von Säugetieren (einschließlich Menschen) aufgestellt hatte. Mit seinem einschüchternd breiten biologischen Wissen spannte Bob den Bogen seiner Vorlesungen vom Lächerlichen bis zum Erhabenen. Wenn er in Fahrt war, brauchte man sich bloß zurückzulehnen und sich auf seinen Gedankengang zu konzentrieren, um zu neuen, durchschlagenden Einsichten zu gelangen. Beim Lesen eines seiner Aufsätze, »Die Evolution des reziproken Altruismus«, erlebte ich eine Offenbarung, die mein Leben verändern sollte. Es fiel mir wie Schuppen von den Augen, und plötzlich ergab die ganze Evolutionstheorie – alles, angefangen vom Verhalten der Ameisen, Bienen und Wespen bis hin zu der Art, wie ich bestimmte Personen in meinem persönlichen Umfeld wahrnahm – einen Sinn für mich.

Jeder, der seine Erkenntnis auf die Knochen und Steine des Fossilbelegs stützt, geht davon aus, dass das Leben auf der Erde einen Prozess der schrittweisen Veränderung durchgemacht hat: die Evolution. Für einige wenige Lebewesen ist der Fossilbeleg so gut dokumentiert, dass wir leicht rekonstruieren können, wie sich jede Einzelne der aufeinander folgenden Spezies geringfügig von der vorangehenden unterschied und sich aus einer evolutionsgeschichtlich frühen Form in eine andere, vielleicht gänzlich andersgestaltige rezente Form wandelte.

Vor etwa sechzig Millionen Jahren begann ein Lebewesen, eine Ahnform auch der Huftiere (Rinder, Nilpferde und deren zweizehige Verwandte), mit einer schrittweisen Rückkehr ins Meer. Anfänglich waren diese gerade erst wieder in den Lebensraum Wasser zurückgekehrten Säugetiere, die ein wenig wie rezente Waschbären oder Otter im Flachwasser nach Nahrung suchten, wahrscheinlich keine sehr geschickten Schwimmer. Es gab jedoch Vorteile, sich in immer tieferes Gewässer vorzuwagen, und im Laufe der Zeit passten sie sich stetig besser an ihre aquatische Umwelt an. Ihre Nasenlöcher wanderten auf die Oberseite ihres Kopfes, wo sich beim heutigen Delfin das Blasloch befindet, sodass sie leichter auftauchen und Luft holen konnten. Ihre Ohren wurden so modifiziert, dass sie Unterwasserlaute auffangen konnten. Ihre Augen passten sich an das Sehen unter Wasser an. Sie verloren schrittweise ihre Hinterextremitäten und entwickelten eine durch starke Schwanzflossen (Fluken) angetriebene torpedoartige Form. Ihre Vorderextremitäten verschmolzen zu Brustflossen (Flippern), und sie verloren ihr Fell. Sogar ihre Haut veränderte sich, um dem permanenten Aufenthalt im Wasser standzuhalten. Praktisch jeder Aspekt ihrer physischen Gestalt und ihrer Physiologie hat sich im Prozess der Anpassung an die spezifischen Anforderungen des marinen Lebensraumes tief greifend verändert.

Dies war ein schrittweiser Prozess, der zudem ohne einen bewussten Plan oder ein Ziel ablief. Stattdessen halfen ihnen die wenigen, über zahllose Generationen hinweg bei diesen Ahnformen der Wale aufgetretenen Mutationen, die ihnen eine bessere Anpassung an ihre marine Umwelt erlaubten, mehr Nachkommen zu zeugen. Evolutionsbiologisch formuliert: Die besser an das Leben im Wasser angepassten Individuen hatten einen größeren Fortpflanzungserfolg. In der nächsten Generation trugen mehr Individuen diese Gene und Merkmale. Seit Darwin nennen Biologen diesen Prozess der schrittweisen Modifikation »natürliche Selektion«.

Obgleich die Selektion ein scheinbar einfaches Konzept ist, hatte sie weit reichende Implikationen. Die vielleicht bedeutsamste besteht darin, dass die »Währung« der Evolution im Fortpflanzungserfolg besteht. Pflanze dich eifrig fort (das heißt, bringe mehr oder tüchtigere Nachkommen hervor als andere Artgenossen), und du wirst in den künftigen Generationen vertreten sein. Andernfalls trägst du nichts zur Gestaltung der Zukunft deiner Art bei; du befindest dich in einer evolutionären Sackgasse.

Das war für mich eine Offenbarung, die mich erkennen ließ, dass das wichtigste und kennzeichnendste Merkmal des Verhaltens und der Biologie aller Tiere einschließlich des Menschen die Fortpflanzung war. Damals hatte ich mir keine großen Gedanken darüber gemacht, selbst Kinder zu haben, und nur wenige Leute in meinem Umfeld am College sprachen darüber. Zweifellos schmiedete niemand von ihnen Pläne, um seine genetische Repräsentation in künftigen Generationen zu sichern.

Allerdings ist sich kein Organismus der Mechanismen der Evolution bewusst. Eine Spinne weiß nicht, weshalb sie ein Netz spinnt, trotzdem macht sie es, und sie macht ihre Sache gut, weil ihre Vorfahren bessere Netze machten und deshalb mehr Nachkommen erzeugten als ihre Spinnen-Nachbarn. Die Bedeutung der Fortpflanzung und der Fortpflanzungstrieb können uns völlig unbewusst bleiben. Stattdessen können unzählige andere kleine Dinge, die scheinbar nichts damit zu tun haben, unsere Gedanken und Handlungen bestimmen. Und dennoch zeigt sich bei näherer Betrachtung, dass die Auswirkungen dieser kleinen Dinge auf die Fortpflanzung, mögen sie auch noch so indirekt sein, das künftige Schicksal der Individuen und Spezies bestimmen.

Dies lässt sich vielleicht am besten anhand eines Beispiels aus dem menschlichen Verhalten verdeutlichen. Durch die gesamte Geschichte hindurch gab es Menschen, fast ausnahmslos Männer, die enormen Reichtum und hohes Ansehen (beides geht Hand in Hand) erwarben. Diese zeugten auch unverhältnismäßig viele Kinder, obgleich die wenigsten das Zeugen von Kindern als ihr Hauptanliegen angesehen haben dürften. Sie hinterließen viele Nachkommen, die vermutlich einige Merkmale erbten, die ihre Väter so erfolgreich gemacht hatten, und diese Merkmale breiteten sich innerhalb der menschlichen Population aus.

Je mehr ich über die Evolution las und nachsann, desto mehr dachte ich in Kategorien einer Verhaltensökonomie, deren Währung in den Kosten und dem Nutzen für das Ziel der Fortpflanzung bestand. Eine einfache Folgerung aus dem Evolutionsmechanismus ist, dass jedes Individuum überwiegend nur die ihm bei der Fortpflanzung förderlichen Dinge tun und dass es Kosten vermeiden sollte. Kurz gesagt, Tiere handeln überwiegend im eigenen Interesse (das heißt letzten Endes im Interesse ihrer Fortpflanzung).

Ein Tier, das seine gesamte Nahrung großzügig an ein anderes verschenkt, wird wahrscheinlich verhungern und keinen Nachwuchs hinterlassen. Alle Gene, die bei diesem uneigennützigen Verhalten eine Rolle spielten, werden mit ihm aussterben. Demgemäß sind Verhaltensweisen wie Freigebigkeit recht selten. Ein Tier, das so viel Nahrung wie möglich hortet und sich dadurch ein Fettpolster anfressen kann, versorgt seinen

Nachwuchs gut. Und wenn es sich etwas für den Notfall aufhebt, wird es mehr überlebende Nachkommen haben als sein freigebiger Artgenosse, sodass die für das Hortungsverhalten verantwortlichen Gene weitergegeben werden. Alle Verhaltensweisen umfassen ein komplexes Wechselspiel zwischen vielen Genen und dem ökologischen Kontext, in dem sie ausgeprägt werden; folglich ist dieser Prozess nicht so einfach und überschaubar, wie es den Anschein haben mag. Gemessen an unseren moralischen Maßstäben ist die Logik der Evolution nicht immer »nett«. Allerdings zeichnet sich der Mensch gerade durch dieses Merkmal aus. Wir sind weder durch unsere Geschichte noch durch unsere genetische Ausstattung gebunden. Wir können uns zumindest weitgehend so verhalten, wie wir es für angemessen erachten.

Auch wenn der Prozess der natürlichen Selektion gemein und herzlos erscheinen mag, ist er doch ausgesprochen elegant. Sowohl die abscheulichsten, selbstsüchtigsten Verhaltensweisen wie Krieg, Diebstahl und Kindestötung als auch die ruhmreichsten, selbstlosesten wie Freundschaft, Freigebigkeit, Liebe und Intelligenz entspringen demselben grundlegenden Prozess: der Anpassung durch unterschiedlichen Fortpflanzungserfolg.

Mit meiner neu gewonnenen Einsicht in die Funktionsweise der Evolution stellten sich mir einige spannende neue Fragen über Delfine. Fragen nach der Intelligenz der Delfine interessierten mich besonders. Abgesehen vom Menschen, besitzt der Delfin (im Verhältnis zur Körpergröße) das größte Gehirn aller Säugetiere. Einige Delfinarten haben weitaus größere Gehirne als andere, wobei das des Großen Tümmlers zu den eindrucksvollsten gehört. Ein großes Gehirn stellt ein durchaus außergewöhnliches Merkmal dar. Gehirne sind außerordentlich »kostspielige« Organe, die eine enorme Menge an kalorischer Energie benötigen. Tiere mit großen, energieaufwändigen Gehirnen müssen einen erheblichen Vorteil daraus ziehen, andernfalls würden sie sich den Luxus eines solchen »Betriebsstofffressers« nicht leisten. Die Frage lautet, welche Vorteile dies sind und unter welchen Umständen der Nutzen eines solchen Organs die Kosten aufwiegt.

Physiologisch betrachtet, unterscheiden sich Delfingehirne in einigen wesentlichen Merkmalen von menschlichen Gehirnen. Zum Beispiel gilt die Großhirnrinde, der Teil des Gehirns, der für solche »Prozesse höherer Ordnung« wie das abstrakte und logische Denken verantwortlich ist, als Sitz des Bewusstseins. Sie stellt zudem die jüngste Innovation in der Evolution des menschlichen Gehirns dar. Vor rund einer Million Jahren nahm die Größe des Urtypus des menschlichen Schädels exponentiell zu, offensichtlich, um Platz für die sich ausdehnende Großhirnrinde zu schaffen. Ungefähr zur gleichen Zeit finden sich die frühesten Spuren für die Planung und Herstellung eleganter Werkzeuge, der Kunst, komplexer Zivilisationen und eigenständiger Kulturen. All dies sind Aspekte unseres Verhaltens, die wir als Kennzeichen der menschlichen Intelligenz betrachten.

Auch Delfine haben einen sehr großen Cortex, aber er bildet eine dünnere Schicht über dem restlichen Gehirn, und die Neuronen, aus denen sich der Cortex zusammensetzt, unterscheiden sich in Gestalt und Organisation von denen der menschlichen Großhirnrinde. Was dies in Bezug auf das Denken und Empfinden der Delfine bedeutet, ist schwer zu sagen. Verfügen sie über das gleiche Denkvermögen wie wir? Besitzen sie Selbstbewusstsein? Empfinden sie Liebe und Hass, Mitleid, Vertrauen und Misstrauen? Denken sie über den Tod nach? Haben sie einen Begriff von Recht und Unrecht und den damit verbundenen Gefühlen von Schuld und Rechtschaffenheit? Was könnten sie uns über die Meere lehren? Was empfinden sie füreinander? Was denken sie über uns?

Es ist keine leichte Aufgabe herauszufinden, was Delfine mit ihren großen und ganz anderen Gehirnen tun. Es ist schon schwer genug, zu erkennen, was im Gehirn unserer Mitmenschen vorgeht. Doch die mit Sicherheit am häufigsten gestellte Frage über Delfine lautet »Wie intelligent sind sie?«. Wir halten uns selbst für intelligent. Bedeutet dies, dass Delfine nur insoweit intelligent sind, als sie uns ähnlich sind? Warum kehren wir dieses Argument nicht um und vergleichen uns mit ihnen? Wir würden wahrscheinlich ziemlich dumm dastehen, aber wem steht es zu, hierfür eine Norm aufzustellen?

Manch ein Biologe und Psychologe hat mit der schwierigen Frage gerungen, Intelligenz zu definieren. Je mehr wir beobachtet und experimentiert und verschiedene Arten verglichen haben, desto mehr waren wir dazu gezwungen, die Frage »Wie intelligent sind sie?« in die Frage »Auf welche Weise sind sie intelligent?« umzuformulieren.

Nehmen wir das Beispiel des Sumpfrohrsängers. Dieser kleine Vogel zieht zwischen Europa und Afrika hin und her. Im ersten Lebensjahr übernehmen die Sumpfrohrsänger den Gesang anderer Vogelarten, auf die sie während ihrer Wanderung treffen, und kopieren ihn. Man hat einzelne Exemplare gefunden, die über ein durch Imitation erworbenes Repertoire an Gesängen von etwa 75 verschiedenen Vogelarten verfügten. Sind sie intelligent? Mit Sicherheit sind sie sehr intelligent, wenn es um die besondere Fähigkeit geht, Gesänge anderer Vogelarten nachzuahmen. In dieser Hinsicht sind sie wahrscheinlich »intelligenter« als die meisten Menschen, und vielleicht besitzen sie auch andere bemerkenswerte Fähigkeiten. Und dennoch würden sie wahrscheinlich bei einer anderen Aufgabe, die, gemessen an unseren Maßstäben, außerordentlich einfach erschiene, schmählich versagen.

Wissenschaftler, die die Intelligenz von Tieren erforschen, sprechen heute von Lernspezialisierungen, die verschiedene Tierarten zeigen. Jedes Lebewesen scheint bestimmte Dinge lernen zu können und andere nicht, und was es lernen kann, hängt vermutlich zum Teil vom Wesen des Problems ab, aber ebenso von den spezifischen Stimuli, die damit verbunden sind. Einige Tiere haben uns gezeigt, dass sie außerordentlich begabt sind, komplexe Fähigkeiten zu erlernen, aber nur unter präzise umschriebenen Bedingungen.

John Garcias klassische Experimente mit Ratten sind ein gutes Beispiel für Lernspezialisierungen. Er interessierte sich dafür, wie Tiere Geschmacksaversionen erlernen. Er dressierte Ratten mühelos an, bestimmte Geschmacksrichtungen mit Gefühlen der Übelkeit zu assoziieren. Die Ratten lernten schnell, Geschmacksrichtungen zu meiden, die zuvor zu Übelkeit geführt hatten, und sie stellten diese Assoziationen selbst dann her, wenn zwischen dem Geschmack und der Übelkeit eine lange Zeitspanne lag. Er trainierte sie außerdem darauf, bestimmte Geräusche mit unangenehmen Hautempfindungen zu assoziieren (Elektroschocks). Allerdings stellte er fest, dass es extrem schwierig war, Ratten darauf zu trimmen, Geschmack mit Schock zu assoziieren. Daraus folgt, dass Tiere wie Ratten eine starke Disposition haben, Geschmackssorten mit Übelkeit zu assoziieren, aber nur schwach disponiert sind, Assoziationen zwischen Geschmack und Schock zu entwickeln. Bedenkt man, dass Ratten in ihrer natürlichen Umwelt lernen müssen, gefährliche Nahrungsmittel zu meiden, dann ist das durchaus sinnvoll. Die Leichtigkeit, mit der ein Reiz mit einem anderen assoziiert wird, hängt vom Verhältnis zwischen den beiden Reizen und von der Biologie des Tieres ab. Aussagekräftige Tests zur Messung der Intelligenz eines Tieres setzen daher ein solides Grundverständnis der Naturgeschichte des Tieres voraus. Und da die Naturgeschichte verschiedener Arten sehr unterschiedlich ist, ist es schwer, einen allgemein anwendbaren Test zu entwickeln, mit dem sich viele verschiedene Lebewesen vergleichen lassen.

Den besten Aufschluss über die Intelligenz des Delfins vermittelt zweifellos die Beobachtung seines Verhaltens und nicht die Untersuchung seiner Hirnanatomie und das Mutmaßen darüber, wie er dieses Organ einsetzt. Wir können Delfine in Labors untersuchen, Tests konzipieren, von denen wir uns Aufschluss darüber erhoffen, »in welcher Hinsicht sie intelligent sind«, aber letzten Endes bleibt uns nichts übrig, als ihr Verhalten im Meer zu beobachten. Schließlich haben sich ihre großen Gehirne im Verlauf von Jahrmillionen in diesem Lebensraum entwickelt, und dort machen sie auch Gebrauch davon.

Fragen danach, wie Delfine ihr Gehirn in ihrem natürlichen Lebensraum einsetzen, sind nicht nur wegen der potenziellen Erkenntnisse über Delfine, sondern auch wegen der möglicherweise dabei anfallenden Aufschlüsse über die menschliche Intelligenz von großer Bedeutung. Delfine eröffnen uns eine unschätzbare Gelegenheit: Da sie sich grundlegend vom Menschen unterscheiden und dennoch, wie wir, sehr große Gehirne evolviert haben, liefern sie uns ein besonders faszinierendes Vergleichsobjekt. Wir können uns fragen: »Wozu ist ein großes Gehirn gut? Unter welchen Umständen evolvieren große Gehirne? Wie verhält sich die Hirngröße zur Intelligenz?« Da wir in so grundverschiedenen Welten leben, stellt sich die Frage, was bei zwei derart weitläufig verwandten Lebewesen zur Entwicklung großer Gehirne und Intelligenz geführt haben könnte. Könnten sowohl Delfine als auch Menschen bei der Anpassung an ihre verschiedenen ökologischen Räume mit irgendwie ähnlichen Herausforderungen konfrontiert gewesen sein? Vielleicht gibt es Übereinstimmungen in der Art und Weise, wie wir Nahrung suchen, Fressfeinden aus dem Weg gehen, uns in unserer Umwelt orientieren oder mit sozialen Beziehungen umgehen.

Fragen nach der Intelligenz der Delfine und der Evolution von Intelligenz im Allgemeinen bestimmten immer stärker meine wissenschaftliche Motivation für die Erforschung von Delfinen. Meine Zuneigung zu ihnen weckten jedoch Anekdoten von Leuten, die mir von ihrem Umgang mit Delfinen erzählten.

Ein solcher Bericht, der mir besonderen Eindruck machte, drehte sich um ein Delfinkalb, das in einem großen Becken des Port-Elizabeth-Aquariums gehalten wurde. Es war mit seiner Mutter und weiteren Delfinen dort Gegenstand einer der ersten eingehenderen Beobachtungen des Delfinverhaltens. Eines Tages saß ein Forscher am gläsernen Beobachtungsfenster und rauchte eine Zigarette. Das Delfinkalb kam zum Fenster, da der von der Zigarette aufsteigende Rauch sein Interesse geweckt hatte. Das Kalb verfolgte aufmerksam, wie sich der Rauch am Glas entlangzog. Dann schwamm es zu seiner Mutter, saugte kurz an ihrer Zitze, kehrte zum Fenster zurück und setzte eine Reihe von Tropfen Milch aus seinem Mundwinkel frei. Die Milch stieg am Glas empor, so, wie es der Zigarettenrauch getan hatte.

Diese und ähnliche Berichte offenbaren seltene, kurze Einblicke in die Kreativität und Intelligenz von Delfinen und bewogen mich zu meiner Reise in die Welt der Delfine. Während der gut fünfzehn Jahre, in denen ich mittlerweile frei lebende Delfine beobachte, sollten meine Kollegen und ich Entdeckungen machen, die unser Bild vom Delfin, unsere Definition von Intelligenz und unser Gefühl der Verwandtschaft zu anderen Arten tief greifend veränderten.

Diese Reise in die Welt der Delfine lehrte mich, auf einer persönlicheren Ebene nicht nur Dinge über sie, sondern auch über mich selbst und meine Mitmenschen. Nachdem ich so lange danach strebte, die Bewegung von Delfinen unter der reflektierenden Wasseroberfläche zu sehen, ist es, als hätten meine Augen plötzlich ihre Tiefenschärfe verstellt und als hätte ich erkannt, dass ich die ganze Zeit durch das eigene Spiegelbild hindurchblickte.

Aufbruch nach Monkey Mia

1981 kam Elizabeth Gawain durch Santa Cruz. Als pensionierte Städteplanerin verbrachte sie jetzt einen Großteil ihrer Zeit damit, durch die Welt zu reisen und gelegentlich Jogakurse zu geben. In über sechzig Lebensjahren hatte sie sich trotz einer gewissen Abgeklärtheit noch immer die Energie und Neugier eines Kindes bewahrt. Ihre Augen funkelten unter einer vereinzelten Strähne ihres ergrauten Haares hervor. Winzige Lachfalten spielten um Augen- und Mundwinkel. Sie versprühte die grazile Leichtigkeit von jemandem, der immer körperlich rege und stark gewesen ist und sich nichts daraus machte, anders zu sein.

Elizabeth war gerade von einem Abstecher an einen Ort namens Monkey Mia in Westaustralien zurückgekehrt, wo, und das war äußerst bemerkenswert, wild lebende Delfine geradewegs an einen seichten Sandstrand kamen und Fische, die ihnen Menschen darboten, direkt aus den Händen schnappten. Obwohl Elizabeth keine gelernte Wissenschaftlerin war, war sie eine scharfe Beobachterin. Sie erkannte sofort die Gelegenheit, etwas über das Leben dieser freundlichen Delfine zu lernen. Sie kam ins Long Marine Laboratory, um Ken von den Delfinen in Monkey Mia zu erzählen. In einem kurzen – mit Dias unterlegten – Vortrag schilderte sie Ken und seinen Studenten, was sie über das Leben jedes einzelnen Delfins, den sie zu identifizieren gelernt hatte, herausgefunden hatte: Holeyfin, Joy, Nicky, Crookedfin, Puck, Snubnose und Bibi.

Die Delfine waren ein wohl gehütetes Geheimnis, das nur einer Hand voll zäher australischer Fischer bekannt war, die die anstrengende Fahrt nach Monkey Mia auf sich nahmen. Während ihres Vortrags erwähnte Elizabeth einmal, dass Monkey Mia ein idealer Ort für eine wissenschaftliche Feldstudie wäre. Der Gedanke, an einen fernen und exotischen Ort in Australien zu reisen und dort Freundschaft mit wilden Delfinen zu schließen, erschien mir zu schön, um wahr zu sein.

Nach ihrem Vortrag begleitete ich mit einer kleinen Gruppe Delfinologen Elizabeth zum Parkplatz und versuchte, einige abschließende Fragen anzubringen. Kurz bevor sie in ihren Wagen stieg, hielt sie inne. Sie richtete ihre Aufmerksamkeit eindeutig auf mich, sah mir mit einem durchdringenden Blick in die Augen und sagte: »Sie werden dorthin gehen.« Dann stieg sie in ihr Auto und fuhr davon. Ich war sprachlos – nicht nur weil sie dies gesagt, sondern auch wegen der Art, wie sie es getan hatte. So als ob sie es wüsste.

Hinterher fuhr ich mit dem Fahrrad nach Hause. Ich stellte mir vor, wie es wäre, tatsächlich nach Australien zu gehen. Ich wollte Delfine in ihrem natürlichen Lebensraum beobachten, doch wollte ich mehr als die gelegentlichen flüchtigen Blicke, die wir von den Hawaii-Spinnerdelfinen erhascht hatten.

Damals lief in Florida unter der Leitung von Randy Wells eine Langzeitstudie über wild lebende Delfine. Der Schwerpunkt von Randys Studien, die bereits seit etlichen Jahren liefen, lag auf der Populationsbiologie. Er und seine Mitarbeiter verfolgten die Bewegungen der Delfine um Sarasota und fingen die Tiere regelmäßig ein, um sie zu vermessen und Gewebeproben zu entnehmen. Das war zwar interessant, aber nicht gerade das, wonach mir der Sinn stand.

Ich wollte mir zumindest teilweise im direkten Umgang mit Delfinen neue Kenntnisse erwerben. Ich wollte etwas über ihren Intellekt, ihre Gefühle, ihre Beziehungen untereinander und ihren Charakter erfahren. Bislang hatte ich geglaubt, dies sei nur mit gefangenen Delfinen möglich. Frei lebende Delfine waren schier unerreichbar. Sie waren schwer zu finden und zu sehr mit sich selbst beschäftigt, als dass sie sich mit mir abgegeben hätten.

Ich hatte für kurze Zeit gefangene Delfine im Steinhart-Aquarium in San Francisco beobachtet. Die dortigen Delfine waren eindeutig an mir interessiert. Sie pflegten mir in die Augen zu schauen, und ich entwickelte durch den Kontakt zu ihnen ein Gespür für ihre Gegenwart. Doch sie lebten unter absonderlichen, unnatürlichen Bedingungen: zwei Fremde, die in einem winzigen, praktisch leeren Becken, dessen eine Wand aus Glas war, durch das ein endloser Strom von Besuchern starrte, zusammengesperrt worden waren. Ich wollte Teil der Delfinwelt sein und sie nicht zwingen, Teil meiner Welt zu werden. Monkey Mia schien die perfekte Lösung zu sein: wilde Delfine, die daran gewöhnt waren, mit Menschen zu interagieren.

Selbst die grundlegendsten Fragen der Delfinbiologie, auf denen ein tieferes Verständnis ihrer Lebensweise basiert, blieben unbeantwortet. Einige wenige Studien hatten uns Einblicke gewährt, aber trotz ihrer enormen öffentlichen Anziehungskraft war das Verhalten frei lebender Delfine noch immer ein Buch mit sieben Siegeln: Wie lange leben sie? Wie oft bekommen sie Junge, und wie werden die Kälber aufgezogen? Wohin und wie weit wandern sie? Welche Art von Gruppen bilden sie? Was fressen sie und wie fangen sie ihre Beute? Wie viel Zeit verbringen sie mit verschiedenen Aktivitäten? Wie sehen ihre sozialen Beziehungen aus?

Bei dem Gedanken an die Entdeckungen, die die Delfine von Monkey Mia verhießen, wirbelten mir die Fragen nur so durch den Kopf. An diesem Abend läutete das Telefon. Es war Richard Connor, ein Kommilitone, der am Nachmittag ebenfalls Elizabeths Vortrag gehört hatte. Damals kannte ich Richard erst flüchtig. Wir hatten zusammen an einigen Seminaren teilgenommen, und ich wusste, dass er äußerst intelligent war. Er wirkte auf mich wie ein entzückender großer junger Hund, der vor allem für Delfine einen jungenhaften Enthusiasmus verströmte. »Warum gehen wir nicht einfach hin und überprüfen das Ganze?«, schlug er vor. Mehr Ermunterung brauchte ich nicht. Richard und ich sprachen mit unseren Mentoren: Ken Norris, Bernd Wursig und Randy Wells. Alle bestärkten uns, doch um die Logistik müssten wir uns selbst kümmern. Die wirklich große Hürde war das Geld.

Richard und ich hatten Studentendarlehen beantragt, um die College-Ausgaben zu bestreiten, doch die Bearbeitung der Anträge hatte sich verzögert, und die Schecks erhielten wir erst kurz vor Semesterende. Bis dahin hatten wir uns irgendwie über Wasser gehalten. Wir waren aber auf die Darlehenszahlungen angewiesen, und so verkauften wir unsere Stereoanlagen, Bücher, Kleider und alles, von dem wir uns trennen konnten. Ende Juli 1982 hatten wir genug Geld zusammengekratzt, um uns die Flugtickets nach Australien zu kaufen.

Als wir in Perth, der Hauptstadt Westaustraliens, landeten, hatten wir über dreißig Stunden in Flugzeugen und Wartehallen verbracht. Es erschien uns wie eine Ewigkeit. Wir hatten kein Auge zugetan und uns mit unzähligen Portionen kulinarischer Unterhaltung von Quantas Airline voll gestopft. Wir fühlten uns nicht gerade gut.

Nachdem ich unser Gepäck eingesammelt hatte, zog ich einen Zettel aus der Tasche, auf den meine Mutter die Telefonnummer alter Freunde aus College-Tagen gekritzelt hatte, Bert und Barbara Main. Eine Stunde später machten wir es uns im Wohnzimmer der Mains bequem, das in den folgenden Jahren zu unserer Zwischenstation in Perth werden sollte. Einige Tage darauf standen wir mit unserem Haufen Gepäck und den Daumen nach oben am Straßenrand unmittelbar nördlich von Perth.

Ein klappriger alter Kombi, der von einem rotgesichtigen Mann mit weißen Kniestrümpfen und Shorts gelenkt wurde, hielt an, und wir luden ein. Wir bemühten uns, ein Gespräch anzuknüpfen, stolperten jedoch über seinen starken australischen Akzent. Wie sich herausstellte, arbeitete er in Marble Bar in einer Opalmine, weit weg, tief im Outback. Nach allem, was man hörte, war es dort unerträglich heiß und trocken. Er erzählte uns von den Aborigines, denen er dort begegnete, und davon, dass sie in die Bergwerkssiedlung kommen wollten.

Dabei öffnete er das Handschuhfach seines Wagens und zeigte uns eine Pistole Kaliber .22. »Wir schießen auf sie«, erklärte er.

In dieser Nacht blieben wir in Geraldton und besichtigten das Meeresmuseum, das eine Ausstellung mit den Überresten zahlreicher Boote zeigte, die es nicht geschafft hatten, zwischen den gefährlichen Abrohlos Islands und Zutydorp-Klippen hindurchzunavigieren. Diese heimtückischen Gewässer schließen im Süden unmittelbar an die Shark Bay, die riesige Bucht, in der Monkey Mia liegt, an.

Am nächsten Tag standen wir wieder mit erhobenen Daumen am Straßenrand. Nachdem wir einige Male über kürzere Strecken mitgenommen worden waren, hielt ein schäbiger alter Kombi. Zwei junge Männer saßen vorne, und die Rückbank war randvoll mit Müll. »Keine Sorge«, sagte einer der beiden. »Wir fahren nur ein wenig Zeug durch die Gegend. Es ist noch viel Platz.« Das erschien uns zwar etwas zweifelhaft, da wir aber unbedingt nach Monkey Mia wollten, stiegen wir ein. Auf dem Rücksitz war gerade noch genug Platz für mich, und so saß ich eingezwängt zwischen einer schmutzigen alten Matratze, Müllbehältern und dem Autodach. Wir donnerten mit hundertdreißig Kilometern pro Stunde den Great Nothern Highway hinauf. Richard saß vorne neben den beiden Typen, die eine Bierdose nach der anderen in sich hineinschütteten und die leeren Büchsen aus dem Fenster warfen, während »Steel Maiden« aus den Lautsprechern unmittelbar hinter meinem Kopf dröhnte. Ich schloss die Augen und versuchte, mich an einen anderen Ort zu wünschen. Nach einer schmerzhaften Ewigkeit, wie es mir schien, erreichten wir die Raststätte »Overlander«.

An die Kreuzung der Hauptstraße, die in nördlicher Richtung nach Carnarvon, Broom und Darwin führt, und der Abzweigung zur Shark Bay hingeknallt, war diese Raststätte für mehrere Hundert Kilometer einziges Zeichen menschlicher Zivilisation. Nahezu jeder LKW- und PKW-Fahrer, der die westaustralische Küste hinauffährt, muss hier Rast machen, entweder um zu tanken, die Toiletten zu benutzen oder um das

Lokal aufzusuchen. Die Raststätte ist trostlos, das Personal lustlos, die Luft staubig, und das Wasser stinkt. Mit typisch trockenem Humor hatte die Geschäftsleitung die Fliege zum Maskottchen der Raststätte erklärt. Die Fliegen können einem hier ziemlich zusetzen. Sie stechen zwar nicht, laben sich aber gierig an der Flüssigkeit von Auge, Nase und Mund. Zahllos und mit unglaublicher Hartnäckigkeit umschwirren sie diese Stellen des Gesichts. Man kann sie nur dadurch in Schach halten, dass man sich selbst fortwährend ins Gesicht schlägt und wild mit einer Hand um den Kopf fuchtelt: der »Aussie-Gruß«. Es dauert nicht lange, bis man sich entweder mit ihnen abfindet oder schier die Nerven verliert.

Ungeachtet ihres trostlosen Erscheinungsbildes ist mir die Raststätte »Overlander« irgendwie ans Herz gewachsen. Sie ist ein lebenswichtiger Rastplatz auf dem Weg zur Shark Bay, und jedes Mal, wenn ich die Reise – in welchem Gefährt auch immer – gemacht habe, bin ich hier ausgestiegen und wurde von den vertrauten Gerüchen und Geräuschen und Ansichten, die eine Rückkehr zur Shark Bay ankündigen, empfangen. Mein Adrenalinspiegel steigt, und ich kann es kaum erwarten, endlich nach Monkey Mia zu kommen.

Auf dieser ersten Reise zwängte ich mich vom Rücksitz des Kombis auf die rote Erde des Parkplatzes hinaus, dankbar, am Leben zu sein, und fragte mich bange, was wohl noch vor uns lag, bevor wir unser Ziel erreichten. Unmittelbar hinter der Stadtgrenze von Perth waren wir zunächst durch grüne Hügellandschaft mit Schwärmen von schreienden Rußkakadus gefahren, an Weinbaugebieten, Pferdefarmen und weitläufigen Eukalyptusgehölzen vorbei. Je weiter wir nach Norden kamen, umso stärker verwandelte sich der Busch. Jetzt waren wir von kurzen, blassen salbeigrünen Sträuchern und leuchtender rostroter Erde umgeben. Krähen schnarrten und krächzten und ein riesiger Keilschwanzadler stieß auf den Straßenrand herab, um einen Kaninchenkadaver zu packen. Etwa alle fünfzehn Meter lag am Straßenrand ein totes Känguru in einem jeweils anderen Verwesungsstadium. Die Kängurus stellen ein derartiges Unfallrisiko dar, dass die meisten Autos, die außerhalb der Stadtgrenzen unterwegs sind, mit einer speziellen »Känguru-Stoßstange« ausgestattet sind, um die Vorderseite des Autos vor Schäden zu schützen.

Außer der Raststätte und der zweispurigen Straße gab es, so weit das Auge reichte, nichts als flaches, ödes Buschland. Nachdem wir die Toilette benutzt und uns mit kalten Getränken erfrischt hatten, stand die Sonne tief und der weite Himmel war mit Wolken übersät, deren Unterseiten sich in dem schwindenden Licht rosa und orange färbten. Ein betrunkener Straßenbauarbeiter, der zehn Kilometer weiter Richtung Shark Bay kampierte, nahm uns in seinem Auto mit. Nachdem wir uns und unsere Ausrüstung aus seinem staubigen alten Klapperkasten herausgehievt hatten, sahen wir die Rücklichter seines Autos verschwinden und wurden uns über unsere Situation klar. Wir waren mitten in der gottverlassenen Wildnis, hatten keine Nahrungsmittel und kein Wasser bei uns; das brachte uns plötzlich in eine bedrohliche Lage. Sofern kein Auto mehr vorbeikommen und uns mitnehmen würde, wären wir gezwungen, hier draußen auf der Erde zu schlafen, inmitten wer weiß was für kriechendem und springendem Getier. Ich hatte keinen Schlafsack, und die nächtliche Kälte in der Wüste brach bereits herein.

Wir kauerten uns, so gut es ging, auf die Erde, und ich verbrachte einen Großteil dieser Nacht damit, zu zittern und die Sterne zu beobachten, die langsam über den Himmel zogen; auch lauschte ich seltsamen, nicht zu identifizierenden dumpfen Geräuschen, die, wie mir später klar wurde, von Kängurus stammten. Irgendwann in der Nacht träumte ich, dass ein bizarres kleines Beuteltier an mir hochkroch, um sich Wärme suchend an mein Kreuz zu schmiegen. Als ich aufwachte, war ich mir nicht völlig sicher, ob es ein Traum gewesen war oder nicht.

Der Morgen dämmerte mit einer surrealen Klarheit. Eine kleine Gruppe »Rosenkakadus«, prunkvoll rosa- und graufarbiger Papageien, suchten in der Nähe auf einer Stelle mit wilden Blumen nach Samen, und verschiedene Größen und Formen von Ameisen hasteten und marschierten um uns herum und über uns und unsere Habseligkeiten hinweg. Unbekannte Vögel sangen und hüpften im Busch, ihr schillerndes Gefieder blitzte blau und gelb im Unterholz. Im Morgenlicht bildeten die salbeigrünen Büsche einen deutlicheren Kontrast zu der mit gelb blühenden Akazienbüschen übersäten eisenroten Erde. Die Landschaft strahlte eine so fremdartige Schönheit aus, dass ich mich auf einem anderen Planeten wähnte.

Am Tag darauf überwanden wir endlich den letzten Buckel und blickten erstmals auf Monkey Mia, einen kleinen, am Strand gelegenen Campingplatz auf einer nach Nordosten gelegenen Falte an der Küste der Halbinsel Peron, umspült von den blaugrünen Gewässern der Red Cliff Bay.

Als wir das erste Mal hinkamen, war Monkey Mia ein abgelegener, in Erde und Sand gekratzter Campingplatz für Angler mit wenigen Annehmlichkeiten und bar jeden Luxus. Es gab einen lärmenden Generator, der den ganzen Tag lief und die ungefähr fünfzig Stellplätze mit Strom versorgte: Vierecke, die mit Steckdosen für die Wohnmobile versehen waren. Weiter weg gab es für Rucksacktouristen billigere Plätze ohne Stromversorgung. An einer Ecke der Anlage hing in einer Telefonzelle unter der Radioantenne ein unzuverlässiges Münztelefon. Ein karges Backsteingebäude, der »Waschblock«, beherbergte Toiletten und Salzwasserduschen.

Denham, ein dreißig Kilometer entferntes, verschlafenes Fischernest auf der anderen Seite der Halbinsel, war die nächste größere Ortschaft, ohne Auto erschien selbst dies sehr weit. In Denham gab es zwei Geschäfte, von denen eines gleichzeitig als Postfiliale fungierte. Das Postflugzeug landete zweimal pro Woche auf einer schmalen unbefestigten Landebahn unmittelbar außerhalb von Denham, an deren Rand ein zusammengebastelter Wellblechverschlag mit der Aufschrift »Denham International Airport« stand. Außerdem verfügte der Ort über das obligatorische Pub, eine Kirche und einen kleinen Golfplatz, den man in die rote Erde geschnitten hatte.

Wir ließen unser Gepäck auf einem Haufen liegen und machten Wilf und Hazel Mason ausfindig, die Inhaber des Campingplatzes, mit denen wir korrespondiert hatten. Wilf und Hazel waren 1975 von Queensland nach Westaustralien gezogen. Als Ortsansässige hatten sie sich in die Delfine verliebt und gleichzeitig die potenzielle Touristenattraktion erkannt, die man hier aufziehen konnte. Wilf, der Anfang sechzig war, trug seinen spitzen Bierbauch stolz zur Schau. Er hatte einen sonnengebrannten hochroten Teint, kleine funkelnde Augen und schlohweißes Haar. Er arbeitete unglaublich lange und hart, um den Campingplatz in Schuss zu halten. Hazel, eine kleine Frau mit riesigen braunen Augen über einem Mund, der sich bereitwillig zur Schnute verzog, kümmerte sich um den kleinen Laden, in dem Besucher eiskalte Milch und Brot, Dosenbohnen oder eine Tafel Schokolade kaufen konnten.

Monkey Mia wurde von einer Gruppe »Stammgäste« bewohnt, Rentnern (die wir als »Oldies« bezeichneten), die jedes Jahr für einige Wochen oder Monate nach Monkey Mia kamen, um ihre Kühlschränke mit Fisch zu füllen und die Reize der Shark Bay zu genießen. Da sie sich regelmäßig auf dem Campingplatz wiedersahen, waren sie alle miteinander befreundet. Sie waren so etwas wie ein geschlossener Verein, der Neuankömmlinge wie uns und die zunehmenden Touristenscharen mit Missfallen betrachtete. Sie hatten sich mit der Zeit daran gewöhnt, Monkey Mia für sich zu haben, dessen Reiz ihrer Ansicht nach im Fisch und in der Ruhe lag. Das Aufsehen um die zutraulichen Delfine war für sie schwer nachvollziehbar.

Unser Briefwechsel mit den Masons war sehr herzlich gewesen, sodass wir einigermaßen enttäuscht waren, als wir jäh zu unserer Parzelle am äußersten Ende des Campingplatzes geleitet wurden, wo wir auf dem Sand neben einem kleinen Akazienstrauch unsere Zelte aufbauten und eine Feuergrube aushoben, um unser Abendessen (»Tee«) zuzubereiten. Danach fielen wir in unsere Zelte und machten mit dem Wind der Shark Bay Bekanntschaft. Die Planen fingen zu klappern und flattern an, und ohne das Gewicht unserer Körper auf dem Zeltboden wären wir zum Strand hinabgesegelt.

Ich gab mir alle Mühe zu schlafen, wurde aber noch vor Morgengrauen von dem Kreischen der Möwen, die um Fischstücke stritten, geweckt. Richard und ich strauchelten aus unseren Zelten zum Ufer. Ein Hund lag am Strand und starrte raus aufs Meer, und, in eine Decke eingewickelt, nippte ein Paar an Kaffeetassen. Wir warteten und betrachteten den Himmel, der sich, als die riesige Sonnenscheibe aufging und sich über den Wasserhorizont erhob, von einem tiefen Indigoblau über ein blasses Rosa in ein leuchtendes Orange verfärbte. Dann ein »Phuhuuf«, das Geräusch von Luft holenden Delfinen, gerade mal zwanzig Meter vom Ufer entfernt. Der Hund, der, wie wir später erfuhren, »Ringer« hieß, sprang auf und raste ins Wasser. Wir folgten, nachdem wir hastig unsere Hosenbeine hochgekrempelt und die Sandalen in den Sand geschleudert hatten. Die Kälte des Wassers weckte uns wirksamer als die stärkste Tasse Kaffee.

Die Delfine wandten sich in unsere Richtung und kamen näher. Der größere Delfin, der ein kleines Loch in seiner Rückenfinne hatte, schwamm direkt auf uns zu, hielt einen halben Meter vor uns an, hob sein Gesicht und blickte uns abwechselnd direkt in die Augen. Große, dunkle, intelligente Augen saßen in einem gummiartigen grauen Gesicht. Aus Elizabeth Gawains Dias wussten wir, dass dies Holeyfin sein musste. Sie öffnete ihr Maul, in dem wohl geordnete Reihen kleiner spitzer Zähne zum Vorschein kamen, und sah uns weiterhin erwartungsvoll an. Dann warf sie einen raschen Blick zurück zu dem anderen Delfin, der Abstand hielt. Es war ihre zwei Jahre alte Tochter Joy.

Langsam und zögernd streckte ich die Hand aus und berührte ihre Flanke. Sie sah mich aufmerksam an, doch wider Erwarten schreckte sie nicht zurück. Ich streichelte die Flanke eines wilden Delfins. Die Haut war seidenweich, leicht gummiartig, und für ein Geschöpf, das im Meer lebt und einem Fisch ähnelt, erstaunlich warm. Plötzlich wurde mir bewusst, wie sonderbar meine langen schlaksigen Arme mit all diesen sich unabhängig voneinander bewegenden Fingern ihr vorkommen mussten. Sie war schnittig wie ein Torpedo. Keine Spur von wackelnden, flatternden, herabhängenden, runzligen, überdehnten oder durchhängenden Stellen. Nichts als ein geschlossener Zylinder. Ein Kopf, der sich zum Schwanz hin verjüngte, und daran einige wenige, einfache Flossen. Stromlinienförmig und elegant. Nach einigen Minuten machte sie kehrt und glitt, mit einer mühelosen, schwungvollen Bewegung ihrer Schwanzflosse in tieferes Wasser zu Joy.

Der erste Besuch

Unsere ersten Tage verbrachten wir damit herauszufinden, wie man die Delfine, die ins Flachwasser kamen, identifizieren konnte. Damals waren es sieben Delfine, die Monkey Mia täglich einen Besuch abstatteten. Alle konnten durch natürliche Markierungen, Kerben und Narben auf ihren Rückenfinnen voneinander unterschieden werden. Wilf und Hazel, die Geburten, Todesfälle und andere Ereignisse dokumentiert hatten, gaben ihnen die Namen. Zunächst konnte ich die verschiedenen Delfine nur anhand ihrer Rückenfinnen unterscheiden. Doch schon bald lernte ich, ihre Gesichter, Körper und Verhaltenseigentümlichkeiten zu erkennen. Über die folgenden Jahre sollten wir die Persönlichkeiten dieser Delfine kennen lernen, die jeweils so unverwechselbar und eigenartig waren wie die von Menschen.

Holeyfin

Holeyfin, benannt nach dem erbsengroßen Loch in der Mitte ihrer Rückenfinne (einige behaupteten, es stamme von einer Kugel), war die große alte Stammesmutter von Monkey Mia. 1982 wurde sie von ihren Töchtern begleitet, der zweijährigen Joy, die immer noch von ihrer Mutter abhängig war, und der siebenjährigen Nicky. Bei unserem ersten Besuch wirkte sie bereits wie eine alte Frau mit abgewetzten Zähnen, einem nach

Fisch riechenden Atem und einem leicht vertrottelten, senilen Benehmen. Sie hatte Nicky 1975 geboren und musste bei unserem ersten Besuch mindestens siebzehn bis zwanzig Jahre alt gewesen sein, da weibliche Delfine ihre ersten Jungen üblicherweise im Alter von zwölf bis fünfzehn Jahren zur Welt bringen. Falls Nicky nicht ihr erstes Junge war, dann war sie womöglich wesentlich älter.

Das vielleicht hervorstechendste Merkmal in Holeyfins Verhalten war ihr hartnäckiges Streben nach Futterfischen. Sie hatte es sich zur Regel gemacht, auf jedwede Person, die durch das Flachwasser von Monkey Mia watete, zuzuschwimmen. Mit offenem Maul, sodass ihre abgewetzten Zähne deutlich sichtbar waren, bettelte sie unaufhörlich um Fisch. Wenn dies nichts verschlug, folgte sie jedem Boot, das zu den Liegeplätzen kam oder von dort wegfuhr. Sie schwamm längsseits daneben her und sprang aus dem Wasser, um ihr Gesicht mit geöffnetem Maul den Passagieren an Bord zu präsentieren. Ihre Hartnäckigkeit wirkte manchmal rührend, andere Male verschlagen und verbissen. Es erstaunte mich stets, sie außerhalb der seichten Uferzone von Monkey Mia in Begleitung der wilden Delfine jagen zu sehen. Sie verkörperte den Monkey-Mia-Delfin par excellence, und sie war wahrscheinlich der weltweit am meisten fotografierte, meistberührte und bekannteste frei lebende Delfin. Manchmal konnte man vergessen, dass sie eigentlich ein wildes Tier war.

Nicky

Als wir das erste Mal nach Monkey Mia kamen, war Nicky, Holeyfins Tochter, in jugendlichem Alter. Sie war ein großer, stämmiger Delfin, der nach den scharfen Kerben an der Spitze seiner Rückenfinne benannt war, und wie ein Wildfang auf mich wirkte. Sie schien an dem raubeinigen Schabernack der örtlichen Gang junger Männchen Gefallen gefunden zu haben: Snubnose, Bibi, Sicklefin, Wave, Shave Lucky, Pointer und Lodent. Sie war temperamentvoll und launisch und schien oft über die Aufmerksamkeit touristischer Besucher verärgert zu sein. Mehr als bereitwillig Futterfische entgegennehmend, wollte sie meistens nichts weiter mit uns zu tun haben. Wenn ein unglücklicher Tourist ihre Flanke zu berühren versuchte, warf sie oftmals den Kopf hoch und schnappte nach seiner Hand. Mehr als einmal riss sie blutende Wunden. Dann wieder hatte sie eine sentimentale Anwandlung. Sie suchte sich irgendein williges Opfer, das sie mit Zuneigung und Geselligkeit überschüttete, und trug dabei maßlos dick auf. Einmal hatte sie sich dafür Richard auserwählt. Sie rekelte sich sehnsüchtig in seinem Schoß, gänzlich von seinen Armen umschlungen, die Augen halb geschlossen und verzückt. Sanft knabberte sie an seinen Zehen, drehte sich mit dem Bauch nach oben, um ihm zu gestatten, sie zu streicheln; sie erlaubte seinen Fingern, ihr Kinn, ihr Blasloch und den Bereich unter ihren Flippern zu erforschen. Sie war in Höchstform. Was ihre Stimmungen beeinflusste, ließ sich nicht herausfinden, aber eines war sicher, sie war unberechenbar, intelligent und eigenwillig. Außerdem beobachtete sie leidenschaftlich gern Menschen.

Crookedfin

Crookedfin, ein weiteres geschlechtsreifes Weibchen, das seinen Namen der gekrümmten Rückenfinne verdankte, wurde von ihrer sechsjährigen Tochter Puck begleitet. Sie war stets ein wenig scheu. Es bedurfte einiger Geduld, ihr einen Futterfisch schmackhaft zu machen, und sie schien sich nicht sicher zu sein, wie man richtig darum bat (die erfahreneren Delfine schwammen auf eine Person zu, stützten sich mit ihren Flippern auf den sandigen Boden, wölbten ihre Rücken, um ihren Kopf aufzurichten und öffneten ihr Maul: die Bettelgeste). Wenn wir Crookedfin fern der Küste trafen, näherte sie sich jedes Mal unserem Boot und ließ eine große Luftblase aus ihrem Blasloch aufsteigen, ein Zeichen von Nervosität. Ich fragte mich, ob sie schlechte Erfahrungen mit Menschen gemacht hatte, die ihre zwiespältigen Gefühle erklärten. Als wir das erste Mal in

Monkey Mia eintrafen, kam Crookedfin jeden Tag zum Strand, doch mit der Zeit besuchte sie uns immer seltener.

Puck

Anders als ihre Mutter war Puck alles andere als scheu. Sie war anmutig, geschmeidig und hatte eine lange, zierliche Schnauze, sanfte Augen und eine makellose Haut: ein ungewöhnlich schöner Delfin. Sie war auch die schnuckligste und ausgeglichenste von allen, sie biss fast nie und verhielt sich nicht aggressiv gegen Menschen. Das bedeutet natürlich nicht, dass es niemals vorkam: Selbst Puck hatte ihre Grenzen. Als wir das erste Mal auf der Bildfläche erschienen, waren die lebhafte heranwachsende Puck und die etwa gleichaltrige Nicky gute Freundinnen und verbrachten zusammen viel Zeit damit, mit den »Jungs« zu spielen. Die beiden jungen Weibchen und ihr Gefolge von jugendlichen Verehrern verbrachten Stunden damit, in einiger Entfernung von der Küste Monkey Mias aus dem Wasser zu springen, sich zu jagen, zu flirten und zu toben. Es kam immer wieder vor, dass sich Nicky und Puck urplötzlich von den Männchen absetzten und ins Flachwasser schwammen, wo sie einige Fische verspeisten und die Menschen ein wenig unterhielten. Die Männchen warteten indes ungeduldig auf ihre Rückkehr, um mit ihren Spielen fortzufahren.

Bibi

Ein anderes ausgewachsenes Weibchen mit Namen Beautiful war im Jahr vor unserem ersten Aufenthalt verschwunden und hatte ihren heranwachsenden Sohn Bibi (Kurzform für Beautiful's Baby) zurückgelassen. Bibi war leicht erregbar, oft aggressiv, ein wenig verschlagen und unberechenbar. Seine funkelnden kleinen Augen verrieten einen Anflug von Wahnsinn, der noch durch eine leicht gebogene Oberkieferspitze unterstrichen wurde. Ich hatte oft das Gefühl, dass er einen ziemlich niedrigen Status hatte und dass ihn dieses Wissen verrückt machte. So beobachtete ich ihn eines Tages, als er im Kontakt mit Menschen immer unruhiger wurde. Dann schwamm er auf mich zu, blickte mir ins Gesicht und begann, eine wilde Kakophonie an kreischenden, quietschenden und klatschenden Geräuschen auszustoßen, während er sich mit seinem erigierten Penis immer wieder von dem sandigen Boden abstieß. Es war einfach schwer, schlau aus ihm zu werden.

Snubnose

Snubnose, ein ausgewachsenes Männchen, kam während unseres ersten Aufenthalts nach Monkey Mia. Über seine Familienbande war jedoch nichts bekannt. Der Umgang mit Menschen war allen Delfinen außer Snubnose in Fleisch und Blut übergegangen. Er war nervös und zögerlich und hielt Abstand zu den Menschen.

Man musste ihm geduldig gut zureden, wenn man ihn dazu bringen wollte, einen Fisch aus der Hand zu nehmen. Dazu musste man in tieferes Wasser hinauswaten, um näher an ihn heranzukommen, und ihm dann sachte einen Fisch direkt vor die Schnauze halten. Manchmal nahm er ihn aus der Hand, meistens aber musste man den Fisch loslassen oder ihn ein wenig in seine Richtung werfen. Langsam aber sicher gewöhnte er sich an Menschen, und schließlich war er in ihrer Gegenwart recht entspannt. Snubnose erinnerte mich an die Sorte von Männern, die sich einen buschigen Bart wachsen lassen, einen Spitzbauch und stets einen Scherz auf den Lippen haben und gern mit Kindern spielen. Eine Art Lieblingsonkel.

Mit seiner komisch nach oben gebogenen Unterkieferspitze, der er seinen Namen verdankte, und seinen großen braunen Augen wirkte Snubnose liebenswert, ruhig, vertrauenswürdig und ein wenig vertrottelt.

Dies war die »Besetzungsliste« bei unserem ersten Aufenthalt in Monkey Mia. Die Delfine von Monkey Mia waren größtenteils Mütter (Holeyfin, Crookedfin und die kürzlich verschwundene Beautiful) und Nachkommen dieser Mütter, die von Kindesbeinen an daran gewöhnt waren, den Menschen in Monkey Mia Besuche abzustatten, und die damit fortfuhren, nachdem sie erwachsen waren und selbst Nachwuchs hatten.

Zwei Delfine, deren Vorfahren Monkey Mia nicht besucht hatten, wurden in späteren Jahren regelmäßige Besucher. Einer von ihnen war Sicklefin, ein Männchen mit einer starken Bindung an Snubnose und Bibi. Der zweite, Surprise, war von Anfang an gegenüber Menschen in Booten besonders zutraulich, und stattete der seichten Bucht von Monkey Mia gelegentliche Besuche ab. Gewöhnlich tat sie dies in Begleitung einer der anderen »Stammgäste«. Schließlich wurde auch sie eine regelmäßige Besucherin.

Den gesamten Tag über herrschte in der seichten Uferzone von Monkey Mia ein reges Kommen und Gehen der Delfine. Wann immer Delfine da waren, wateten Richard und ich ins seichte Wasser, um mit ihnen zu spielen, ihnen zuzuschauen, und alles, was wir beobachteten, mit unseren kleinen Kassettenrekordern aufzunehmen, um es später in unsere Notizbücher zu übertragen. Die Delfine erlaubten uns, sie anzufassen, waren aber etwas eigen, was das Wo und Wie betraf. Nicht am Kopf, besonders nicht um Blasloch und Augen, und auch nicht am Kinn oder am Bauch, es sei denn, sie baten eigens darum (indem sie sich auf den Rücken drehten, um diese Körperzonen zu exponieren). Die Rücken- und Brustfinnen schienen ebenfalls tabu zu sein. Sie teilten uns ihre Vorlieben dadurch mit, dass sie den Kopf hochwarfen, nach Händen schnappten, mit ihren Brustfinnen Karateschläge gegen Schienbeine austeilten oder, wenn sie etwas gnädiger waren, außer Reichweite schwammen.

Obwohl das Füttern der Delfine mit der Hand anfangs ein prickelndes Gefühl hervorrief, wollte ich irgendwie mehr Gelegenheiten für Spiel und Spaß schaffen, die mir hoffentlich auch einige Aufschlüsse über ihre Intelligenz eröffneten. Spiele mit Tang waren da genau das Richtige. Lange, flache Sprosse, die in großen Haufen an den Strand gespült wurden, lieferten einen unerschöpflichen Vorrat an Spielzeug. Die Spiele, die die Delfine mit uns und miteinander spielten, beruhten auf endlosen Variationen des Prinzips von »Geben und Nehmen«, wie den folgenden:

Nicky und Puck befanden sich im seichten Uferbereich. Richard und ich standen zusammen mit ein paar Kindern im Wasser. Als Nicky zu mir kam, schaute ich mich nach einem Büschel Tang zum Spielen um. Das nächste Büschel war nur ein paar Zentimeter lang. Ich nahm es auf und bot ihr das winzig kleine Ende an. Sie näherte sich und nahm es sehr sanft und geschickt mit der Spitze ihrer Schnauze auf. Wenn ich es nicht sofort losließ, zog sie ein wenig daran und blickte mich an, als ob sie mich fragen wollte: »Was soll das?« Ich zog nun meinerseits daran, sie zog, ich zog, sie zog, und dieses Mal ließ ich es ihr. Sie ließ es sofort fallen und schwamm weiter. Das Spiel bestand darin, mir den Tang wegzunehmen.

Ein anderes Mal war ich von Tang umgeben, der überall auf der Wasseroberfläche herumtrieb. Auch jetzt wollte Puck nur das Stück, das ich ihr hingehalten hatte, selbst wenn es andere, genau gleiche gab, die direkt vor ihrer Schnauze trieben. Wenn ich ein Büschel wegwarf und es zwischen vielen anderen landete, pickte sie genau dieses heraus und trug es herum, bevor sie es mir wieder anbot. Wir wiederholten das Spiel noch siebenmal, und jedes Mal schnappte sie unter allen Büscheln exakt das Stück Tang heraus, welches ich geworfen hatte. Wie konnte sie das erkennen?

Ein anderes Mal amüsierte sich Snubnose prächtig damit, Tangbüschel von Richard aufzunehmen. Das Spiel ging folgendermaßen: Snubnose täuschte Desinteresse vor, näherte sich anderen Menschen und bettelte nach Fisch und so weiter, aber man spürte, dass seine ganze Aufmerksamkeit Richard galt. Dann »erinnerte« er sich und stürzte auf Richard zu. Als er nahe bei ihm war, hob er die vordere Hälfte seines Körpers aus dem Wasser heraus und machte einen Satz, um das Stückchen

Kraut zu ergattern, aber Richard wich zurück und bewegte sich rückwärts von Snubnose weg, der ihm über die gesamte Länge des Strandes folgte. Schließlich bekam er das Stück von Richard, ließ es fallen, verlor wiederum das Interesse, und das Ganze fing wieder von vorne an. Bei mehreren Gelegenheiten drehte sich Snubnose auf den Rücken und jagte in dieser Körperhaltung Richard nach. Es wirkte sehr ulkig. Die beiden wiederholten das Spiel den ganzen Morgen, wieder und wieder, und Snubnose jagte immer ausgelassener hinter Richard und dem Kraut her.

Die Zeit, in der wir mit den Delfinen spielten, war nicht nutzlos. Wir lernten, die Signale der Delfine zu verstehen, subtile Aspekte ihrer Körperhaltung und ihres Verhaltens zu erkennen, was uns das Verständnis ihres Verhaltens erheblich erleichterte. Wir verfeinerten unsere Fähigkeiten als Delfinbeobachter. Diese zutraulichen und umgänglichen Delfine öffneten uns ein Fenster zu ihrer Welt, durch das wir Dinge sehen konnten, die man draußen in der Bucht, in tieferem Wasser, nicht zu Gesicht bekam, denn dort hielten sich Delfine auf, die weniger an Menschen gewöhnt waren.

Wir wissen nicht, wie und wann Delfine und Menschen zum ersten Mal in Monkey Mia Freundschaft schlossen, aber es war mit Sicherheit lange vor unserem ersten Aufenthalt. Einige der Senioren, die jedes Jahr kamen, um in Monkey Mia einige Monate mit Angeln und Campen zu verbringen, erzählten uns Anekdoten über Delfine, die früher zu Besuch kamen. Sie erinnerten sich besonders an Old Charley, einen Delfin, der offenbar in den fünfziger Jahren in die seichte Uferzone zu kommen pflegte. Es heißt, Old Charley habe Heringsschwärme ins Flachwasser getrieben, sodass die Fischer sie leicht fangen konnten. Als Belohnung für seine Mühen hätten ihm die Fischer einige Fische aus ihrem Fang gegeben. Offensichtlich gab es auch andere Delfine, die zu dieser Zeit in seichte Wasser kamen, Charley war jedoch der bekannteste.

Ein Delfin namens »Speckledybelly«, eine »zahnlose alte Delfinfrau«, trieb sich Mitte der sechziger Jahre in den seichten Gewässern Monkey Mias herum. Dieser Delfin war angeblich

Menschen gegenüber sehr zutraulich. Nach ihr setzten andere Delfine diese Tradition fort.

Eine ältere Frau namens Nin Watts behauptete, die erste Person gewesen zu sein, die einen Delfin in Monkey Mia mit der Hand fütterte. Sie hielt sich Mitte der sechziger Jahre eine Zeit lang auf einem Segelboot auf, das unmittelbar vor dem Campingplatz vor Anker lag, und brachte einen Delfin dazu, einen Fisch aus ihrer Hand zu nehmen. Ich weiß allerdings nicht, woher sie die Gewissheit nahm, die Erste gewesen zu sein, die einen Delfin in Monkey Mia gefüttert hat.

Ich betrachte alle diese alten Berichte mit Skepsis, da ich aus Erfahrung weiß, wie leicht man einzelne Delfine verwechseln kann und wie leicht sich Geschichten und Eindrücke in »Wahrheiten« verwandeln. Um nur ein Beispiel zu nennen: Ich beobachtete Besucher, die gehört hatten, Delfine seien an den Einkerbungen an ihren Rückenfinnen zu erkennen, und die daraufhin annahmen, dass es sich bei jedem Delfin mit einer Kerbe um »Nicky« handele. Ein alter Fischer, der im Fischfang und im Reparieren von so ziemlich jedem mechanischen Gerät ein echtes Genie war, erzählte uns immer wieder, er habe Holeyfin und Nicky an verschiedenen Stellen der Shark Bay gesehen, weit außerhalb ihres gewöhnlichen Aktionsradius und zudem zu Zeiten, zu denen wir wussten, dass sie sich im Flachwasser von Monkey Mia aufgehalten hatten. Aus irgendeinem Grund war es ihm noch nicht in den Sinn gekommen, dass sich noch viele andere Delfine in der Bucht aufhielten. Jedes Mal, wenn er einen Delfin sah, egal wo, nahm er an, es handele sich um einen der Monkey-Mia-Delfine. Es ist alles eine Frage des Bezugspunktes.

Ohne sorgfältige Beobachtung und einer Vorstellung von der Formenvielfalt von Rückenfinnen sowie einem gewissen Hintergrundwissen über das Verhalten von Delfinen gelangen Leute zu grundfalschen Auffassungen, die dann weitergegeben und schließlich zu »historischen Tatsachen« werden. Man kann sich leicht vorstellen, dass die Leute, die einmal gehört hatten, in Monkey Mia gebe es einen zahmen Delfin namens Old Charley, fortan jeden zahmen Delfin, auf den sie in Monkey Mia trafen, für Old Charley hielten. Ohne Fotos seiner Rückenfinne, die man mit der von Speckledybelly vergleichen könnte, bleibt die Möglichkeit bestehen, dass es sich bei den beiden um ein und denselben Delfin oder viele unterschiedliche Delfine handelte.

Ich vermute, dass die Beziehung zwischen Delfin und Mensch in Monkey Mia durch die örtlichen Fischer angeknüpft wurde. Monkey Mia ist innerhalb der Shark Bay insofern einzigartig, als es einer der wenigen Orte ist, an dem verhältnismäßig tiefes Wasser an die Küste grenzt. Die örtlichen Fischer machen sich diese Tatsache schon lange zu Nutze, um ihre Boote ans Ufer zu ziehen und ihre Netze zu säubern. Dabei haben sie so, wie sie es heute tun, den Delfinen wahrscheinlich schon immer ein paar Fische hingeworfen.

Was jedoch die Behauptung anbelangt, die Delfine hätten den Fischern von Monkey Mia Heringe ins Netz getrieben, so habe ich meine Zweifel. Selbst heute jagen die Delfine manchmal Fische ins Flachwasser in unmittelbare Nähe von Menschen. Diejenigen, die dies selbst erlebt haben, behaupten oft: »Der Delfin trieb den Fisch zu mir hin«, oder »Der Delfin gab mir den Fisch.« Ich habe dies mehrmals erlebt, und für mich sieht es so aus, als suchte der erschöpfte und orientierungslose Fisch Zuflucht im Flachwasser und würde von dem Delfin verfolgt. Es gibt einige gut dokumentierte Fälle, in denen wild lebende Delfine beim Fischfang mit Menschen kooperierten (zum Beispiel in Brasilien, Mauretanien und entlang der Ostküste Australiens). In der Shark Bay, so vermute ich, kooperierten die Delfine nicht unbedingt mit den Menschen, sondern hielten sich einfach zufällig in der Nähe von Fischern oder Touristen auf, die sich diese Situation zu Nutze machten.

Die wahren Ursprünge der Interaktion von Mensch und Delfin in Monkey Mia liegen gegenwärtig im Dunkeln. Vielleicht geschieht dies bereits seit unvordenklichen Zeiten. Vielleicht begannen die Aborigines damit, oder die alte Nin Watts war tatsächlich die Erste, die einen Delfin vor Monkey Mia fütterte. Old Charley könnte der erste Monkey-Mia-Delfin gewesen sein, oder er hielt sich einfach zufälligerweise zu diesem Zeitpunkt dort auf, einer Zeit, die für die alten Fischer, die uns ihre Geschichten erzählten, die Grenze ihrer Erinnerung bildet. Bei all den unterschiedlichen Berichten und plausiblen Szenarios können wir nur mutmaßen, dass sie womöglich alle etwas zum Aufbau dieser Beziehung beigetragen haben.

Der Umgang mit Menschen ist offensichtlich eine erworbene Fähigkeit. Ein erfahrener Delfin näherte sich einer Person, die einen Eimer mit Fischen hatte, und nahm die typische Bettelhaltung ein, wobei er die Flipper auf den Boden stützte, den Kopf aus dem Wasser reckte und das Maul öffnete. Unerfahrene Delfine schienen diese Körperhaltung als schwierig zu empfinden und »übten« sie gelegentlich. Joysfriend, ein Delfin, der auf Grund unserer Beobachtungen in einiger Entfernung von der Küste sehr vertraut mit uns wurde und der viel Zeit mit Holeyfins Tochter Joy verbrachte, kam für gewöhnlich nicht ins Flachwasser von Monkey Mia. Von Zeit zu Zeit kam sie jedoch mit Joy, Nicky und Puck. Einmal beobachtete ich, wie sie ins seichte Wasser an der Küstenlinie, direkt vor einen menschenleeren Strand schwamm. Ohne ihren Kopf zu heben, hielt sie inne und sah sich erwartungsvoll um, als ob sie sagen wollte: »O.k., wo sind nun die Fische?« Sie schwamm vom Ufer weg und schien den anderen Delfinen dabei zuzusehen, wie diese sich Menschen näherten und Fisch nahmen. Ein Weilchen später versuchte sie es wieder. Diesmal hielt sie den Kopf aus dem Wasser, öffnete aber das Maul nicht. Sie machte einen halbherzigen Versuch, aber wieder waren es mehrere Meter zur nächsten Person, und sie hielt ihr Maul geschlossen. Sie wirkte unbeholfen, wie ein Schauspieler, der erstmals auf der Bühne steht.

Manchmal kamen die zahmen Delfine in Begleitung von Artgenossen, die in einiger Entfernung von der Küste lebten, nach Monkey Mia. Doch von einigen interessanten Ausnahmen abgesehen, blieben diese Besucher für gewöhnlich ein wenig zurück. Sie waren an den Umgang mit Menschen nicht gewöhnt und nahmen im Allgemeinen keine Fische an, erlaubten auch keinen physischen Kontakt. Diese seltenen Besucher interessierten sich für das, was in Monkey Mia vor sich ging, schienen aber unschlüssig zu sein – einerseits neugierig, ande-

43

rerseits scheu. Vielleicht hatten sie von den sonderbaren Wesen »gehört«, die an Land lebten, aber auch ins seichte Wasser wateten, um an einige wenige privilegierte Mitglieder ihrer Gemeinschaft Fisch zu verfüttern.

Einmal machte ich die Erfahrung, Objekt tierischer Neugierde zu sein. Mehrere Delfine, eine gemischte Gruppe aus Monkey-Mia-»Stammgästen« und einigen küstenfern lebenden Delfinen, die mir unbekannt waren, jagten im seichten Wasser unmittelbar vor dem Strand am äußersten westlichen Zipfel des Campingplatzes Fische. Ich watete weiter hinaus, um sie näher zu beobachten, und fand mich mitten in einem »Fressrausch« wieder. Ein großer Fischschwarm irrte ziellos und hektisch im Flachwasser umher, und die Delfine sausten auf allen Seiten um mich herum. Weißkopflachmöwen, Raub- und Königsseeschwalben kreischten, segelten durch die Luft und stürzten sich von oben auf die Fische hinab. Im seichten Wasser konnte ich die Fische deutlich erkennen und gelegentlich sogar einen flüchtigen Blick von einem Delfin erhaschen, der sich unmittelbar neben mir einen Fisch schnappte. Nach einer halben Stunde zerstreute sich der Fischschwarm, und der Rausch hörte auf.

Snubnose, der bis zu diesem Zeitpunkt emsig gejagt hatte, näherte sich mir und streckte seinen Kopf neben meiner Hand aus dem Wasser. Ich berührte ihn und plapperte freundlich mit ihm. Dann tauchte er wieder ab, drehte sich in Richtung offenes Meer zu einigen anderen Delfinen und pfiff sehr laut. Zwei dieser Delfine, die mir beide unbekannt waren, befanden sich knapp vierzig Meter weit weg, drehten sich auf das Pfeifsignal hin um und schwammen direkt auf Snubnose und mich zu. Sie positionierten sich hinter Snubnose parallel zu ihm. Die beiden Fremden schienen nervös zu sein. Sie »hielten Händchen«, das heißt, sie berührten sich gegenseitig mit ihren Flippern, und ihre Bewegungen waren hastig und ein wenig ruckartig. Die drei Delfine umkreisten mich vier- oder fünfmal, wobei sie mich die ganze Zeit aufmerksam ansahen. Dann schwammen sie weg und ließen mich mit Snubnose allein. Ich kam mir wie ein Exponat im Zoo vor. Die Delfine waren anscheinend auf

Snubnose' Aufforderung näher gekommen, um diesen Menschen genauer in Augenschein zu nehmen.

Hatte ich einen guten Eindruck auf sie gemacht? Hatten sie jemals zuvor ein menschliches Wesen gesehen? Was mochten sie wohl über ihre Artgenossen denken, über Snubnose und die anderen zahmen Delfine? Hielten sie diese für mutig, da sie keine Angst vor diesen fremden Wesen hatten? Oder hielten sie diese für töricht, da sie den Fremden erlaubten, sie zu berühren? Wollten sie ebenfalls mit Fischen gefüttert werden? Oder erachteten sie die zahmen Delfine als gesellschaftliche Parias, die sich aus Bequemlichkeit anbiederten, statt selbst Fische zu fangen? Hielten die Delfine von Monkey Mia Artgenossen vom Bereich des Campingplatzes fern und verteidigten sie diesen als ihr Territorium? Oder handelte es sich bei Monkey Mia um die Delfin-Entsprechung von Sibirien?

Wir sehnten uns danach, auf einem Boot ein Stück aufs Meer hinauszufahren und einige der Delfine in der Bucht kennen zu lernen, die nicht in die seichte Uferzone Monkey Mias kamen. Aber wir hatten kein Boot, daher mussten wir uns mit Beobachtungen vom Ufer aus begnügen, mit einer Ausnahme: Wilf und Hazel liehen uns zwei Septembertage lang ihr kleines Motorboot. Diese küstennahen Ausflüge erwiesen sich als unglaublich nützlich. Es war völlig klar, dass Holeyfin, Nicky, Joy, Snubnose und Bibi zu einer weitaus größeren Delfinpopulation gehörten. Wir trafen eine Gruppe von Delfinen nach der anderen. Einige näherten sich uns sogar, um auf der Bugwelle unseres Bootes zu reiten; sie sahen uns von unterhalb der Wasseroberfläche aus an und trieben sich offenbar ohne Scheu vor Menschen nahe an unserem Boot herum. Wir konnten mühelos ihre Rückenfinnen fotografieren, um so die Individuen zu unterscheiden. Bei der späteren Durchsicht der Bilder erkannten wir, dass wir nahezu einhundert verschiedene Delfine zu Gesicht bekommen hatten. Dies war unsere erste Bekanntschaft mit den »küstenferneren« Delfinen, von denen wir später noch viele besser kennen lernen und deren Lebensweg wir in den kommenden Jahren verfolgen sollten.

Wir beschlossen schon frühzeitig, schriftlich zu dokumentieren, wie lange sich jeder Delfin vor dem Campingplatz aufhielt. Da wir den Strand nicht die ganze Zeit im Auge behalten und das Pendelverhalten jedes einzelnen Delfins nicht lückenlos erfassen konnten, machten wir systematische Stichproben. Jede halbe Stunde notierten wir, welche Delfine sich im Seichtwasser aufhielten, und vermerkten jeden Delfin, den wir in einiger Entfernung von der Küste ausmachten. Wir hatten stets Kassettenrekorder dabei, und wann immer etwas Interessantes geschah, beschrieben wir es ausführlich auf Band. Anfangs versuchten wir alles zu beobachten und so genau wie möglich festzuhalten. Über die Jahre verfeinerten wir unsere Fähigkeiten als Beobachter und lernten, wie man sich auf jene Informationen konzentriert, die uns tatsächlich einige Fragen beantworten. Dennoch gelang es uns schon bei unserem ersten Besuch in Monkey Mia, einige faszinierende Entdeckungen zu machen.

Puck war zur Zeit unseres ersten Aufenthalts in Monkey Mia ungefähr viereinhalb bis fünf Jahre alt. Wir wussten dies deshalb, weil Wilf und Hazel Mason das Datum notiert hatten, an dem Crookedfin zum ersten Mal mit einem neuen Kalb aufgetaucht war. Und so war es kaum verwunderlich, als wir sahen, wie sie von ihrer Mutter im Flachwasser von Monkey Mia gesäugt wurde. Praktisch alle vorhandenen Daten über die Entwöhnung bei Delfinen deuteten darauf hin, dass Mütter ihre Jungen im Alter von ungefähr achtzehn Monaten entwöhnten. Puck hatte diese Altersgrenze weit überschritten! Selbst Joy, die mit zweieinhalb Jahren wesentlich jünger war als Puck, sollte nach den damaligen Angaben im wissenschaftlichen Schrifttum längst entwöhnt sein, wurde aber immer noch von Holeyfin gesäugt.

Die gängige Meinung über das Entwöhnungsalter des Großen Tümmlers, das mit ein bis zwei Jahren angesetzt wurde, stützte sich fast ausschließlich auf einige wenige Beobachtungen von Delfinen in Ozeanarien. Im Laufe der Jahre erkannten wir, dass Delfine der Shark Bay in der Regel ungefähr vier Jahre gesäugt werden. Ein Kalb, das wir beobachteten, wurde sogar mindestens bis zu seinem sechsten Lebensjahr gesäugt.

Selbst nach vierjährigem Säugen ist ein Delfin immer noch ein Kalb. Weibchen erreichen die sexuelle Reife, also das Alter, in dem sie zum ersten Mal trächtig werden können, nicht vor dem zwölften Lebensjahr. Bei den Männchen ist das schwerer zu beurteilen, sie erreichen die sexuelle Reife wahrscheinlich sogar noch später. Von den meisten Delfinen hatten wir keine Geburtsdaten (mit Ausnahme der Kälber, die seit Aufnahme unserer Beobachtungen im Jahr 1982 geboren wurden, und derjenigen, deren Geburtsdaten Wilf und Hazel Mason aufgeschrieben hatten). Die Altersbestimmung erforderte daher ein gewisses Maß an »überschlägiger Schätzung«, die zum Teil auf der Größe des Delfins und auch auf dem Ausmaß seiner Bauchmusterung basierte. Die Delfine der Shark Bay kommen mit einem ganz weißen Bauch zur Welt. Zum Glück für uns Wissenschaftler zeigen ihre Bäuche um den Zeitpunkt ihrer sexuellen Reife einige graue Flecken. Bei ausgereiften Delfinen mittleren Alters sind die Bäuche vollständig mit Flecken übersät, die sich sogar über ihre Flanken erstrecken. Die maximale Lebenserwartung weiblicher Delfine liegt wahrscheinlich bei etwa fünfzig Jahren, bei Männchen ein wenig darunter. Die Lebensspanne eines Delfins unterscheidet sich daher nicht wesentlich von der des Menschen. Beide sind langlebige Geschöpfe, wobei das Jugendstadium einen Großteil der Lebensdauer beansprucht.

Die Länge der Wachstumsphase eines Tieres hängt von vielen Faktoren ab. Eines aber ist gewiss: Evolutionsbiologisch betrachtet, zahlt es sich unter ansonsten gleichen Bedingungen aus, so schnell wie möglich erwachsen zu werden. Je mehr Zeit ein Tier vertrödelt, je mehr Risiken es vor Erreichen der Geschlechtsreife ausgesetzt ist, umso höher ist die Wahrscheinlichkeit, dass es nicht lange genug leben wird, um sich fortzupflanzen.

Natürlich gibt es viele weitere Gesichtspunkte, die den Verlauf der Reifung eines Tieres beeinflussen: Wie lange dauert es unter bestimmten ökologischen Bedingungen, bis der Körper ausgewachsen ist? Was muss ein Tier lernen, um sich erfolgreich fortzupflanzen? Und welche saisonalen Faktoren beeinflussen Wachstum und Fortpflanzung? Delfine und Menschen haben eine bemerkenswert hohe Lebenserwartung. Langlebige Tiere haben oftmals lange Jugendstadien und (wie Vögel und Säugetiere) große Gehirne. Beides hängt zusammen, da es lange dauert, einem großen Gehirn beizubringen, wie man sich als Erwachsener richtig verhält. Delfinkälber müssen eine Menge lernen.

An einem Nachmittag im Oktober während unseres ersten Aufenthalts in Monkey Mia, als Richard und ich gerade im seichten Uferbereich das Kommen und Gehen der Delfine beobachteten, raste Snubnose plötzlich mit Höchstgeschwindigkeit den Strand entlang. Wir trotteten hinter ihm her, da er sich nur ein kleines Stück vom Strand entfernt aufhielt, offenbar wild hinter einem Fisch herjagend. Dann schoss zu unserer Verwunderung ein großer, langer Fisch aus dem Wasser und glitt, mit der Schwanzflosse schlagend, über die Oberfläche, und das genau vor Snubnose. Snubnose versuchte den Fisch zu schnappen, der aber entkam, nachdem er drei bis vier Meter über die Wasseroberfläche geglitten war. Wieder beschleunigte Snubnose, doch vergebens. Nach einigen Anläufen schaffte er es schließlich, den Fisch zu packen, und wir kamen nahe genug heran, um ihn uns genauer anzusehen. Es war ein großer Long Tom. Long Toms gehören zu den Hornhechten. Diese spezielle Art ist lang und dünn und wird bis zu einem Meter lang. Die Fische haben große knochige Köpfe, die mit nadelscharfen Zähnen besetzt sind. Ihr blaugrüner Körper ist mit einer dünnen Schleimschicht überzogen, die fürchterlich stinkt. Hin und wieder fingen die Fischer einen in ihren Netzen und schenkten ihn uns als Futter für die Delfine. Sie aus einem Fischernetz zu entwirren war, wie ich später herausfand, kein Vergnügen, und der Gestank an den Händen trotzte Wasser und Seife.

Die Delfine hingegen liebten Long Toms offensichtlich. Noch interessanter als die Verfolgungsjagd und der an der Wasseroberfläche dahingleitende Fisch selbst war das Verhalten der Delfine, unmittelbar nachdem sie einen Hornhecht erbeutet hatten. Die erfolgreichen Jäger schlangen den Fisch nicht einfach im Ganzen hinunter. Offensichtlich zogen sie es vor, diese knochigen, zähnestarrenden Köpfe nicht zu verspeisen, deshalb tauchten sie wiederholt unter und brachen dem Fisch, indem sie ihn kräftig gegen den Boden scheuerten, den Kopf ab. Auch warfen sie die Beute wiederholt mit einer Schnappbewegung umher. Interessanterweise versuchten andere Delfine nie, dem »Eigentümer« die Beute zu stehlen, nicht einmal dann, wenn sie beim Herumwerfen in ihrer Nähe landete. Sie zeigten jedoch großes Interesse an Hornhechten, die Artgenossen gefangen hatten, und scharten sich um ihn, als ob sie die Beute bewunderten. Manchmal bedrängten die Bewunderer den Fänger, der sich, den Fisch im Maul haltend, auf die Seite drehte.

Wir fragten uns, ob Delfine diesen großen Fisch womöglich untereinander teilten. Schimpansen scharen sich, besonders wenn sie ein Tier erlegt haben (wie etwa einen Kleinaffen), dicht um den Jäger und »betteln« um einen Anteil, indem sie bittend eine Hand ausstrecken oder ihm nahe vors Gesicht halten. Das Verhalten der Delfine erinnerte uns an bettelnde Schimpansen und weckte unser Interesse.

Das Teilen von Nahrung erscheint uns als Selbstverständlichkeit, da wir es oft und ohne weiter darüber nachzudenken, tun, zumindest wenn genug für jeden da ist. Doch das Teilen von Nahrung ist kostspielig, insbesondere wenn man nicht viel übrig hat. Im Allgemeinen ist es nicht sinnvoll, diese Kosten auf sich zu nehmen. Es gibt aber einige Situationen, in denen das Teilen von Nahrung evolvieren konnte. Zum Beispiel dann, wenn die Tiere, mit denen man teilt, nahe Verwandte sind. Auf Grund der Verwandtschaft verringern sich die Kosten des Teilens. Man tut sich (seinen Genen) einen Gefallen (weil ein hoher Grad an genetischer Übereinstimmung mit dem Verwandten besteht). Aus diesem Grunde füttern Mütter und Väter ihre Nachkommen, und wir können davon ausgehen, dass Brüder und Schwestern eher Nahrung miteinander teilen als nicht verwandte Individuen. Doch einige der Delfine, die sich an diesen Hornhechtjagden beteiligten, waren mit hoher Wahrscheinlichkeit keine nahen Verwandten.

Auch könnte das Teilen von Nahrung in einer Situation evolvieren, in der man nur durch Teilen an Futter kommt. Nehmen wir beispielsweise die Hyänen. Diese Tiere sind regelrechte Jagdmaschinen, deren Kiefer mühelos die Knochen eines Zebras durchbeißen. Eine einzelne Hyäne kann jedoch, auf sich allein gestellt, kein großes Beutetier erlegen. Die gemeinsame Jagd ermöglicht es ihnen, größere Beutetiere zu erlegen, als sie es sonst könnten. Obgleich sie die Beute mit nicht verwandten Individuen teilen müssen, schneiden sie trotzdem besser ab. Die Delfine dagegen taten dies nicht. Das Erbeuten des Hornhechts war die Leistung eines Individuums.

Eine weitere Situation, die ebenfalls dazu führen kann, dass Nahrung geteilt wird, ist Reziprozität. Reziprozität ist ein vager Begriff, der sich bekanntermaßen nur schwer definieren beziehungsweise überprüfen lässt. Die Grundidee ist jedoch einfach und unmittelbar einleuchtend: Ich tue jetzt etwas für dich unter der (stillschweigenden) Voraussetzung, dass du mir später eine Gegenleistung dafür schuldest. Wir müssen keine Verwandten oder »kodependent« sein. Wir müssen uns lediglich gegenseitig erkennen können und davon überzeugt sein, dass wir uns später noch einmal über den Weg laufen. Natürlich ist es hilfreich, wenn man die Gegenleistung erzwingen kann.

Obwohl wir aus Erfahrung wissen, dass sich Menschen reziprok verhalten, ist diese Reziprozität bei keinem anderen Lebewesen jemals schlüssig nachgewiesen worden. Wir erwarten eine solche Gegenseitigkeit nur bei sozialen, in Gruppen lebenden Tieren, wo Einzelne wiederholt miteinander interagieren. Delfine genügen diesen Anforderungen. Wenn sie teilen, können sie dies in der Erwartung tun, später dieselbe Gefälligkeit (oder eine gleichwertige) erwiesen zu bekommen? Wir konnten nicht sicher sein. Die Beobachtungen bei der Jagd auf Long Toms deuteten jedoch darauf hin, dass die sozialen Beziehungen der Delfine womöglich eine interessante »Fischtaktik« beinhalteten, und wir wollten dies durch weitere Beobachtungen nachprüfen.

Mittlerweile waren wir nicht mehr die Einzigen, die sich für die Delfine von Monkey Mia interessierten. Als es sich herumsprach, nahmen immer mehr Menschen die weite Anfahrt zu der abgelegenen Shark Bay auf sich, um die Delfine zu beobachten. Mit der zunehmenden Besucherzahl witterte die Tourismusindustrie das große Geld, während gleichzeitig die Sorge um das Wohl der Delfine wuchs.

Die Spannungen verschärften sich, als wir Kritik an gewissen Praktiken der Interaktion zwischen Mensch und Delfin übten. Insbesondere beunruhigte uns die Tatsache, dass Wilf und Hazel den Touristen kleine Pakete »Mulies« – kleine ölige, sardellenartige Fische – zur Fütterung der Delfine verkauften. Die Fische waren gefroren und wurden gewöhnlich als Fischköder verwendet. Sie wiesen häufig erste Zeichen von Verwesung auf und waren zudem keine Spezies, die von Natur aus in der Shark Bay vorkam. Die Delfine schlangen sie, selbst noch im halb gefrorenen Zustand, hinunter. Obgleich sie eine besondere Vorliebe für (frisch gefangene und ortsansässige) Butterfische hatten, schienen sie hinsichtlich ihres Futters nicht sonderlich wählerisch zu sein.

Einmal fragte mich eine Frau am Strand, was Delfine gerne fräßen. Ich erklärte ihr, dass sie in erster Linie Fische und wahrscheinlich auch Krebstiere und andere Meeresorganismen fräßen. Sie zog ein dick mit Majonäse bestrichenes Schrimps-Salat-Sandwich heraus und ließ Brot- und Salathappen ins Wasser fallen, so als wollte sie Fische anlocken. Ich erklärte ihr, dass sie damit vermutlich keinen Erfolg haben werde, da sie nur frische, rohe Meeresfrüchte fräßen und es ratsamer sei zu warten, bis ein Delfin da war. Wenig später kam ich zum Strand hinunter und fand Nicky. Sie schwamm auf mich zu und erbrach zwei gekochte Schrimps in einer schleimigen Masse.

Wir befürchteten, die Delfine könnten krank werden. In ihrer natürlichen Umgebung fraßen sie wahrscheinlich immer nur den frischesten – noch lebenden – Fisch, mit Sicherheit keine halb gefrorenen oder verwesenden. Die Leute behaupteten, die Delfine seien intelligent genug, um nicht wahllos irgendetwas zu fressen, das ihnen womöglich schadete. Da sie jedoch normalerweise keine gefrorene oder verdorbene Nahrung zu sich nahmen, hatten sie, davon waren wir überzeugt, auch nicht die Fähigkeit entwickelt, verdorbene von frischer Nahrung zu unterscheiden.

Der Verkauf dieser Päckchen mit Köderfischen wurde zu einer wichtigen Einnahmequelle, als immer mehr Touristen kamen, die unbedingt beim Füttern der Delfine fotografiert werden wollten.

Wir befürchteten, dass diese finanziellen Interessen den wahren Grund für den Widerstand darstellten, dem wir bei dem Versuch, die Fütterungspraktiken für Delfine zu ändern, begegneten. Die Delfine wurden mit Junkfood voll gestopft.

Wir waren auch in Sorge, dass jemand die Delfine versehentlich oder gar mit Absicht verletzen könnte. An anderen Orten, wo Delfine und Menschen miteinander in Kontakt getreten waren, hatte dies oftmals die Delfine das Leben gekostet. Ein solcher Fall ereignete sich in Opononi, einem verschlafenen Fischernest in Neuseeland. Man erzählte sich, ein kleines Kind habe sich mit einem Delfin angefreundet, und als sich dies herumsprach, strömten Touristen in die Stadt; kurz darauf wurde der Delfin tot aufgefunden. Die Delfine von Monkey Mia waren bereits zu einer Sensation geworden, die Leute aus nah und fern anlockte. Die Straße zur Shark Bay sollte bald von der Raststätte Overlander bis nach Monkey Mia asphaltiert werden. Dann könnten viel mehr Leute einen Ausflug zu der Bucht machen. Dieser abgeschiedene kleine Ort stand vor tief greifenden Umwälzungen, und über das weitere Vorgehen gingen die Meinungen auseinander.

In einem waren sich alle (Wilf und Hazel, die Kommunalverwaltung, die Tourismusbefürworter und wir) einig: Es sollte sich eine Person am Strand aufhalten, die die Kontakte zwischen Mensch und Delfin überwachte. Jemand sollte dafür sorgen, dass niemand den Delfinen schadete, und die Person sollte außerdem als Ansprechpartner für Fragen über die Delfine fungieren.

Der »Stamm der goldenen Delfine«, eine Gruppe von Hippies, die von Sydney aus quer durch ganz Australien gepilgert waren, um die mystischen Delfine von Monkey Mia zu besuchen, stiftete einen kleinen Wohnwagen. Er war fantasievoll mit Delfinen bemalt, die vor der Kulisse des Ayers Rock (der sich mitten im Herzen Australiens befindet und so weit vom Meer entfernt ist, wie man es auf diesem Kontinent nur sein kann) herumsprangen. Man bat Richard und mich, bei der Betreuung der Touristen zu helfen; wir sollten ihre Fragen über Delfine beantworten, ein Auge auf alles haben und mithelfen, den Wohnwagen als Informationszentrum einzurichten.

Eines Tages beobachteten wir, wie ein kleiner Hund ans Ufer lief und die Delfine gespannt ansah, als wollte er sie im nächsten Moment angreifen. Alsbald sprang er ins Wasser und schwamm auf Puck zu, die dem Hund einfach aus dem Weg ging. Sie glitt vor dem Hund davon und schien ihn zu necken, indem sie gerade noch außerhalb seiner Reichweite blieb, während der Hund wütend strampelte, schnaufte, prustete und den Kopf knapp über der Wasseroberfläche hielt. Nachdem sie den Hund immer weiter vom Ufer weggelockt hatte, schnellte sie ins Flachwasser zurück. Der Hund musste sich nun ans Ufer zurückkämpfen. Obgleich Puck allein mit der Situation fertig wurde, sahen sich Richard und ich genötigt, der kürzlich aufgestellten Regel, dass Hunde nicht in die Nähe der Delfine ins Wasser durften, Nachdruck zu verleihen.

Wir gingen also den Strand hinunter zu einem älteren Mann, der offenbar der Besitzer des Hundes war. Er trug ein schmutziges, zerrissenes T-Shirt und Shorts und stand mit seinen leicht gespreizten, dünnen behaarten Beinen wie angewurzelt im Sand. Zerzaustes graues Haar hing über zwei geröteten kleinen Augen, die, als wir uns näherten, argwöhnisch unter der Krempe einer Kapitänsmütze hervorlugten. Seine Miene sagte drohend: »Wagt es nur!« Richard und ich waren jedoch zu arglos. Höflich bat ich: »Könnten Sie bitte Ihren Hund vom Wasser und den Delfinen fern halten?« Wie wir später erfuhren, handelte es sich um Bill Bond, von vielen auch »Bondi« genannt, und er ließ die gehässigste Tirade an Flüchen und Beschimpfungen los, die ich jemals gehört hatte. »Ihr Sch———Amis denkt, dass ihr herkommen und mir sagen könnt, was ich zu tun und zu lassen habe... Ich mach, was mir verdammt noch mal gefällt. Wenn ihr mir noch mal sagt, was ich verdammt noch mal tun soll, dann stopfe ich den Delfinen Korken in ihre Blaslöcher. Ich werd ... ihr kleinen Sch – – – Köpfen ...« und so weiter. Geifer troff aus seinem Mund, und seine Gesichtsfarbe schlug von Rot in Purpur um. Der Hund kam aus dem Wasser, schüttelte sich und kam bei Fuß, als sich Bondi, immer noch wütend und fluchend, auf den Rückweg zum Campingplatz machte.

Bondi gehörte seit vielen Jahren zu den Stammgästen von Monkey Mia. Es versteht sich von selbst, dass er wenig erbaut darüber war, dass ihm zwei Neuankömmlinge, obendrein Ausländer, vorschrieben, wie er sich verhalten sollte. Bondi fiel mit all seiner titanischen Kraft über uns her, und fortan versuchten wir jedes Zusammentreffen mit ihm zu vermeiden. Wenn es dazu kam, sah er uns schief an und murmelte alle erdenklichen Flüche. Er hatte eine Menge Freunde unter den Stammgästen, und ein Streit mit Bondi konnte sich leicht auf den Rest der Gemeinschaft ausdehnen.

Im Juni 1982 umrundete eine Jacht, nachdem sie den Untiefen in den kartografisch schlecht erfassten Gewässern im inneren Teil der Shark Bay getrotzt hatte, Cape Rose, lief in die Red Cliff Bay ein und ging an der Anlegestelle von Monkey Mia vor Anker. Die *Aloha* war ein vom Wetter gezeichnetes altes Segelschiff, das an einen Schoner erinnerte und dessen Rumpf mit einer matten blauen Farbschicht überzogen war, die an vielen Stellen absprang. Sie gehörte einem alten Ehepaar, Graham und Jackie, die nicht dem neuen Typus reicher, weltläufiger Hightechsegler zuzurechnen, sondern echte »Seeratten« waren. Graham war ein drahtiger kleiner Mann mit wirrem grauem Bart und buschigen Augenbrauen. Jackie, eine kleine Frau mit ausladender Taille und dünnen Beinen, hatte schwarz gefärbte Haare, die an einigen Stellen grau herausgewachsen waren, und rot lackierte Zehennägel.

Am Strand schlossen Richard und ich mit Graham und Jackie rasch Bekanntschaft, und wir genossen es, in den folgenden Wochen mit ihnen gemeinsam zu essen und Segeltörns zu unternehmen. Eines Abends unterhielten wir uns darüber,

warum es die Delfine liebten, auf den Bugwellen von Booten zu
»reiten«. Wollten sie »kostenlos mitgenommen« werden? Das
war eher unwahrscheinlich, da sie oft von ihrer Route abzuwei-
chen schienen, um auf den Bugwellen zu reiten, und dann wieder umdrehten. Machten sie es aus reinem Vergnügen? Im
Scherz schlug ich vor, dass wir es einmal selber versuchen sollten, vielleicht würde uns die Erfahrung am eigenen Leib einige
Anhaltspunkte geben. Am nächsten Tag schlug Graham vor,
mir einen Sicherungsgurt zu machen, an dem er mich, während
die Delfine in den Bugwellen ritten, zum Bugspriet der *Aloha*
herunterlassen wollte. Ich könnte mich dann mit den Füßen am
Rumpf der *Aloha* abstützen und gemeinsam mit den Delfinen
auf der Bugwelle »reiten«.

Die Idee hörte sich einfach an, die praktische Umsetzung hatte jedoch ihre Tücken. Der Rumpf war schlüpfrig, und ich hatte
Mühe, mich mit den Füßen festzuklammern. Der Vorwärts-
schwung des Bootes strömte mir das Wasser ins Gesicht, ließ es
in meinen Schnorchel hineinlaufen, zog meine Tauchermaske
weg und drückte mich zum Heck des Bootes. Luftblasen nahmen mir jegliche Sicht, und während ich mich abstrampelte,
um nicht zu ertrinken, hatte ich alle Mühe, der Person, die das
Boot steuerte, meine Nöte zu signalisieren. Folglich entbehrten
unsere ersten Versuche nicht einer gewissen Komik. Nachdem
ich linkisch über den Bugspriet geklettert war, baumelte ich
hilflos umher, während Richard, Graham und Jackie sich
schwer ins Zeug legten, um mich zurück ins Boot zu zerren.

Rückblickend betrachtet, war es wohl gehörig leichtsinnig.
Abgesehen von der Gefahr zu ertrinken, besaß die *Aloha* auch
eine Schiffsschraube, die unmittelbar hinter mir das Wasser
durchschnitt. Doch als der Augenblick der Wahrheit kam, sollte meine Mühe reich belohnt werden. Nicky und Puck näherten
sich dem Bug, und ich wurde an meine Position heruntergelas-
sen. Als sie neben mir elegant durch das Wasser glitten, gurgelte
ich in meinem Schnorchel und strengte mich aufs Äußerste an,
um mich mit den Füßen am Rumpf der *Aloha* abzustützen. Für
sie war es weitaus leichter als für mich. Doch als ich eine gewisse Sicherheit gewonnen hatte, streckte ich beide Arme aus und

drückte eine Hand an Pucks Flanke und die andere an die von Nicky. In meinen kühnsten Träumen hätte ich mir nicht vorgestellt, jemals so etwas zu tun, doch nun war ich hier und ritt mit zwei wilden Delfinen auf der Bugwelle des Bootes!

Im Oktober, in dem auf der Südhalbkugel der Sommer herannaht, stiegen die Temperaturen sprunghaft an. Die Sonne brannte, und das grelle Leuchten außerhalb des Wassers wurde zur Qual. Sonne und Salz hatten unsere Haut ausgetrocknet, rot und wund gemacht. Der Wind blies Tag für Tag, und immer seltener besuchten die Delfine das Flachwasser, wie es zu dieser Jahreszeit offenbar ihrer Gewohnheit entsprach. Unsere kleinen Zelte am Strand verwandelten sich in unerträgliche Backöfen, in die wir uns bis weit nach Anbruch der Dunkelheit nicht hineinwagten. Eines Morgens wachte ich auf und erblickte einen Skorpion, der wenige Zentimeter über meinem Gesicht an der Decke des Zelts hockte und den Schwanz drohend über seinen Rücken bog. Ich ergriff meine Sandale und erschlug ihn zu einem breiigen Schmierfleck, wobei ich jedoch im Eifer des Gefechts ein Loch in das von der Sonne schwer mitgenommene Nylon des Zelts riss. Es war Zeit zur Abreise.

Dieser erste Besuch in Monkey Mia hatte all unsere Erwartungen übertroffen. In den drei Monaten von August bis Oktober hatten Richard und ich einige interessante Entdeckungen über das Verhalten der Delfine gemacht. Zu unserer großen Befriedigung waren wir mit wilden Delfinen direkt in Berührung gekommen, hatten sie angefasst, mit ihnen gespielt und sie als Individuen kennen gelernt. Nicht nur war es ein aufregendes Erlebnis, wir hatten auch mehr als genug Erkenntnisse gewonnen, um uns ein Bild zu machen und Ideen für weitere Forschungen zu entwickeln. Es war völlig klar, dass wir systematische Daten über das Verhalten der Delfine im Flachwasser von Monkey Mia erheben konnten. Außerdem waren wir davon überzeugt, dass vor der Küste ebenfalls eine faszinierende Welt voller Gelegenheiten und Entdeckungen auf uns wartete. Wir hatten erst an der Oberfläche gekratzt, und die Fülle der Chancen schien praktisch unerschöpflich. Den Kopf voller Ideen, reisten wir ab, fest entschlossen zurückzukehren.

Die Rückkehr zu den Delfinen

Nach unserem ersten Aufenthalt in Monkey Mia verbrachte ich mehrere Monate damit, andere interessante Orte auf der Südhalbkugel zu besuchen und kehrte dann, verwirrt, orientierungslos, völlig pleite und ohne Wohnung nach Santa Cruz zurück. Richard und ich hatten während unseres ersten Besuchs mehrere Ordner mit Notizen über das Verhalten der Delfine gefüllt. Jetzt bestand unsere Aufgabe darin, sie auszuwerten, einen Bericht zu verfassen und ein Forschungsstipendium zu beantragen, das es uns ermöglichen würde zurückzukehren.

Zuerst aber musste ich einmal mein Leben in Ordnung bringen. Freunde und Bekannte bat ich um einen Schlafplatz in ihren Wohnungen und trug nur wenige persönliche Habseligkeiten in einem kleinen Koffer bei mir. Viel mehr ins Gewicht fiel, dass ich Dinge gesehen und getan hatte, die ich meinen Freunden nicht richtig verständlich machen konnte. Ich hatte mich verändert. Aufgrund meiner Abwesenheit war die langjährige Beziehung zu meinem Freund in die Brüche gegangen. Sein Leben war wie das meiner Freunde ohne mich weitergegangen. Jetzt verbrachten wir wieder Zeit miteinander, da ich aber besessen war von der Idee, nach Australien zurückzukehren, konnten wir uns emotional nicht mehr völlig aufeinander einlassen. Ich passte einfach nicht mehr in meine alte Nische in Santa Cruz. Meine Wurzeln schrumpften, und ich fühlte mich elend und allein.

Ich brauchte meine eigenen vier Wände. Andernfalls würde mein Gefühl, eine Fremde in einem fremden Land zu sein, nur noch weiter wachsen und in mir gären und meine Pläne beeinträchtigen. Ich lieh mir von meiner Familie Geld und kaufte einen 1959er VW-Bus, der dringend eine neue Lackierung nötig hatte. Das Hauptkennzeichen dieses Busses war nicht sein Alter, denn es gab eine ganze Reihe alter VW-Busse in der Gegend von Santa Cruz, sondern sein roter, üppig ausgepolsterter Innenraum. Er war beinahe ein Kunstwerk – mit Knöpfen verziert und Kissen versehen und all das auf fantastische Weise geschmacklos. Um das Werk zu vollenden, kaufte ich pfefferminzgrüne Farbe (sie war billig) und gab ihm einen neuen Anstrich. Die Kombination war überwältigend: eine Wassermelone auf Rädern und definitiv ein Unikat.

Dieser Bus wurde mein bewegliches, mietfreies Zuhause, und in gewisser Hinsicht ermöglichte mir erst dieses Vehikel das künftige Pendeln zwischen Australien und den USA. Wenn ich nach Australien aufbrach, packte ich meine irdischen Güter in den Bus und stellte ihn an einem sicheren Ort ab. Bei meiner Rückkehr in die Staaten erwartete mich mein mietfreies Heim. Ken Norris verschaffte mir großzügigerweise ein Büro im Long Marine Lab der UCSC, in dem ich tagsüber arbeiten konnte. Am Abend stieg ich in meinen Bus, fuhr irgendwohin, wo ich einen schönen Blick aufs Meer hatte, und bereitete das Abendessen auf dem Gaskocher zu. Danach kletterte ich in mein Bett.

Kurz nach meiner Rückkehr in die Staaten und dem Kauf meines mobilen Heims suchte die Forschungsgruppe »Greifvögel« an der UCSC Leute, die die Nester von Wanderfalken in Kalifornien überwachen sollten. Ich packte die Gelegenheit beim Schopf. Das Beobachten von Delfinen hatte mich in meinem Wunsch, Zoologin zu werden, bestärkt. Wenn ich Tiere in freier Wildbahn beobachtete, fühlte ich mich am meisten in Einklang mit mir und meiner Umwelt. Wanderfalken hatten mich von jeher fasziniert, und ihre eingehende Beobachtung würde mein Wissen und meine Erfahrung erweitern. Zudem versprach das einsame Campen in den Bergen eine interessante

Erfahrung, für die ich obendrein Geld bekommen würde. Zusammen mit meinem Zelt, einem Gaskocher und einem Vorrat an Erdnussbutter und Crackern verstaute ich die Notizbücher aus Monkey Mia in meinem Rucksack. So nutzte ich an einem Berghang unterhalb eines Wanderfalkennests die Ruhezeit der Vögel, um unsere Aufzeichnungen aus Monkey Mia durchzulesen, Berichte zu schreiben und Förderanträge zu stellen.

Als ich das Wanderfalken-Projekt abgeschlossen hatte, ging ich nach British Columbia, um mit einer Gruppe Studenten von der UCSC im Rahmen eines anderen Forschungsvorhabens Schwertwale zu beobachten. Obwohl Schwertwale auf den ersten Blick nur wenig Ähnlichkeit mit den Großen Tümmlern haben, sind sie doch relativ eng mit ihnen verwandt. Ich hielt es für wichtig, mir ein Bild von anderen Delfinarten zu verschaffen. Wir kampierten auf einer abgelegenen Insel in der Johnstone Strait zwischen moosbedeckten Fichten, Tannen, Kiefern und Zedern. Überall am Ufer lagen riesige, vom Wasser ausgezehrte Baumskelette herum. Adler thronten majestätisch im Geäst der Bäume. Gelegentlich stieß einer von ihnen mühelos herab, um mit seinen Klauen einen Lachs zu greifen.

Die Schwertwale waren eindrucksvoller als jedes andere Lebewesen, das ich zu Gesicht bekommen hatte: Es waren Riesendelfine, spektakuläre, elegante schwarz-weiße Meeressäuger. Ihre Atemgeräusche wurden weithin über das nebelbedeckte Wasser getragen. Unter der Oberfläche hallten ihre schrillen Rufe, die wir über die im Camp aufgestellten Lautsprecher nahezu ununterbrochen mithörten, an den steilen Felswänden der schmalen Meerenge wider.

Während meiner ersten beiden Monate bei den Schwertwalen war es mir einmal vergönnt, sie dabei zu beobachten, wie sie ihren »Massagestrand« besuchten. Seit hunderten von Jahren kommen Wale zu diesem Strandabschnitt, um sich an den mittlerweile regelrecht glatt geschliffenen Felsen zu reiben. Wenn sich die Wale näherten, beschleunigten sie und fingen an, sich auf die Seite zu drehen und aneinander zu reiben, offenbar in großer Vorfreude auf die Massage. Sie sausten zwischen die

Felsen, und wir, die wir unmittelbar über ihnen auf dem Kliff saßen, sahen weiße Bäuche aufblitzen, als sie sich drehten, wanden, wälzten und ihre Rücken und Flanken an den Felsen und aneinander rieben wie eine Horde tollender junger Hunde auf einem Rasen.

Das Beobachten von Schwertwalen war zwar lehrreich, aber nicht einträglich. Ich war entschlossen, genügend Geld zu verdienen, um nach Monkey Mia zurückzukehren, also nahm ich das Angebot meiner Eltern an und fuhr nach Osten zurück, um eine Zeit lang zu Hause zu wohnen, wo ich einen Job in einem vornehmen französischen Restaurant ergatterte. Während ich die förmliche schwarz-weiße Dienstkleidung trug, die mich an die Schwertwale erinnerte, lernte ich, exquisite alte Weinflaschen zu entkorken und die köstliche Küche, wann immer es mir möglich war, zu genießen. In wenigen Monaten nahm ich ein paar Pfund zu und verdiente genug Geld, um nach Australien zurückzukehren.

Im Juli 1984 waren Sallie Beavers und ich auf dem Weg nach Australien. Sally, eine kleine, hellhaarige Frau, hatte mit mir an der UCSC studiert, doch freundeten wir uns erst während unserer gemeinsamen Arbeit am Schwertwal-Projekt an. Sie war nicht nur intelligent und unterhaltsam, sondern hatte auch schon Erfahrung in der Erforschung des Verhaltens von Schwert- und Grindwalen. Ihre Praxis und eine gewisse akribische Sorgfalt, die mir abging, jedoch eine wesentliche Bereicherung sein würde, machte sie zur idealen Mitarbeiterin für einen zweiten Aufenthalt in Monkey Mia.

Wir liehen uns Kassettenrekorder und Unterwasserhorchgeräte, mit denen wir die Lautäußerungen von Delfinen aufnehmen wollten. Außerdem waren wir fest entschlossen, ein kleines Boot zu leihen oder zu stehlen, um den Delfinen über die Flachwasserzone hinaus zu folgen. Obwohl wir voller Ideen steckten, waren unsere Taschen nach dem Kauf der Flugtickets so gut wie leer. Ich hatte zwar eine Reihe von Förderanträgen gestellt, doch bis zu unserer Abreise war noch keine Entscheidung gefallen.

Um Geld zu sparen, vereinbarten wir mit einem lokalen Speditionsbetrieb in Perth, dass uns seine Lkws bei ihren Fahrten nach Norden mitnahmen. Bedauerlicherweise konnte jeder Lastwagen nur einen Passagier mitnehmen, und Sallys Lkw verließ Perth erst zwei Tage nach meinem. Der Gedanke, das letzte Stück des Weges nach Monkey Mia allein zurückzulegen, schreckte sie. Ich musste also an der Abzweigung bei der Fernraststätte nahezu drei Tage auf sie warten.

Es war eine Qual, so nahe bei den Delfinen zu sein und dennoch nicht weiterfahren zu können. Ich schlug mein Zelt im Gebüsch hinter der Raststätte auf und verbrachte die Zeit mit Lesen, Spaziergängen und der Beobachtung eines Gelbhaubenkakadus, der sich für mein Lager interessierte. Während der Nacht war das dumpfe Geräusch umherspringender Kängurus zu hören, und tagsüber trug der Wind das Krächzen von Krähen aus allen Richtungen heran.

Ich hatte reichlich Gelegenheit dazu, die Küche der Raststätte auszuprobieren. Wie alle Raststätten in Westaustralien, wenn nicht gar in ganz Australien, bot einem die Speisekarte solche Delikatessen wie »Hühnchenrollen«, »Wurstrollen« (eine feingemahlene, fleischartige Masse in einer fetten Teighülle), »Pies« (dieselbe Kategorie, mit »Soße« [Ketschup] serviert), »Pasteten« (mit ein paar Kartoffelstücken und Dosenerbsen) und die allseits beliebten »Chips« (fetttriefende Pommes frites). Tag und Nacht brausten Lkws die Fernstraße hinauf und schalteten, je näher sie kamen, mühsam Gang für Gang herunter, bis sie mit quietschenden Bremsen auf dem knirschenden Kiesboden des Parkplatzes anhielten. Dann blieben sie mit einem tiefen Brummen im Leerlauf stehen, während ihre Fahrer die Raststätte aufsuchten. Jeder Einzelne von ihnen weckte mich auf.

Am dritten Abend endlich taumelte, erschöpft von der Fahrt in dem schlecht gefederten, verrauchten Gefährt, Sally aus dem Fahrerhaus eines dieser Lkws. Am nächsten Morgen wurden wir von Reisenden, die vor ihrer Weiterfahrt zur Shark Bay einen letzten Halt einlegten, mitgenommen. Sie brachten uns mitsamt unserem Gepäck direkt nach Monkey Mia.

Dies war weder das erste noch letzte Mal, dass ich die Strecke von Perth zur Shark Bay in einem Lkw zurücklegte. Ohne Auto und mit praktisch leerer Geldbörse gab es in jenen Tagen keine Wahlmöglichkeiten. Später, als wir finanziell besser ausgestattet waren und einem konservativeren Lebensstil zuneigten, wie er sich mit den Jahren zwangsläufig zu entwickeln scheint, gaben wir das Geld hemmungslos für Busfahrten aus, kauften ein Auto, übernachteten wenn nötig in Hotels und ließen unsere Ausrüstung von Perth aus mit einer Spedition nach Monkey Mia und zurück transportieren. Ich betrachte diese Dinge nach wie vor als Luxus, obwohl ich mir heute, im mittleren Alter, schwerlich vorstellen kann, das, was zur damaligen Zeit sowohl notwendig als auch Teil des Abenteuers war, zu wiederholen.

Endlich erreichten wir Monkey Mia und wurden von Wilf und Hazel brüsk zu unserer Stelle auf dem Campingplatz geführt. Auf dem Weg dorthin kamen wir an den vertrauten Stellplätzen vieler Stammgäste vorbei, die schon bei unserem ersten Aufenthalt hier geweilt hatten (darunter Bondi).

Es waren fast zwei Jahre vergangen, seit Richard und ich an derselben Stelle kampiert hatten. Der Akazienbusch war gestutzt, offenbar von Campern, die Feuerholz gesucht hatten – ein seltener Rohstoff in dieser baumlosen Landschaft. Doch die ungehinderte Sicht auf die Delfine in der Bucht war noch dieselbe.

Sally und ich gingen hinunter zum Strand, um nach den Delfinen zu sehen. Holeyfin hatte ein weiteres Kalb, Holly. Joy, die jetzt vier Jahre alt war, hielt sich noch immer in der Gegend auf und ließ sich hin und wieder in der seichten Uferzone blicken. Doch schien sie jetzt, da sie von ihrer Mutter unabhängig war, keine große Lust zu haben, viel Zeit mit Menschen zu verbringen.

Holly war ein prachtvolles, energiegeladenes kleines Weibchen, und obwohl sie erst wenige Monate alt war, interagierte sie bereits viel mehr mit Menschen, als es Joy jemals getan hatte. Sehr zum Vergnügen aller hatte sie die Angewohnheit, sich zu nähern, doch sobald sie in Reichweite war, drehte sie ab und sauste in aufgeregten Kreisbahnen umher, um es dann aufs

Neue zu versuchen. Für gewöhnlich legte sie ihre makellose kleine Schnauze in die Hände der Besucher und beließ sie dort, wobei sie zu diesen aufblickte, als warte sie auf eine Reaktion. Holeyfin schien nichts gegen ihren Schabernack zu haben und erlaubte es den Touristen üblicherweise, ihr Kalb zu berühren. Hin und wieder warf sie sich zwischen Holly und eine Person oder jagte Holly ein wenig den Strand hinunter, als ob sie sie dafür, dass sie zu dreist mit den Menschen war, rügen wollte.

Nicky und Puck verbrachten nach wie vor viel Zeit damit, mit der örtlichen Gang heranwachsender »Jungs« unmittelbar vor dem Campingplatz herumzutoben: mit Snubnose und Bibi, Wave und Shave, Lucky, Pointer und Lodent. Von Zeit zu Zeit setzte sich einer der Monkey-Mia-Delfine von den vergnügten Spielen der anderen ab und sauste ins Flachwasser. Von dem wilden Spiel erschöpft und außer Atem, bettelte er dann um Fisch, während die anderen ein Stück weiter draußen herumlungerten und warteten.

Die Delfine schienen immer mehr Zeit in der seichten Uferzone von Monkey Mia zu verbringen, sodass wir vollauf damit beschäftigt waren, sie zu beobachten. Gleichzeitig führten wir Diskussionen mit Wilf und Hazel, den Kommunalbeamten und mehreren Stammgästen, wie man die Delfine wohl am besten schützen könne.

Es kursierten Gerüchte, dass unsere Reise nach Monkey Mia mit australischen Steuergeldern finanziert würde; dort lägen wir dann in der Sonne und tränken Bier. Einige dieser Missverständnisse rührten zweifelsohne einfach von dem Generationsunterschied zwischen uns und den meisten Campern her. Andere von der Tatsache, dass wir Ausländer waren. In der Hauptsache lag es wohl daran, dass die Leute die anstehenden Veränderungen witterten, und diese gefielen den meisten nicht. Die wirkliche Ursache waren die Delfine und ihre Bewunderer.

Eines Nachmittags, nur wenige Wochen nach unserer Ankunft, hielt Wilf Mason mit seinem Auto vor unserem Standplatz und ließ einen jungen bärtigen Mann mit Rucksack aussteigen. »Hier ist der Platz der Amis. Du wirst dich wie zu

Hause fühlen.« Andrew Richards schlug sein Zelt neben uns auf und schaute dann auf einen Besuch vorbei. In seinem Heimatstaat Michigan hatte er im Radio ein Interview mit Elizabeth Gawain gehört und beschlossen, sich die Delfine selbst anzusehen.

In den darauf folgenden wenigen Wochen wurde Andrew für uns unentbehrlich. Er und ich wurden rasch Freunde und blieben es. Dieser schüchterne, freundliche Mensch, der gelegentlich zur Unentschlossenheit neigt, ist einer der intelligentesten Menschen, die ich je kennen gelernt habe. Er besitzt nicht nur ein enzyklopädisches Wissen, er versteht es auch, sinnvollen Gebrauch davon zu machen. Die meisten Erfahrungen, die ich in diesem Buch schildere, haben wir gemeinsam gemacht.

Sally, Andrew und ich arbeiteten in Schichten, sodass ich die Bewegungen der Delfine in der Bucht akribisch erfassen konnte und dennoch Zeit dafür fand, bei der Errichtung des Lagers mitzuhelfen und ein Boot auszusuchen. Die zwei Tage, die Richard und ich 1982 draußen vor der Küste zubrachten, hatten uns davon überzeugt, dass das Beobachten der zahmen Delfine in Monkey Mia lediglich ein Bruchstück dessen war, was wir vollbringen konnten. Die zahlreichen zutraulichen Delfine, auf die wir in einiger Entfernung von der Küste gestoßen waren, eröffneten uns weit mehr Möglichkeiten, etwas über das Leben wilder Delfine zu erfahren.

Der örtliche Fischereiinspektor in Denham bot uns an, sein altes Motorboot zu benutzen, doch in dem Moment, in dem wir es zu Wasser ließen, begann es voll zu laufen. Einer der älteren Stammgäste, ein leidenschaftlicher Bastler, erbot sich, uns bei der Reparatur des Bootes zu helfen. Im Laufe einer Woche verbrachte er Stunden damit, Flicken in den Rumpf des Bootes zu schweißen, doch jedes Mal, wenn wir eine Probefahrt damit machten, leckte es an einer anderen Stelle. Unsere Begeisterung schlug in Enttäuschung um. Ich glaubte schon, wir wären einem wirklich üblen Scherz aufgesessen, der sich als Gefälligkeit getarnt hatte.

Der »üble Scherz« geriet jedoch Anfang September in Vergessenheit, als ich einen Brief von Bernd Wursig erhielt, der mich über einen Bescheid der National Geografic Society unterrichtete. Unserem Förderantrag war stattgegeben worden, und man hatte uns zehntausend Dollar bewilligt. Zuerst wollte ich es nicht glauben. Obgleich ich den Antrag selbst gestellt hatte, hatte ich aus irgendeinem Grunde nie ernsthaft damit gerechnet, dass wir tatsächlich Fördergelder erhalten würden.

Bernd hatte sich erboten, in meinem Antrag an die National Geografic Society formell als »wissenschaftlicher Leiter« aufzutreten, ein für ihn riskantes Unterfangen. Ich war wissenschaftlich ein unbeschriebenes Blatt, und er würde nun für andere Projekte, an denen er beteiligt war, keine Gelder mehr lockermachen können. Folglich war es nicht überraschend, dass sein Brief mit der Bemerkung endete: »Jetzt liegt es an Ihnen, gute Arbeit zu leisten.« Ein Gefühl Schwindel erregender Beklemmung überfiel mich. Das Beobachten von Delfinen war nicht länger nur ein spaßiger Zeitvertreib. Dieser Vertrauensbeweis brachte eine gewisse Bürde an Verantwortung mit sich.

Meine erste Pflicht bestand darin, nach Perth zu fahren und Einkäufe zu tätigen: ein brandneues Boot, einen Außenbordmotor, Filme, ein großes Zelt – eines, in dem wir aufrecht stehen konnten – und einige einfache Einrichtungsgegenstände. Die Fahrt nach Perth nahm den größten Teil der Woche in Anspruch, und es dauerte eine weitere Woche, bis alles mit dem Lieferwagen in der Shark Bay ankam. Wir waren bereits über einen Monat in der Shark Bay und hatten noch nicht einmal richtig mit unserer Forschungsarbeit begonnen. Dennoch könnten wir mit unserem brandneuen Boot endlich aufs Meer hinausfahren, die übrigen Individuen der Delfinpopulation in der Region kennen lernen und unseren Horizont über die Uferzone von Monkey Mia hinaus erweitern.

In unserem neuen kleinen Boot wagten wir uns Tag für Tag weiter vom Campingplatz weg. Unser erstes Ziel war es, so viele Delfine wie möglich zu identifizieren. Wann immer wir auf Delfine stießen, fotografierten wir ihre Rückenfinnen. Zurück auf dem Campingplatz, saßen wir über den Dias und studierten die spezifischen Formen, Narben und Kerben an der Hinterkante der Rückenfinnen. Wir gaben jedem neu identifizierten Delfin einen Namen. Wir hätten ihnen auch Nummern geben können. Vielleicht wäre es objektiver, systematischer und wissenschaftlicher gewesen, aber Zahlen hätte ich mir niemals merken können. Zudem war das Ausdenken neuer Namen ein kurzweiliges Spiel beim Essen. Wir versuchten, den Delfinen Namen zu geben, die etwas über ihre natürlichen Merkmale aussagten. Bottomhook hatte eine hakenförmige Ausstülpung an der Basis seiner Rückenfinne. Trips hatte drei kleine Kerben mitten auf seiner Finne, und Chop fehlte die Flossenspitze. Einigen anderen gaben wir Namen mit weniger eindeutigen Assoziationen. ED, dessen Rückenfinne unversehrt und schwer zu identifizieren war, stand für »enigmatischer Delfin«. NEK stand für »noch eine Kerbe«, da wir sie und drei andere Delfine mit ähnlichen Kerben in ihren Finnen eine Zeit lang verwechselt hatten. Bald gingen uns die beschreibenden Namen aus, da es so viele Delfine gab, die oftmals ziemlich ähnliche Rückenfinnen besaßen, und so verteilten wir ausgefallenere Namen. Eine Gruppe von sechs Delfinen, die zusammenzugehören schienen, nannten wir BJ, Bumpus, Bam-Bam, Biff, Bo und Biddle. Müttern mit Kälbern gaben wir Namen, die zusammenpassten: Yogi und Booboo, Zig und Zag, Tricky und Little, Blip und Flip.

Draußen auf dem Meer, wo die Delfine an die Oberfläche kamen, tauchten und umherschwammen, war das Identifizieren der einzelnen Individuen eine heikle Aufgabe. Die Identifikation der Rückenfinnen ist, wie die Mathematik, eine der Fertigkeiten, für die manche Menschen ein Talent zu besitzen scheinen und andere eben nicht. Wem diese Begabung fehlt, der kann eine Rückenfinne selbst dann, wenn er sie schon eine Million Mal gesehen hat, womöglich immer noch nicht eindeutig zuordnen. Besucher, die uns bei der Fahrt aufs Meer im Boot begleiteten, dachten manchmal, wir würden ihnen etwas vorspielen, wenn wir auf eine Gruppe Delfine stießen und eine Liste mit Namen herunterrasselten.

66

Selbst jene, die eine Begabung dafür hatten, mussten die Fähigkeit, Individuen anhand ihrer Rückenfinnen zu erkennen, erst erlernen. In der Anfangszeit lautete ein typischer Notizbucheintrag etwa so: »Wir sind gerade auf eine Gruppe von fünf Delfinen gestoßen. Der Delfin, den wir Notch nannten, der jedoch gestern unzweifelhaft nicht Notch war, befindet sich hier mit einem Kalb, das eine makellose Rückenfinne hat. Auch der Delfin mit der spitzen pfeilförmigen Flosse, die unweit der Spitze weiße Narben aufweist, den wir kürzlich gesichtet haben, und einen mit zwei Kerben, die sich in gleichem Abstand etwa ein beziehungsweise zwei Drittel von der Finnenspitze abwärts befinden. Dieser hat auch eine Einkerbung in der Fluke und eine Narbe auf seiner linken Flanke, die sich ungefähr in der Mitte zwischen Rückenfinne und Fluke befindet. Es ist ein rundes weißliches Mal von etwa 2,5 Zentimeter Durchmesser. Bei einem weiteren Delfin könnte es sich um Puck oder Shave handeln. Dieselbe Finnenform, aber meines Erachtens ist es keiner von beiden.«

Nach einer solchen verwirrenden Begegnung mussten wir auf die Entwicklung der Dias warten, ehe wir uns Klarheit verschaffen konnten. Nachdem wir hunderte von Dias ausgewertet hatten – eine gute Beschäftigung für windige Tage –, erstellten wir einen Katalog mit ungefähr zweihundert verschiedenen Delfinen, die wir auseinander halten konnten. Wir lernten sie anhand ihrer Rückenfinnen zu identifizieren, so, wie man eine Person an ihrem Gesicht erkennt. Es war ein überaus befriedigendes Gefühl, auf eine Gruppe Delfine zu stoßen und wirklich jeden zu erkennen. Im Lauf der Zeit erwarben wir zudem die Fähigkeit, uns daran zu erinnern, wann und wo wir jeden einzelnen Delfin zuvor gesichtet hatten, was er getan hatte und mit wem. Kurz gesagt, wir konnten für jeden Einzelnen eine zusammenhängende Chronik von Beobachtungen erstellen; das war bislang bei wilden Delfinen nur selten gemacht worden, obwohl es eine wesentliche Voraussetzung für das Verständnis ihrer Lebensweise ist. Letzten Endes machten wir echte Fortschritte und lernten die Delfine kennen, die im Zentrum unserer Studien stehen sollten.

Shark Bay

Je besser wir die Delfine kennen lernten, umso besser wurden wir auch mit der Bucht vertraut. Der Anblick, die Geräusche und die Gerüche von Australiens dürrem Spinifex-Grasland sowie der Glanz des Wassers in der Bucht wurden uns allmählich geläufig. In dem Maße, wie sich die Konturen und Farben der Landschaft meinem geistigen Auge einprägten, fühlte ich mich immer weniger als Fremde.

Die Shark Bay ist ein ausgedehntes Gebiet von zirka 22 000 Quadratkilometern, das ungefähr zur Hälfte von Wasser bedeckt ist. Selbst die ungenaueste Landkarte von Australien zeigt ihre Einbuchtung unmittelbar unterhalb des Südlichen Wendekreises. Nach Osten hin vom australischen Festland begrenzt, stößt die Bucht im Westen an die Halbinsel Edel Land und eine Reihe von Barriere-Inseln, nämlich Bernier Island, Dirk Hartog Island und Dorre Island. Mitten in ihre riesige Fläche ragt die Halbinsel Peron hinein. Monkey Mia befindet sich an der dem Festland gegenüberliegenden Seite der Halbinsel, der Ort Denham liegt an der dem Festland abgewandten Seite.

Gelegentlich erholte ich mich von der Beobachtung der Delfine und erkundete die Bucht. Ich packte einige unverzichtbare Campinggegenstände ins Boot und wagte mich für ein paar Tage in unbekannte Regionen der Bucht. Einer diese Ausflüge hat sich mir tief ins Gedächtnis eingegraben, weil ich damals zum ersten Mal einen wirklichen Eindruck von der Eigenart der Shark Bay erhielt und erkannte, dass mich nicht nur die Delfine, sondern die Gegend an sich in den Bann zog.

Debbie Glasgow und Nicki Fryer, zwei Frauen, die ich infolge meiner Beschäftigung mit den Delfinen in Monkey Mia kennen gelernt hatte, begleiteten mich auf diesem Törn. Ihre besonders starke Zuneigung zu den Delfinen hatte sie zu scharfsinnigen Beobachterinnen des Delfinverhaltens gemacht. Nicki hatte eine ausgeprägte spirituelle Ader und pendelte regelmäßig zwischen dem indischen Ashram und Monkey Mia. Sie war eine liebenswürdige schmächtige Frau mit braunem Haar und meist einem scheuen Lächeln auf den Lippen. Obwohl es mir manchmal schwer fiel, mich mit ihrem Glauben, wonach alles Teil eines von ihrem spirituellen Guru arrangierten Planes sei, abzufinden, schätzte ich die Ernsthaftigkeit, mit der sie einen tiefen und erfüllenden Sinn im Leben suchte. Um sie von Nicky, dem Delfin, zu unterscheiden, nannten wir sie immer »Nicki-der-Mensch«.

Debbie war Tänzerin und Künstlerin und hatte langes geflochtenes Haar, das ihr entweder den Rücken hinunterhing oder im Wind flatterte. Sie war eine geistig rege und energische Person, der es weder an Humor noch an Kreativität gebrach. Beide Frauen ließen sich langfristig in Monkey Mia nieder, lebten anspruchslos und schlugen sich mit Gelegenheitsjobs durch, um bei den Delfinen bleiben zu können. Sie halfen uns oft bei unserer Forschungsarbeit.

Ich ließ Monkey Mia hinter mir und steuerte mit unserem kleinen Boot die Küste der Halbinsel Peron hinauf, am Rand der Untiefen entlang, vorbei an Cape Rose, in die Walbucht hinein, und dann durch immer unbekannteres Gebiet bis zu Guichenault Point hinauf. Noch nördlich von Guichenault liegt Peron Point, dessen Spitze von Monkey Mia aus nur gelegentlich als zitternde dünne Linie am fernen Horizont zu sehen ist.

Das Wetter war prächtig – sonnig und nicht zu windig, mit einigen Wolken, die sich am Horizont bildeten. Ich war ein wenig nervös hier draußen im Niemandsland. Doch bestand kein Grund zur Angst, solange wir uns dicht am Rand der

Untiefen hielten. Als wir jedoch die Freiwasserzone der Herald Bucht überquerten, fühlte ich mich ungeschützt und verwundbar.

Debbie, deren geflochtenes Haar im Wind flatterte, saß aufrecht und ruhig am Bug. Nicki kicherte von Zeit zu Zeit nervös. Offenbar verlor sie sich trotz des dröhnenden Motors in berückenden Träumereien. Ich hielt das Boot in die Wellen und trachtete, die über die Schandeckel spritzende Gischt im Auge zu behalten, damit nichts nass wurde, was nicht nass werden sollte. Wir waren von der Spannung und dem Gefühl freundschaftlicher Verbundenheit erfüllt, die sich in Erwartung eines gemeinsamen Abenteuers einstellen.

Auf halber Strecke zwischen der Herald Bucht und Point Peron machten wir an einem reizvoll aussehenden Strand Halt. Wegen des sehr seichten Wassers mussten wir eine Viertelmeile vor der Küste ankern und mit unserem Gepäck zum Ufer waten; doch der Strand schien wie geschaffen, um hier unser Nachtlager aufzuschlagen. Der Wind hatte sich völlig gelegt, und der Himmel war mit großen grauen Wolken übersät, von denen einige in die Stratosphäre emporragten – Gewitterwolken, die wahrscheinlich in Kürze Regen bringen würden. Wir stellten uns auf eine nasse und stürmische Nacht ein. Mir war nicht ganz wohl dabei, das Boot so weit vom Ufer entfernt verankert zu lassen. Es war unser Ariadnefaden zur Zivilisation, und wir würden in Schwierigkeiten geraten, wenn der Anker nicht hielt und das Boot am kommenden Morgen verschwunden wäre.

Genau an der Stelle, wo wir, mit unserem Gepäck beladen, an Land gingen, ragte eine riesige Muschelschale aus dem Sand, sie schimmerte satt rosa-orange und war völlig makellos. Für gewöhnlich zerbrechen sie, wenn sie an den Strand gespült werden, in Stücke. Dieses Exemplar hatte Glück gehabt, und es schien ein gutes Omen zu sein.

Wir wählten einen Platz, hoben eine Feuergrube aus und schlugen die Zelte auf. Dann kletterten wir die zerklüftete rote Klippe hinter uns hinauf, um uns einen Überblick zu verschaffen. Überall waren Spuren von Ziegen. Ein ausgebleichter

Schädel samt Hörnern lag im roten Sand, und breite Fußspuren, die sich auf dem Weg zum Wasser kreuzten, zogen sich die ausgewaschenen Klippenhänge hinab. Konnten diese wild lebenden Ziegen so durstig sein, dass sie nicht davor zurückschreckten, Meerwasser zu trinken? Die einzigen Geräusche, die an unsere Ohren drangen, waren die Gesänge von Flötern und Glöcknern und das gedämpfte rhythmische Plätschern der Wellen, die sanft ans Ufer schlugen. Vom Gipfel der Klippe blickten wir meilenweit über die Shark Bay auf der einen und über die Halbinsel auf der anderen Seite. Wie ein Spiegel reflektierte das Wasser bauschige Wolken und leuchtend orange Lichtstreifen, die hier und da zwischen den Wolken hindurchschienen. Mehrere hübsche lange Regenbogen reichten aufs Meer hinab, verbanden Wolken und Wasser und wanderten am Horizont entlang.

Bevor wir uns für die Nacht einrichteten, gingen wir schwimmen. Da es praktisch ausgeschlossen war, hier auf andere Menschen zu treffen, wateten wir nackt ins Wasser. Plip, plop, plip, plopity plopity plip plippity bschhhhhhhhhhhhh. Es begann in Strömen zu regnen. Wenngleich die Aussicht, sich nicht trocknen zu können, wenig verlockend erschien, bescherte uns der Himmel zumindest eine Süßwasserdusche. Ein seltener Genuss in dieser Gegend. Wir sprangen im seichten Wasser umher und fühlten uns so frei und lebendig, wie man sich nur fühlen kann.

Nachdem das Gewitter vorüber war, brach die frühe Abendsonne durch die Wolken und erzeugte vor dem Hintergrund der stahlgrauen Wolken einen doppelten Regenbogen. Zurück im Lager, entfachten wir ein rauchiges Feuer. In ausgelassener Stimmung wärmten wir uns und kochten Teewasser. Wir lachten und plauderten, während die Sonne immer wieder von Wolken bedeckt wurde und schließlich am Horizont versank. Es war eine Wonne, an dem vom Salzwasser klebrigen Körper juckenden Sand zu spüren. Wir begannen, mit der Landschaft zu verschmelzen. Selbst der kleine Campingplatz in Monkey Mia schien weit weg zu sein. Wir drei waren die einzigen Menschen in dieser unermesslichen, unberührten Landschaft.

Am Morgen machten wir eine Wanderung, liefen über sandige Strände, erklommen Felsen und Klippen. Wenn es uns zu heiß wurde, sprangen wir ins Wasser und banden uns danach zum Schutz vor der Mittagssonne unsere Sarongs um die Köpfe (und handelten uns dafür einen Sonnenbrand auf unseren Hintern ein). Meist gingen wir nicht zusammen, sondern jede bewegte sich im eigenen Rhythmus; wir zogen es vor, die Landschaft auf uns wirken zu lassen, statt miteinander zu plaudern. Von Zeit zu Zeit trafen wir uns und setzten uns zusammen, nippten an unseren Wasserflaschen und tauschten unsere Eindrücke aus. Über uns kreisten Vögel, und mehrmals an diesem Tage sahen wir unmittelbar vor der Küste Delfine. Ich fragte mich, ob es, so weit draußen, welche der uns bekannten oder fremde Delfine waren.

Um die Mittagszeit gelangten wir an einen von großen Felsen gesäumten Strand, der mit angespültem Tang überzogen und dicht von zierlichen Austern besiedelt war. Wir klopften die Austern mit kleinen Steinen auf und holten die winzigen Leckerbissen mit bloßen Fingern heraus. Wir begannen von einem Leben hier draußen zu träumen. Vielleicht sollten wir einfach hier bleiben und uns ausschließlich von den Früchten dieses Landstrichs ernähren. Nein, nicht ohne Süßwasser. Wenn nichts sonst, so würde uns doch dieser Mangel in die Zivilisation zurücktreiben. Die Shark Bay bietet immer noch einen Grad an abgeschiedener Ursprünglichkeit und Schönheit, die meiner Erfahrung nach einfach unübertroffen ist. Sie besitzt eine einzigartige Aura, die anfangs blind macht. Man glaubt, in einer flachen, öden Gegend angekommen zu sein. Doch schon bald erkennt man ihre Reize und verfällt ihrem Bann. Die Farben, Gerüche und Geräusche nehmen das Herz in Beschlag. Die Shark Bay ist sanft und rau zugleich, üppig und karg, augenfällig und hintergründig.

Als ich am Abend ins Lager zurückgekehrt war, kletterte ich auf die Klippe, um den Sonnenuntergang besser beobachten zu können: Der schmale Landstreifen kauerte tief unter einem unermesslichen Himmel, erstreckte sich, dünner werdend, zum Horizont und verschwand schließlich im Indischen Ozean. Wie es in der Shark Bay oft der Fall ist, konnte man kaum erkennen, wo das Land endete und der Himmel auf das Meer traf. Beständig bläst hier der Wind und modelliert die leuchtend rote Erde, den cremefarbenen Sand und das salbeigrüne Buschwerk – alles, was ihm den geringsten Widerstand entgegensetzt. Der Wind treibt den Sand vor sich her, Strände verlagern sich, Wolken aus rotem Staub steigen empor, wirbeln umher und sinken wieder nieder. Schroffe nackte Klippen, die stellenweise von den Exkrementen von Graubartfalken und Weißbauch-Seeadlern weiß getüncht sind, ragen vor dem blauen Himmel empor. Stopplige Akazien werden nie höher als zwei Meter, die meisten sind sogar weitaus kleiner: zähe, knorrige, dürre und gewundene Gewächse, bestens angepasst, dem rauen trockenen Klima zu widerstehen.

Als ich das erste Mal zur Shark Bay kam, hatte ich das Gefühl, am Ende der Welt angekommen zu sein. Im Städtchen Denham reihten sich einige wenige Gebäude an einer Seite der Hauptstraße entlang, die, auf der anderen Seite, an eine riesige Wasserfläche grenzte. In der Ferne lagen die Halbinsel Edel Land und die Barriere-Inseln der Shark Bay – ein dünner unterbrochener Streifen am Horizont, der das einzige Land zwischen mir und Madagaskar war. Der ganze Ort erstrahlte in einem merkwürdig hellen, fremdartigen Licht.

An der Shark Bay, dem westlichsten Punkt des australischen Kontinents, setzte der erste europäische Entdecker seinen Fuß auf den südlichen Kontinent. Die europäischen Forschungsreisenden hatten schon lange vermutet, dass Australien existieren, dass es irgendetwas in der unermesslichen Weite der Südsee geben müsse. Doch waren eine Reihe früherer Versuche, den Kontinent zu entdecken, wegen der verhältnismäßig primitiven Navigationsinstrumente gescheitert. Einige verwegene Seefahrer segelten praktisch in Hörweite daran vorbei. Da sie jedoch nicht ahnten, wie nahe sie dieser fremdartigen neuen Welt waren, kehrten sie nach monatelanger beschwerlicher Fahrt erschöpft nach Hause zurück.

Ein Holländer, Dirk Hartog, betrat als Erster australischen Boden. 1616 ging er mit seinem Schiff, der *Eendracht,* bei Cape

Inscription vor Anker, einer kahlen, windigen Landzunge auf einer der Barriere-Inseln der Shark Bay, die heute seinen Namen trägt. Er kennzeichnete die Stelle mit einer kleinen Zinntafel. Doch Dirk Hartogs Tafel blieb nicht lange an dieser Stelle. 1697 ging Kapitän de Vlamingh, ein anderer Holländer, bei Cape Inscription vor Anker, riss Hartogs Tafel herunter und brachte seine eigene an. Jahre später wurde die ursprüngliche Tafel wieder in Stand gesetzt. Im Jahre 1722 landete François de St. Allouarn bei Cape Inscription und erhob offiziell im Namen Frankreichs Anspruch auf das Gebiet, indem er zwei französische Münzen und eine Pergamenturkunde in einer Flasche neben den sterblichen Überresten eines seiner Seeleute begrub. Es ist heute schwer nachvollziehbar, aus welchem Grund diese öde Gegend damals eine solche erbitterte Konkurrenz auslöste.

1699 taufte ein Engländer namens William Dampier die Bucht Shark Bay. Anfang des 19. Jahrhunderts kartografierten zwei französische Forschungsreisende, Kapitän Baudin an Bord der *Geografe* und Kapitän Hamelin von der *Naturaliste,* erstmals die Bucht und ihre Gewässer. 1827 wurden weiter südlich am King George Sound (heute Albany) und am Swan River (Perth) die ersten britischen Siedlungen in Westaustralien gegründet, und schließlich kam ganz Australien unter britische Herrschaft.

Natürlich begann die australische Geschichte nicht erst mit den Europäern, sondern schon etwa 40 000 Jahre früher mit den australischen Ureinwohnern, den Aborigines. An der Shark Bay siedelten die Stämme der Nanda und Mulgana. Die ältesten Überreste einer Aboriginessiedlung in der Shark Bay bestehen aus Abfallhaufen (Haufen von Meeresmuscheln, Krebsscheren, Säugetierknochen und steinernen Artefakten) und sind etwa 5000 Jahre alt, also vergleichsweise jung. Dennoch ist die Shark Bay bislang von Historikern und Archäologen noch nicht gründlich erforscht worden; es ist durchaus denkbar, dass dort noch ältere kulturelle Zeugnisse ihrer Entdeckung harren.

Die trockene Landschaft der Shark Bay konserviert Gegenstände gut und legt eine Fülle von Bruchstücken ihrer Vergangenheit bloß. Ich pflegte ziellos durch das aufgelockerte Strauchwerk zu streunen, wobei ich seine Form meinen Weg bestimmen ließ. Wenn mir eine Stelle mit dichten stacheligen Akazien den Weg versperrte, schlug ich eine andere Richtung ein. Hing das große Netz einer goldenen Radnetzspinne über meinen Pfad, suchte ich nach einem anderen Weg. Ich fuchtelte stets mit einem Stock vor mir her, um Spinnennetze zu entfernen, die so fest und widerstandsfähig sein können, dass es einiger Kraft bedarf, sie zu zerreißen. Dabei erzeugen sie einen beängstigenden Ton. Während ich so ins Blaue hinein durch die Landschaft schlenderte, stieß ich oft auf Spuren und Zeugnisse der Vergangenheit.

Zu den häufigsten Funden gehörten die alten weißen Tonpfeifen, die von chinesischen und malaiischen Perlentauchern benutzt wurden. Ich fand sie gewöhnlich, wenn ich mich mitten im Buschwerk niederließ. Ganz leise atmend und mich auf die Welt um mich konzentrierend, lauschte ich den Geräuschen des Buschs und richtete meine Sinne auf diese andersartige Wahrnehmung aus. Oft sah ich dann etwas Weißes neben dem knorrigen Stamm einer Akazie aufblitzen, und natürlich war es eine Pfeife. Hier, mitten in einer, wie es mir schien, entlegenen und unwirtlichen Gegend, hatte also vor langer Zeit ein Mensch gesessen und sich bei einer Tabakspfeife entspannt. Ohne Zweifel lauschte auch er den Gesängen von Flötern und Glöcknern, bahnte sich einen Weg durch das gleiche Labyrinth dornigen, dicht mit Spinnweben bespannten Buschwerks und beobachtete die gleiche Vielfalt von Ameisen, die auf dem roten Boden herumliefen.

Häufig fand ich auch Stücke eines dichten, glänzenden cremefarbenen Steins. Ein solcher Fund kam mir stets sonderbar vor, weil diese Art Gestein in dem Gebiet nicht von Natur aus vorkam, und die Stücke inmitten gänzlich anders aussehender Steine und Sand lagen. Für meine ungeschulten Augen sahen sie so aus, als wären sie von Menschenhand behauen und bearbeitet worden. Ich ertappte mich dabei, wie ich sie in meine Taschen steckte und sie mit ins Lager nahm, um sie in meine

Sammlung wertvoller Funde aufzunehmen. Später erfuhr ich dann, dass es einen Steinbruch gibt, in dem die Aborigines dieses Yarringa-Kieselsäuregestein abbauten, und zwar eigens, um daraus Steinwerkzeuge zu fertigen. Stücke dieses bearbeiteten Gesteins, das aus diesem Steinbruch stammt, wurden manchmal hunderte von Kilometern vom Steinbruch entfernt gefunden.

In dieser Gegend kann man sich leicht die dunklen Körper der Aborigines vorstellen. Sie überlebten und behaupteten sich erfolgreich in diesem Lebensraum, indem sie ihr Wissen und ihre Gewohnheiten an den besonderen Reichtum dieser Gegend anpassten. Sie fingen Fische, Schalentiere, Dugongs (Seekühe, verwandt mit den Manatis), Schildkröten, Echsen und Vögel. Die Shark Bay war in den Augen der Aborigines vermutlich ein leidlich gastlicher Ort. Europäern dagegen erschien das Land hart, erbarmungslos und unfruchtbar. Keine hügeligen Wiesen mit üppigem Gras und Blumen und weidendem Rotwild. Keine Schatten spendenden Bäume oder sprudelnden Bäche.

Die Enttäuschung und Verzweiflung dieser frühen europäischen Entdecker spiegeln Ortsnamen wie »Hopeless Reach«, »Disappointment Reach« und »Useless Inlet« wider. In jener Zeit besiegelten Skorbut und Unterernährung den Tod vieler Seeleute, und die meisten brauchten dringend Süßwasser, essbare Pflanzen und Tiere, mit denen sie die Vorratskammern ihrer Schiffe auffüllen konnten. Aber diese Unwirtlichkeit ist zum Teil eine Frage der Einstellung, die aus den Gewohnheiten entspringt.

Die Gewässer der Shark Bay sind überraschend seicht, und die frühen Entdecker, denen es an Kartenmaterial fehlte, liefen zweifelsohne auf Grund und mussten bei ihren Versuchen, in die Bucht zu gelangen, durch ein Labyrinth von Kanälen und Sandbänken navigieren. Die durchschnittliche Tiefe liegt bei ungefähr zehn Metern, aber etwa ein Viertel der Wasserfläche ist lediglich zwischen sechzig und neunzig Zentimeter tief. Von Sand und Tang bedeckte Untiefen erstrecken sich weite Abschnitte der Küste entlang, an vielen Stellen ragen sie mehrere hundert Meter ins Meer hinaus. Selbst ein Schiff mit dem geringsten Tiefgang lässt sich kaum irgendwo in Strandnähe bringen.

Wenn wir gelegentlich den Strand an einer anderen Stelle der Küste aufsuchten, mussten wir in einiger Entfernung von der Küste ankern und hin und wieder zurückwaten. Einmal besuchten wir in einem zwölf Meter langen Segelschiff Faure Island (eine ungefähr neun Meilen von Monkey Mia entfernte kleine Insel). Wir näherten uns der Insel von Norden und mussten gut eine dreiviertel Meile vor der Küste, mitten auf den Green Turtle Flats, vor Anker gehen. Bei Ebbe wateten wir durch das höchstens knietiefe Wasser. Während wir die Insel erkundeten, setzte indes rasch die Flut ein. Als die Sonne bereits niedrig stand, machten wir uns auf den Weg zum Schiff und sahen uns schnell in brusttiefem Wasser von Haien umgeben.

Die Untiefen der Shark Bay können auch für Delfine beschwerlich werden. Als wir einmal dem Delfin Sicklefin folgten, kamen wir in Wasser, das selbst für unser kleines Boot kaum tief genug war. Wir blieben jedoch am Ball und fanden uns alsbald in einem Irrgarten aus Sand- und Tangbänken wieder, von denen viele einfach zu seicht waren, um sie beim gegenwärtigen Gezeitenstand zu durchqueren. Wir erwarteten, dass Sicklefin umkehren und in tieferes Wasser schwimmen würde. Er setzte seinen Weg jedoch fort, wobei er Rücken und Rückenfinne, die ganz aus dem Wasser ragten, abwechselnd zu einem Buckel krümmte und wieder streckte und sich auf diese Weise dahinschlängelte. Schließlich gelangte er zu einer Untiefe, die kaum mit Wasser bedeckt war. Statt einen anderen Weg zu suchen oder umzudrehen, schwamm er geradewegs auf die Bank zu und robbte wie ein Seehund auf Flippern und Bauch in das tiefere Wasser auf der anderen Seite.

Die geringe Tiefe der Shark Bay macht sie jedoch zu einem idealen Ort für die Beobachtung von Delfinen. An vielen Stellen sind die Delfine selbst dann noch zu sehen, wenn sie auf den Meeresboden hinabtauchen, (je nachdem, wie klar das Wasser ist). An einem Tag, an dem das Wasser klar ist und man langsam dahinsegelt, sieht man eine märchenhafte Unterwasserwelt unter sich vorbeiziehen. Eine Schildkröte schaut von ihrem Ruheplatz am Meeresboden auf, ein Rochen schießt, eine Sandwolke aufwirbelnd, davon, wenn sich das Boot nähert, eine Walzenschnecke mit ihrer geometrisch gemusterten Schale hinterlässt Spuren auf dem Sand. Große Felder verschiedener Tangarten gleiten wie ein tropischer Regenwald im Miniaturformat vorüber. Tummeln sich an einem solchen Tag Delfine in der Nähe des Bootes, ist jede kleine Schramme, jeder Kratzer auf ihrer Haut zu sehen, und auch jede noch so kleine Änderung ihrer Position; ein leichtes Schlagen der Fluke, eine Krümmung der Flipper, ein Rollen des Auges. Vor dem Hintergrund aus Sand, Tang und den glänzenden silbergrauen Körpern der anderen Delfine scheinen sie schwerelos im Wasser zu schweben.

Mitte des 19. Jahrhunderts entwickelte sich die Shark Bay dank der großen Brutkolonien der Kormorane und anderer Seevögel zu einem florierenden Zentrum der Guanogewinnung. Wenig später folgte der Perlenhandel. Chinesische Perlenfischer ließen sich im Gebiet der Bucht nieder und in ihrem Gefolge eine beträchtliche Anzahl malaysischer Arbeiter. Daher sind die derzeitigen Bewohner der Shark Bay eine bunte Mischung aus europäischem, malaiischem, chinesischem und Aborigineblut. An einem einzigen Arbeitstag wurden haufenweise Perlmuscheln heraufgeholt. Um die Perlen zu finden, mussten die Muscheln einzeln geöffnet werden. Die Schalen wurden in gewaltigen Fässern gesammelt, verfaulten und wurden dann eingekocht, um auch noch die letzte verbliebene Perle zu finden. Der abscheuliche Gestank kochender verfaulter Muscheln (*pogey*) dürfte seinerzeit die gesamte Bucht durchzogen haben.

Monkey Mia war ein wichtiger Standort der Perlenfischer. In der Tat besagt eine Theorie über den Ursprung des Ortsnamens, die Europäer hätten die chinesischen Perlenfischer als *monkeys* (»Affen«) tituliert. Mia bedeutet in der lokalen Aboriginesprache »Heimat der«.

Auf einer meiner »Wanderungen« entdeckte ich ein kleines Lager, das vielleicht vor vielen Jahren von einigen alten chinesischen und malaiischen Perlenfischern verlassen worden war. Ich war tief in den Busch vorgedrungen und fand mich schließlich in einem Strauchdickicht wieder, das so undurchdringlich war, dass ich mich auf den Bauch in den Sand legen und darunter hindurchrobben musste. Inmitten des Dickichts traf ich zufällig auf eine kleine Lichtung, auf der neben den Überresten einer Feuergrube eine Reihe verrosteter altmodischer Metalltöpfe und Tabletts herumlagen. Als ich mich flüchtig umsah, erspähte ich auf dem Sand Bruchstücke einer weißen Tonpfeife und dann einen reich verzierten kleinen Knopf. Die künstlerische Gestaltung war unverwechselbar asiatisch.

Der Fischfang entwickelte sich schließlich zum wirtschaftlichen Rückgrat der Bucht. Die mit der Angel gefangenen Schnapper und Zackenbarsche stellten wie die in Netzen gefangenen Meeräschen und Königsfische hochwertige Ware dar, desgleichen Garnelen und Kammmuscheln, die vom Meeresboden heraufgeholt wurden. Allerdings ging diese Ausbeute zu Lasten der großen Tangfelder, sodass später Beschränkungen erlassen wurden.

Im frühen 20. Jahrhundert wurde ein »geschlossenes Hospital« in der Shark Bay errichtet. Man baute zwei Trakte, einen für Männer auf Bernier Island und eine für Frauen auf Dorre Island. Aborigines aus Westaustralien, die sich mit einer Geschlechtskrankheit oder mit Lepra infiziert hatten, wurden in diese schrecklichen Gefängnisse verbracht, wo man sie, weit weg von ihren Familien und Verwandten, krank und ohne Hoffnung auf Flucht, einfach wegsperrte und dem Siechtum überließ.

Einzigartig ist die Shark Bay an dem Punkt gelegen, der die südliche Arealgrenze für die im nördlichen Wüstenklima verbreiteten Organismen und die nördliche Arealgrenze für die ein gemäßigteres Klima vorziehenden südlichen Arten markiert. Es ist die Überschneidungszone, der Bereich, in dem zwei grundverschiedene Ökotypen aufeinander treffen und sich mischen. Fährt man die Westküste hinauf nach Norden, so kommt man unmittelbar nördlich von Perth durch hügeliges grünes Weideland. Scharen von Rot- und Rußkakadus flattern geräuschvoll über gepflegte Weingärten. Die grasgrünen Weiden sind gesprenkelt von Rindern, Schafen und hin und wieder einem Känguru oder Emu. Allmählich verändert sich das Landschaftsbild. Wo die Banksien, Akazien und Spinifex-Grasland den hohen Eukalyptus ablösen, schrumpfen die Bäume. Aufgelockerte dürre Buschvegetation, die hie und da den blassrosa und leuchtend roten Sand bedeckt, erstreckt sich nach allen Seiten bis zum Horizont, der größte Teil davon ungestört von menschlichen Aktivitäten. Der Himmel wird immer weiter und verlangt in dem Maße, wie die Vegetation schwindet, mehr und mehr Beachtung.

Die Schönheit der Shark Bay ist nicht von der Art, dass sie einem auf den ersten Blick gleich den Atem verschlägt. Man muss aufmerksam hinsehen, um sie zu erkennen: im Fußabdruck eines Kängurus, der sich neben einem Büschel tiefvioletter Blumen und salbeigrünem Blattwerk in dem tiefroten Sand abzeichnet, in Farben, die sowohl subtil als auch spektakulär sind; im Gleitflug eines Fischadlers, der, vom Aufwind erfasst, an einer Felswand am Meer entlangsegelt; in den leuchtendsten, atemberaubendsten und unergründlichsten Sonnenuntergängen, die ich je erlebt habe.

Die Großartigkeit der Shark Bay blieb von der Weltöffentlichkeit nicht unbemerkt. 1991 erklärten sie die Vereinten Nationen zum »Weltnaturerbe«. Teile der Bucht erhielten den Status eines Meeresparks, eines Nationalparks und den eines Schutzgebiets. Sie besitzt die ausgedehntesten Tangbänke der Welt, die Wooramel Banks. Mindestens zwölf Tangarten gewähren unter anderem Jungfischen, Garnelen, einigen Seeschlangenarten, vier Schildkrötenarten und dem bemerkenswert blattartigen Fetzenfisch Zuflucht. Der Tang bildet außerdem die Nahrungsgrundlage für eine der größten noch existierenden Dugongpopulationen.

Die Tangfelder sind so weitläufig, dass sie in bestimmten Bereichen sogar einen Schutzschirm bilden, der die Zirkulation des Meerwassers einschränkt. Dies führt dazu, dass das Wasser in manchen Gebieten einen doppelt so hohen Salzgehalt aufweist wie normales Meerwasser. Eine solche Stelle ist der Hamelin Pool, ein großes flaches Becken zwischen der Halbinsel Peron und dem Festland. Hamelin Pool ist so salzig, dass nur wenige Lebewesen darin leben können. Ein Organismus, der prächtig gedeiht, ist der Stromatolith. Stromatolithen sind Kolonien von Cyanobakterien (früher »Blaualgen« genannt). Während ihres Wachstums fangen und binden diese winzigen Organismen Schwebeteilchen und lagern sich in unterschiedlich gestalteten Strukturen auf dem Boden ab. In dem gestapelten Sediment setzt sich lediglich eine dünne Schicht aus lebenden Cyanobakterien zusammen, die sich auf den fossilierten Schichten ihrer Vorfahren ansiedeln. Es existieren verschiedene Formen von »Stromatolithen«; sie wurden von unterschiedlichen Gesellschaften von Cyanobakterien hervorgebracht, die jeweils ihre spezifischen, charakteristisch geformten Schichten bilden: »röhrenförmig«, »gallertig«, »glatt«, »nadelkissenförmig«, »gebüschelt«, »mit Pusteln«, »filmartig«, »netzartig« und »blasige Matten«.

Stromatolithen-Schichten wachsen unglaublich langsam: nur etwa 0,3 Millimeter pro Jahr. Einige Sedimentstrukturen im Hamelin Pool sind so dick, dass ihr Alter auf tausende von Jahren geschätzt wird. Diese alten Stromatolithen haben ihrerseits Ahnen, die, laut Ausweis des Fossilbelegs, zu den ältesten Lebensformen auf der Erde gehören. Paläontologen konnten sich lange keinen Reim auf fossile Stromatolithen machen, deren Alter auf ungefähr 3,8 Milliarden Jahre datiert wird und die sie zunächst als eine Art Gestein klassifizierten. Erst nach der Entdeckung rezenter, lebender Stromatolithen erkannte man in ihnen fossilierte Lebensformen. Heutzutage kommen Stromatolithen nur noch an wenigen Stellen der Erdoberfläche vor, und Hamelin Pool ist eine ihrer letzten Hochburgen. Biologen glauben, dass dies auf den hohen Salzgehalt des Wassers zurückzuführen ist. Tiere, die andernfalls Stromatolithen abweiden würden, können in Hamelin Pool einfach nicht überleben. Ohne Fressfeinde gedeihen die Stromatolithen hier prächtig. Heute sind neugierige Touristen die größte Bedrohung für sie. Einige wenige unachtsame Schritte können etwas zerstören, das sich in manchen Fällen in tausenden von Jahren aufgebaut hat.

Eine weitere Besonderheit der Shark Bay ist eine Dreiecksmuschel: die kleine, wunderbar symmetrische zweischalige Spezies *Fragum erugatum*. Die Dreiecksmuschel profitiert ebenfalls von ihrer Fähigkeit, in stark salzhaltigen Gewässern zu gedeihen, wohin sich Fressfeinde und Konkurrenten nicht wagen. Und wie sie gedeihen! Shell Beach, am Rande der Lharidon-Bucht, besteht Kilometer um Kilometer aus den kleinen weißen Muschelschalen, die an den Strand gespült und von der Sonne ausgebleicht wurden. An einigen Abschnitten des Strandes reichen die Schalenhaufen bis in eine Tiefe von fünf Metern. Dort, wo sie sich aufschichten, verdichten sie sich oft zu einem festen Kalk. Die Leute in der Shark-Bay-Region hauen Blöcke von dem Muschelkalk heraus, um diese beim Hausbau zu verwenden: angesichts des fehlenden Bauholzes eine gute Idee. Die Gebäude aus Muschelkalk, wie das am Hafen liegende Restaurant »Old Pearler« und die Kirche von Denham, sehen nicht nur schön aus, sondern sind auch gut gegen Hitze und Kälte isoliert. Sogar die Straßen von Denham wurden früher mit Muschelkalk gepflastert.

Neben den Stromatolithen, den Dreiecksmuscheln, den Tangfeldern und Dugongs, Schildkröten, Rochen, Haien und natürlich Delfinen kommt hier noch der Sandfrosch vor, die einzige Froschart, die in keinem Entwicklungsstadium im Wasser lebt. Tatsächlich verbringt er seine Tage eingegraben im Sand – im heißen Wüstensand –, und dort brütet er auch seine Jungen aus, die als voll entwickelte Frösche schlüpfen und das übliche Kaulquappenstadium überspringen.

Die ungewöhnliche Gestalt der Halbinsel Peron, die sich am unteren Ende zu einem schmalen Flaschenhals verengt und daher nur über einen schmalen Korridor mit dem Festland verbunden ist, ist wie geschaffen für ein ehrgeiziges Projekt. Das Ziel des »Projekts Eden« besteht darin, an der Verengung einen Zaun zu errichten und dann die eingeschleppten Schädlinge im oberen Teil der Halbinsel auszumerzen. Durch die Kombination von natürlicher Regeneration und wohl bedachter Wieder-

einbürgerung hofft man, ein natürliches australisches Ökosystem zu erschaffen, in dem Tiere wie der Westliche Lang-
nasenbeutler, die Kleine Pinselschwanzbeutelmaus und das
Hasenkänguru, die alle einst auf der Halbinsel heimisch waren,
wieder in großer Zahl vorkommen.

Das die Shark Bay umgebende Buschland wimmelt von
Vögeln. Scharen kleiner Staffelschwänze in schillernden Blau-
tönen rasen vorbei. Diese Vögel bilden für gewöhnlich Gruppen mit mehreren Weibchen und einem Männchen. Einmal sah
ich ein brütendes Paar, das ein Kuckuckjunges aufzog. Kucku-
cke sind Brutparasiten. Die Eltern legen ihre Eier in die Nester
anderer Arten (in diesem Fall in das Nest der Zaunkönige), die
dann irrtümlich glauben, ihr eigenes Junges großzuziehen. Wie
sie sich so leicht überlisten lassen, ist mir ein Rätsel. Das
Kuckuckjunge ist um ein Vielfaches größer als das eines Staffel-
schwanzes. Als sich ein Freund und ich diesem von einem
Schmarotzer heimgesuchten Nest näherten, hüpfte das kleine
Staffelschwanzmännchen jedenfalls auf den Boden und ver-
renkte seinen kleinen Körper, indem es sich niederkauerte und
die Federn aufplusterte. Dann rannte es auf seltsame Weise auf
dem Boden herum. Dies war die »Maus-Nachahmung«. Wie
das Vortäuschen eines gebrochenen Flügels bei anderen Vogelarten dient sie dazu, Fressfeinde wie Schlangen, die stets Ausschau nach Mäusen halten, abzulenken.

Massen geräuschvoller, schimpfender und schnatternder
Brauensäbler fliegen vorbei und stoßen und stechen mit ihren
langen, nach unten gebogenen Schnäbeln nach allem, was
ihnen in die Quere kommt. Diese Vögel sind wie die Staffelschwänze sehr gesellig und leben in großen Gruppen, die wahrscheinlich aus Vätern, Brüdern und einigen Weibchen bestehen. Einmal sah ich an einem vorbeifliegenden Säbler etwas
Rotes aufleuchten. Ich war mir nicht sicher, aber es schien
durchaus möglich, dass der Vogel einen Ring am Bein trug. Als
ich dies einer Freundin berichtete, die in der Gegend ornitho-
logische Studien durchführte, sagte sie, ihr Vater habe vor etlichen Jahren ziemlich viele Säbler beringt. Sie ging zu der Stelle,
an der ich den beringten Vogel gesichtet hatte, und bestätigte

meine Beobachtung. Der Vogel war vor zehn Jahren von ihrem Vater (ebenfalls Ornithologe) beringt worden. Dies war wahrscheinlich der Altersrekord für einen wild lebenden Säbler.

Schließlich ist auch der Glockenflöter häufig in dieser Strauchlandschaft anzutreffen. Dieser eher unscheinbare kleine Vogel verblüfft durch seinen spektakulären Gesang. Der Gesang des Glockenflöters besteht aus einer Phrase von fünf oder sechs Noten, die in betörend schönen, glockenreinen Tönen erklingen. Der Vogel scheint eine Aufwärmphase zu benötigen, ehe seine Kehle zur vollen Form aufläuft. Es ist beinahe so, als würde er als Bauchredner beginnen. Er bewegt Ober- und Unterschnabel, aber der Klang ist schwach, wie aus der Ferne – selbst wenn man direkt neben ihm steht, kann man nicht ausmachen, von wo er kommt. Doch nachdem er die Phrase mehrfach wiederholt hat, hat er sich eingestimmt, und der Gesang schwillt an und bekommt eine klingende, durchdringende und hallende Qualität, die man einem kleinen grauen Vogel mit Schopf gar nicht zutrauen würde. Die aus vier Noten bestehende Strophe (»did you get drunk«) ändert sich von Zeit zu Zeit, wenn der Vogel in verschiedenen Interpretationen bald die eine, bald die andere Note betont.

Denham, die größte Ortschaft in der Shark Bay, ist eine Stadt voller Gegensätze. Gleich neben der schönen kleinen Kirche aus Muschelkalk mit ihrem typischen Shark-Bay-Charme steht ein Gebäude, das den neuen Stil beispielhaft verkörpert. Ein eintöniger quadratischer Kasten mit Aluminiumwänden und einem Wellblechdach, der durch den ständigen Angriff des roten Staubs völlig stumpf und fleckig geworden ist, hockt auf einem kleinen eingezäunten Stück blankem Erdreich.

Einige der hier lebenden Menschen scheinen ihre Isolation dadurch zu bewältigen, dass sie auch Fremden ihre herzliche Gastfreundschaft gewähren, während andere misstrauisch Distanz wahren. In den vergangenen zehn Jahren hat diese kleine Ortschaft einen unglaublichen Wandel von einer abgeschiedenen kleinen Siedlung, deren Bewohner einem unwirtlichen Lebensraum ihr kärgliches Auskommen abtrotzten, zu einem der Hauptziele des Tourismus in Australien durchgemacht.

Es heißt oft, Besitzer von Haustieren ähnelten ihren Tieren – die füllige, finster dreinblickende Frau mit der Bulldogge an der Leine, der geschniegelte Städter mit seinem tadellos erzogenen, hochgradig angespannten Afghanen, die affektierte kleine Frau mit protzigen Armreifen, krausem Haar und Pudel. Das Gleiche lässt sich meines Erachtens von Landschaften sagen. Menschen nehmen ein bestimmtes Naturell an, vielleicht weil sie viele Jahre die Luft einer Landschaft atmen und ihr Wasser trinken. Die Leute der Shark Bay sind zäh und haben eine von Sonne, Salz und Wind gegerbte und vom Staub, der sich unvermeidlich seinen Weg in jede einzelne Pore bahnt, rot gefärbte Haut. Wie das Land so können auch die Menschen manchmal schroff und einfach erscheinen. Doch wenn man etwas länger hinschaut, erweisen sie sich als faszinierende Studienobjekte.

Die Menschen an der Shark Bay sind in ihrem Aussehen, ihrem Charakter, ihrer Erfahrung, Fähigkeit und Lebensweise weit vielfältiger als die gleichförmig wirkenden Städter, die ich andernorts kennen gelernt habe, und Luxus ist ihnen fremd. Sie sind nicht mit den neuesten technologischen Errungenschaften und Annehmlichkeiten aufgewachsen. Stattdessen mussten sie sich in ihrer Abgeschiedenheit auf ihre Fähigkeiten und ihre Findigkeit verlassen. Sie mussten mit Booten hantieren, mit extremen Wetterschwankungen zurechtkommen, über unebene Pisten fahren, auf denen ihre Autos oft bis zu den Radachsen im roten Sand versanken, Tonnen von Fisch fangen und verarbeiten, Motoren auseinander nehmen und wieder zusammensetzen und ihre Häuser selbst bauen. Neuerdings haben sie ihrem Repertoire den Tourismus hinzugefügt: Stadtmenschen, die mit geplatzten Reifen, Motorschäden und in Unkenntnis der örtlichen Wege und Gewässer in diese abgeschiedene Gegend kommen. Obgleich sie die Entwicklung und die Veränderungen, die der Tourismus mit sich gebracht hat, keineswegs freudig begrüßt haben, sind sie doch nur ein weiterer Abschnitt in der langen, abwechslungsreichen Geschichte dieser Region.

Debbie, Nicki und ich verbrachten drei Tage in unserem Camp an der Herald Bucht. Am Ende unseres Aufenthalts waren wir braun gebrannt und so ausgelassen, wie es unsere europäische Erziehung überhaupt zuließ. Widerstrebend luden wir all unser Gepäck wieder ins Boot und lichteten bei Flut den Anker, damit wir die Untiefen überwinden konnten. Schweigend fuhren wir nach Monkey Mia zurück und bereiteten uns gedanklich allmählich auf unsere Rückkehr in die Zivilisation vor. Ich hatte keine Angst mehr, übers offene Meer zu fahren. Hier draußen hatten wir zur Genüge unseren praktischen Verstand und unsere Fähigkeiten unter Beweis gestellt. Unser Selbstvertrauen war wiederhergestellt, und ich hatte das Gefühl, mich in harmonischem Einklang mit der Bucht zu befinden. Alles war gut. Wir umfuhren Cape Rose und stießen auf eine Gruppe Delfine. Lucky, Pointer, Lodent und ein paar junge Männchen, die wir nicht kannten. Sie grüßten uns, indem sie eine Zeit lang auf der Bugwelle ritten und dann ausscherten, um ihre früheren Aktivitäten fortzusetzen.

Mir wurde klar, wie tief mich dieser Ort berührt hatte. Die Gesellschaft der Delfine, das strahlende Licht und die leuchtenden Farben, die stete Begleitung von Wind und Sand, die auf der Wasseroberfläche tänzelnden Sonnenstrahlen, die mittlerweile vertrauten Gesänge der Vögel – all dies hatte mich im Innersten durchdrungen und mich in seinen Bann gezogen. Ein Stück weiter in der Red Cliff Bay trafen wir auf Nicky, Puck und Crookedfin. Sie ritten auf unserer Bugwelle bis zum Campingplatz. Willkommen daheim!

Einem wilden Delfin folgen

Je mehr ich mich in dieser Gegend zu Hause fühlte, umso entschlossener war ich, die Delfine der Shark Bay genauer kennen zu lernen und einen bedeutsamen Beitrag zum Verständnis dieser Lebewesen zu leisten, vielleicht sogar Menschen dazu zu bringen, Delfine zu schützen und zu achten. Und meine Methode, die Methode, die ich stets als die nützlichste, zuverlässigste und redlichste erachtete, stützte sich auf die Werkzeuge der Wissenschaft.

Menschen machen sich auf unterschiedlichste Weise einen Namen in der Welt, und sie alle tragen dadurch zu einer vielfältigen Kultur bei. Einige schreiben Gedichte, malen Bilder und verleihen ihren Gefühlen in Kunst, Musik und Tanz Ausdruck. Andere vollbringen gute Taten. Mir ist es ein besonderes Anliegen, Tatsachen zu beweisen, mögen diese auch schwer fassbar sein, und so einen Beitrag zu dem wahrhaft Ehrfurcht gebietenden Fortschritt der Wissenschaft zu leisten. Ich finde es schier unglaublich, dass wir bis vor kurzem nicht einmal wussten, dass die Erde eine Kugel ist oder dass sie lediglich einer von vielen Planeten in einer Galaxie des Universums ist, in dem es unzählige andere Galaxien gibt. Das Gleiche gilt für die Ursachen des Wetters oder die molekulare Zusammensetzung von Wasser oder Luft. Wir wussten noch nicht einmal, dass es Bakterien gab oder wie man die gängigsten Krankheiten heilt. Erst in jüngster Vergangenheit haben wir die Gene entdeckt und fangen langsam an, die molekularen Grundlagen von Evolution, Vererbung und Verhalten zu begreifen.

Generation auf Generation haben Menschen die Methoden der Entdeckung verfeinert und weiterentwickelt, in dem unbedingten, erfolggekrönten Drang, die Welt zu verstehen. Obwohl sich der Fortschritt langsam vollzieht und man durchaus den Einwand erheben kann, dass es unmöglich sei, wahrhaft objektiv zu sein, lässt sich meines Erachtens der Nutzen der wissenschaftlichen Methode nicht bestreiten. Ohne die Wissenschaft hätten wir überhaupt keine hinlänglich objektive Grundlage für die Erklärung der Welt. Wir hätten nichts außer dem Hörensagen und persönlicher Vorurteile. Wie Ken Norris zu sagen pflegte: »Die Wissenschaft ist ein System von Regeln, das uns davon abhält, uns gegenseitig zu belügen.«

Mit dieser allgemeinen Einstellung begannen Richard, Andrew und die anderen Forscher, die später zu uns stießen, verlässliche Methoden zur Beobachtung der Shark-Bay-Delfine zu entwickeln. Sobald wir die einzelnen Delfine zu identifizieren in der Lage wären, könnten wir ihr Verhalten erforschen. Einige grundlegende Fragen – wie zum Beispiel: Welche Arten von Gruppen bilden Delfine? Wohin und wie weit wandern sie? Was fressen sie und wie fangen sie ihre Beute? – schienen sich relativ leicht beantworten zu lassen. Die Beantwortung anderer Fragen – wie etwa: Welche Beziehungen haben sie zueinander? Wie nutzen sie ihr Gehirn in ihrem natürlichen Lebensraum? Gibt es Geschlechtsunterschiede im Verhalten? Wie entwickeln sich die Jungen und wie reifen sie zu ausgewachsenen Individuen heran? – sollte sich dagegen als weitaus schwieriger und zeitraubender erweisen.

Diese Aufgabe schien sich im Verlauf eines Lebens nicht bewältigen zu lassen. Die Antworten würden sich einstellen, aber nicht sofort. Wir mussten die Fragen durchdenken, uns darüber klar werden, welche Art von Informationen wir benötigten. Dann könnten wir Methoden entwickeln, um durch Beobachtung systematisch jene Daten zu erheben, die es uns erlaubten, die Fragen zu unserer und der Zufriedenheit anderer Wissenschaftler zu beantworten.

Wann immer das Wetter es erlaubte, verbrachten wir unsere Tage mit der Beobachtung von Delfinen, beginnend mit den hektischen Vorbereitungen für einen Tag auf See. Dachten wir diesmal an die Ersatzbatterien für den Kassettenrekorder? Haben wir genug Kassetten für den Tag? Wie viel Benzin ist im Tank? Hatten wir die Filmdosen beschriftet? Ist Trinkwasser in den Flaschen? Sonnenschutzcreme, Sonnenbrillen, Hüte, Windjacken? Die Checkliste wurde jeden Tag länger, und dennoch passierte es uns, dass wir weit draußen in der Bucht eine interessante Gruppe Delfine beobachteten und plötzlich keine Filme mehr hatten oder der Tank leer war. Nachdem wir alles runter an den Strand geschafft und eingeladen hatten, war es ein prickelndes Gefühl, endlich ins Boot zu springen und voll freudiger Erwartung, was der Tag wohl bringen würde, in die wilde, schäumende Bucht hinauszufahren.

An einem solchen Tag fahren Andrew und ich gemeinsam los.[1] Er hat sich weißes Zinkoxid über die Nase, über Lippen und Wangen geschmiert, und ich necke ihn damit, dass er wie ein Clown aussehe. Meine dunklere Haut bekommt nicht so schnell einen Sonnenbrand, und so genieße ich einstweilen die Wonnen der Eitelkeit.

Wir fahren nach Nordwesten, legen an Geschwindigkeit zu, genießen den kühlen Fahrtwind und suchen die Wasseroberfläche nach Rückenfinnen ab. Manchmal scheint die Bucht von Delfinen zu wimmeln, und jedes Mal, wenn wir uns umdrehen, erspähen wir eine andere Delfingruppe, die wir gern näher in Augenschein nehmen würden. An anderen Tagen fahren wir endlos umher und wären schon überglücklich, nur einen Delfin zu sichten.

Wenn es, wie heute, windstill und die Bucht spiegelglatt ist, besteht die beste Strategie darin, den Motor abzustellen und auf die Atemgeräusche der Delfine zu lauschen. An diesen Tagen pflanzen sich Geräusche weit über die Wasseroberfläche

---

1 Die Ereignisse werden hier so geschildert, als hätten sie sich an einem einzigen Arbeitstag zugetragen. Tatsächlich handelt es sich um eine Zusammenfassung von Geschehnissen, die sich an mehreren Tagen zutrugen.

fort, und daher können wir die Delfine im Umkreis von mehreren Quadratkilometern hören und ausfindig machen. Ich bin immer wieder überrascht, wie viele Delfine hier anzutreffen sind. Nicht selten sind wir rundum von kleinen Gruppen und Einzelgängern umgeben, die sich, hie und da verstreut, tummeln.

Bei weniger günstigen Bedingungen, wenn wir wegen Wind und Wellen die Delfine kaum hören beziehungsweise erspähen können, scheint es manchmal, als wären alle Delfine aus der Bucht verschwunden. Die Delfine haben dieses Problem wahrscheinlich nicht. Sie können unter Wasser recht laut sein und sich mit ihrem scharfen Gehör wahrscheinlich auch über große Entfernungen gegenseitig hören und miteinander verständigen. Wie würde sich wohl unsere Vorstellung von ihrer Welt verändern, könnten wir mit ihren Augen sehen und mit ihren Ohren hören.

Andrew und ich halten an, um zu lauschen, und hören das charakteristische »Phuuhuup« – das Ausatmen und sich unmittelbar daran anschließend das Einatmen eines Delfins. Es hört sich nah an, aber wir sehen nichts. Schließlich sehe ich weit draußen, an der verschmierten Horizontlinie, fast eine Meile nördlich von uns, gerade noch, wie die Fluke eines Delfins nach oben schwingt und im Wasser verschwindet.

Ein Delfin sucht gerade mit der »Fluke-in-die-Luft-Tauchen«-Taktik nach Beute. Streckt der Delfin die Fluke hoch aus dem Wasser, deutet dies darauf hin, dass er steil zum Meeresboden abtaucht. Diese Art der Nahrungssuche, eine von mehreren Strategien, die wir im Lauf der Zeit unterschieden, ist vermutlich die häufigste Aktivität der Delfine in der Shark Bay. Bei dieser Strategie, die normalerweise jedes Tier für sich allein anwendet (beziehungsweise Mütter zusammen mit ihren Kälbern), macht der Delfin, langsam schwimmend, einige Atemzüge an der Oberfläche, schwingt dann seine Fluke empor und taucht ab, wobei er für ungefähr zwei Minuten unter Wasser bleibt.

Vermutlich jagen die Delfine mit dieser Technik nach Fischen, die sich am oder knapp über dem Meeresboden aufhalten. Da sie dabei häufig ihre Richtung ändern, lässt sich diese Aktivität nur sehr schwer verfolgen. Die Beobachtung eines einzelnen Delfins ist immer schwieriger als die einer Gruppe, und ein ziellos umherschwimmender Delfin lässt sich sogar noch schwerer verfolgen. Manchmal ist das Aufspüren eines Delfins, der nach der Strategie »Fluke-in-die-Luft-Tauchen« jagt, schier zum Verzweifeln. Wir möchten unbedingt herausfinden, um welches Individuum es sich handelt, falls notwendig, sogar ein Foto von seiner Rückenfinne machen. Jedes Mal, wenn wir auf einen Delfin (oder eine Gruppe Delfine) stoßen, füllen wir einen Sichtungsbogen aus, in den wir die Identität des Delfins (oder der Delfine) eintragen, die Sichtungsstelle in der Bucht, die Aktivität und andere Informationen, die möglicherweise von Nutzen sind. Dies kann bei den Delfinen, die nach der »Fluke-in-die-Luft-Tauchen«-Strategie Beute suchen, eine Menge Geduld und Mühe erfordern.

Mehrere hundert Meter in südlicher Richtung hören wir das stakkatoartige Atmen einer dicht gedrängten Gruppe von drei oder vier Delfinen, die gemeinsam auftauchen. Nach dem ersten Luftholen scheinen sie langsamer und weniger synchron zu atmen. Sie bewegen sich gemächlich, und nach ein paar Minuten verschwinden sie wieder unter der Oberfläche. Die Atmungs- und Bewegungsmuster verraten uns, dass sie sich wahrscheinlich ausruhen.

Ruhende Delfine schließen sich zu dichten Gruppen zusammen und verbringen zwischen den Atemzügen mehrere Minuten unter der Oberfläche, in denen sie nahe am Meeresboden umherschwimmen, um dann wieder gemeinsam aufzutauchen und Luft zu holen. Einige Atemzüge später tauchen sie alle wieder ab. In einer anderen Ruheposition liegen sie an der Wasseroberfläche, nur die Stirn ragt aus dem Wasser, während sie den Rest des Körpers unmittelbar unter der Oberfläche in der Schwebe halten. Delfingruppen, die gemeinsam auf diese Weise ruhen, gleiten parallel nebeneinander und lassen sich einfach treiben. Da ihre Stirnpartien dabei aus dem Wasser ragen und in der Sonne glänzen, sehen sie wie eine Reihe Würste aus, daher der Name *snags* in der australischen Umgangssprache.

Wie ein Student, der sich einer langweiligen Vorlesung aufmerksam zu folgen bemüht, hat ein ruhender Delfin zumindest ein Auge teilweise geschlossen und scheint gerade wach genug, um ans Atmen zu denken. Die meisten Säugetiere müssen, wie der Mensch, nicht bewusst daran denken zu atmen. Die Atmung wird unwillkürlich gesteuert. Auch im Schlaf oder während einer Narkose atmen wir weiter. Bei Delfinen ist das anders. Sie müssen jeden Atemzug bewusst machen. Das ist für ein Tier, das an die Wasseroberfläche aufsteigen und für jeden Atemzug sein Blasloch aus dem Wasser halten muss, auch sinnvoll. Jeder, der einmal geschnorchelt hat, weiß, wie das ist. Man kann nicht einfach atmen, wenn man den Drang dazu verspürt, vielmehr muss man den richtigen Zeitpunkt wählen.

Diese willkürliche Steuerung der Atmung bei Delfinen wurde erstmals von Forschern entdeckt, die die Anatomie des Delfingehirns untersuchten. Sie wollten ihre Versuchstiere betäuben, um Elektroden in ihr Gehirn einzuführen. Doch sobald die Narkose einsetzte, hörten sie auf zu atmen und starben.

Vielleicht aufgrund der Notwendigkeit, so viel Wachbewusstsein zu behalten, dass sie das Atmen nicht vergessen, schlafen Delfine nicht in gleicher Weise wie die meisten anderen Säugetiere. Sie haben keinen REM-Schlaf und weisen das für diesen Zustand typische Hirnstromwellenmuster nicht auf. Die elektrische Aktivität im Gehirn eines schlafenden Delfins wechselt zwischen den beiden Großhirnhemisphären, sodass eine Seite immer wach genug bleibt, um das Einsetzen der Atmung zu gewährleisten.

Die einzige augenfällige Regung eines ruhenden Delfins ist die gelegentliche, kaum wahrnehmbare Korrekturbewegung eines Flippers. Vielleicht verweilen sie einfach nah an der Luft, sonnen sich oder lauschen. Gelegentlich streckt sich ein ruhender Delfin. Dabei reckt er zuerst seinen Kopf aus dem Wasser, indem er seinen Rücken so durchbiegt, dass Kopf und Fluke nach oben zeigen, dann kehrt er diese Bewegung um, indem er den Kopf unter die Wasseroberfläche zieht und einen Buckel macht, sodass Fluke und Schnauze nach unten zeigen. Die

Männchen zeigen manchmal einen erigierten Penis, wenn sie sich strecken. Vielleicht träumen sie.

Die Beobachtung ruhender Delfine ist für gewöhnlich recht unspektakulär. Ihre schläfrige Reglosigkeit, das Klatschen des Wassers gegen die Bootswände, das sanfte Schaukeln und die Hitze der Sonne tragen dazu bei, dass der Beobachter ebenfalls schläfrig wird. Wenn sie sich strecken, werde ich mir abrupt meiner verkrampften Haltung auf der harten Metallbank des Bootes bewusst.

Die Delfine, die ich außerhalb der Shark Bay beobachtet habe, schienen nie reglos zu verharren. Im Vergleich dazu verbringen die Delfine der Shark Bay anscheinend eine Menge Zeit mit Ruhen. Hat es womöglich etwas mit dem sehr hohen Salzgehalt des Wassers zu tun, das aufgrund seiner höheren Dichte einen viel stärkeren Auftrieb erzeugt? Nachdem ich jahrelang in dieser Salzbrühe der Shark Bay geschwommen war, zog ich nach Michigan und sprang in einen Süßwassersee, um zu schwimmen. Ich war schwer wie ein Stück Blei und hatte Mühe, mich über Wasser zu halten. Vielleicht ruhen die Delfine in der Shark Bay gerade aus diesem Grund, weil es ihnen, wenn sie sich völlig entspannten, genauso erginge, da sie von dem dichten Salzwasser nur leicht getragen werden.

Andrew und ich entschließen uns, zur ruhenden Gruppe zu fahren, die nach einigen Atemzügen und einer Runde Ausruhen wieder abgetaucht ist. Während wir langsam zu der Stelle tuckern, an der sie verschwunden sind, konzentriere ich mich darauf, nicht den Moment zu verpassen, an dem sie wieder auftauchen. Auf See Entfernungen zu schätzen ist außerordentlich schwierig. So manches Mal fuhren wir zu der Stelle, an der wir die Delfine bei ihrem letzten Atemholen an der Oberfläche gesehen zu haben glaubten, nur um sie weit hinter oder vor uns auftauchen zu sehen.

Da wir sie nicht stören wollen, drosseln wir, je näher wir der Stelle kommen, wo die Delfine abgetaucht sind, unsere Geschwindigkeit. Dort befindet sich immer noch ein »Fußabdruck«, eine Stelle abgeflachten Wassers, die den Punkt markiert, an dem sie abgetaucht sind. Mit Geduld und Beharrlichkeit gewannen wir das Vertrauen der meisten Delfine, denen wir regelmäßig begegneten, indem wir uns ihnen langsam näherten und vorsichtig um sie herumfuhren. Mit den meisten verbrachten wir viele Stunden; sie hatten wohl auch gelernt, das Geräusch unseres Bootes wiederzuerkennen. Gelegentlich trafen wir auf Delfine, die misstrauisch und ängstlich waren. Sie kehrten mehrmals um, tauchten ausweichend oder sausten, sobald wir uns näherten, davon. Waren sie jedoch in Begleitung von Delfinen, die wir bereits kannten und die sich in unserer Nähe wohl fühlten, schienen sie genauso unbefangen zu sein. Das Verhalten ihrer Gefährten, die sich entspannt unserem Boot näherten, ermunterte sie offenbar, uns zu vertrauen. Letzten Endes verdanken wir unsere Beobachtungen und Entdeckungen in erster Linie der Tatsache, dass die Delfine unsere Gegenwart akzeptierten.

Leider sind nicht alle Bootsfahrer so umsichtig. Die schlimmsten Übeltäter rasen in riesigen, mit breiten Rennstreifen bemalten Rennbooten, die bezeichnende Namen wie »Raider« (Plünderer) oder »Pursuit« (Jagd) tragen und deren leistungsstarke Motoren sie geradewegs in eine Umlaufbahn katapultieren könnten, über das Wasser. Nur den Kitzel der hohen Geschwindigkeit im Sinn, pflügen sie direkt über die Delfine hinweg, die sie wahrscheinlich nicht einmal sehen. Die Delfine tauchen fluchtartig aus ihrer Bahn und unter das Boot. Diese gewaltigen Motoren erzeugen unter Wasser einen ohrenbetäubenden Lärm.

Angesichts der zahlreichen Untiefen in der Shark Bay laufen diese mit der Topografie der Bucht nicht vertrauten Freizeitkapitäne Gefahr, während ihrer Spritztour auf eine Sandbank zu laufen, und ramponieren dabei nicht nur ihre Boote, sondern schädigen vor allem die empfindliche Ökologie der Tangfelder. Viele der seichten Sandbänke direkt vor Monkey Mia sind kreuz und quer mit Narben versehen. Sie stammen von Booten, die bei Ebbe über sie hinweggefegt sind und mit ihren Schiffsschrauben jedes Mal einen Streifen Tang abmähten. Die zurückbleibenden blanken Sandpfade brauchen unter Umständen Jahre, um ihre Tangbedeckung neu zu bilden.

Heute ist die Bucht friedlich, und es tuckern nur wenige kleine Boote, meist Fischer, umher. Die Delfingruppe taucht nicht weit von dem »Fußabdruck«, den sie bei ihrem letzten Auftauchen hinterlassen hat, wieder auf. Als wir uns ihnen bis auf fünf Meter nähern, beginnt auf einmal das ganze Boot leicht zu schaukeln, als ein Bugwellenreiter, der unmittelbar vor uns durchs Wasser fegt, kräftig mit der Fluke schlägt. Es ist Peglet, Squares zweijährige Tochter. Ich lehne mich über den Bug, um sie wie gewöhnlich mit einem Pfiff zu begrüßen. Sie ist lebhaft und aufgeregt, wackelt und schwimmt im Zickzack vor und zurück, als ob sie sich auf eine rasante Spritztour vorbereite. In Anbetracht der Tatsache, dass wir uns gerade mal mit einer Geschwindigkeit von einem Knoten fortbewegen, mutet das recht komisch an.

Während Peglet auf der Bugwelle reitet, dreht sie leicht ihren Kopf, um mich zuerst mit ihrem linken und dann mit ihrem rechten Auge anzusehen. Über den Bug gebeugt, bin ich nur wenige Zentimeter von ihr entfernt, während sie unmittelbar unter der Wasseroberfläche dahingleitet. Als sie auftaucht um Luft zu holen, weht mir die salzige, leicht nach Fisch riechende Wolke ihres Blases direkt ins Gesicht. Der Blick auf ihren Körper im klaren Wasser direkt vor mir lässt mich hervorragend ihren körperlichen Zustand beurteilen. Sie sieht gut aus, kräftig und rund, und ihr Muskelgewebe ist weder hinter dem Kopf noch entlang der Schwanzwurzel eingefallen, wie es bei kranken Delfinen der Fall ist.

Wie so viele Delfine in der Shark Bay trägt auch Peglet Narben von der Begegnung mit einem Hai. Diese Begegnung muss stattgefunden haben, als sie noch ein Kalb war, da die Wunde bereits gut verheilt ist. Man wird sich nur schwer vorstellen wollen, wie es wohl ist – besonders bei Nacht –, in den trüben Gewässern mit so vielen Haien herumzuschwimmen. Wie es ist, von einem gebissen zu werden, will man sich lieber nicht vorstellen. Einige Delfine weisen riesige Narben auf, wo die scharfen Zähne eines Hais große Fleischstücke aus ihrem Körper herausgerissen haben. Es ist erstaunlich, dass sie diese Verletzungen überlebten. Viele tun es wohl nicht.

Peglet blickt noch immer auffordernd zu mir auf. Sie pfeift, bei jedem Pfeifton einen Strom kleinster Luftblasen ausstoßend. Grüßt sie uns? Ich pfeife zurück. Sie dreht sich auf den Rücken und taucht von unserem Boot weg, aber nicht bevor ich einen flüchtigen Blick auf ihren Bauch werfen kann. Sie ist immer noch ein von seiner Mutter abhängiges Kalb, deshalb ist ihr Bauch auch schneeweiß und fleckenlos. Die winzigen Milchdrüsenschlitze unmittelbar neben ihrem Genitalschlitz bestätigen nochmals unsere Einschätzung, dass sie ein Weibchen ist. Wir hatten zu unserer großen Freude festgestellt, dass wir oft das Geschlecht eines Delfins bestimmen konnten. Bei den Weibchen ist der Abstand zwischen dem Genital- und Analschlitz klein, und der Genitalschlitz ist auf jeder Seite von zwei kleinen Milchdrüsenschlitzen flankiert, in denen sich die Zitzen befinden. Die Männchen haben einen langen Genitalschlitz (der manchmal leicht ausgebaucht ist), und der Abstand zum Analschlitz ist größer und beträgt etwa zwei bis vier Zentimeter. Die zutraulicheren Delfine boten uns, wenn sie sich beim Bugwellenreiten vor unserem Boot auf den Rücken drehten, oftmals Gelegenheit, den Bauch genauer anzuschauen. Wir gaben uns große Mühe, sie zum Reiten zu ermuntern. Im Laufe der Zeit konnten wir sogar das Geschlecht der meisten Delfine, die nicht auf der Bugwelle unseres Bootes ritten, bestimmen, entweder weil sie ein Junges hatten oder weil wir sie mit einem erigierten Penis beobachteten. Dass wir im Gegensatz zu allen bisherigen Studien über wild lebende Delfine das Geschlecht dieser Tiere unschwer bestimmen konnten, sollte sich später als grundlegend für die Auswertung unserer Beobachtungen über die Delfingesellschaft erweisen.

Peglet schwimmt zum Rest der Gruppe zurück, der aus ihrer Mutter Square, zwei anderen erwachsenen Weibchen, Fatfin und Tweedledee, und ihrer mittlerweile adoleszenten Schwester Squarelet besteht. Diese Weibchen haben sich zu einer der festesten Gruppen in der Bucht zusammengeschlossen. Zwar kennen wir den genauen Charakter der Beziehung zwischen Fatfin, Tweedledee, Square und ihren Töchtern nicht, doch ist es möglich, dass Fatfin und Tweedledee Squares Schwestern sind und somit Peglets Tanten.

Andrew und ich beschließen, Square zu folgen. Wir werden versuchen, so lange wie möglich bei ihr zu bleiben. An einem ruhigen und klaren Tag kann das viele Stunden in Anspruch nehmen. Am Anfang unserer Delfinbeobachtungen ging es uns vor allem darum, so viele Delfine wie möglich ausfindig zu machen und zu identifizieren. Wenn wir auf eine Gruppe trafen, notierten wir die Namen der Individuen und ihre allgemeine Gruppenaktivität. Da wir auf so viele verschiedene Gruppen von Delfinen stießen und jedes Mal die Identität der Individuen feststellten, konnten wir etwas über Größe und Zusammensetzung der Gruppen sagen und darüber, welche Delfine sich in der Regel zusammenschlossen.

Unsere Vorgehensweise, Delfine nur dann zu beobachten, wenn sie etwas taten, das wir für interessant erachteten, hatte aber einen Haken. Da uns ihr Sozialverhalten am meisten interessierte, entsprach unser Eindruck, dass Delfine stets soziale Kontakte suchen, nicht den Fakten. Wir beobachteten lediglich einige der spektakuläreren und augenfälligeren Facetten ihres Verhaltens, während uns das gewöhnliche Auf und Ab ihrer Aktivitäten weitgehend entging: ihr biologischer Rhythmus, wie viel Zeit sie miteinander beziehungsweise mit unterschiedlichen Aktivitäten verbrachten.

Das erkannten wir, als wir gezielt einzelnen Delfinen folgten. Morgens wählten wir einen bestimmten Delfin als unser Zielobjekt aus und begleiteten ihn so lange wie möglich. In regelmäßigen Zeitabständen notierten wir, was unser Fokus-Delfin gerade wo und mit wem tat. Wenn er sich beispielsweise anderen Delfinen anschloss, ließen wir zwar die Tiere in seiner Gruppe nicht außer Acht, doch lieferten sie uns eher den Kontext für die Aktionen unseres Fokus-Delfins. Solche gezielten Verfolgungen erforderten hohe Konzentration und waren besonders anstrengend, wenn die Delfine nicht viel taten und wir daher der Versuchung, uns Tagträumen hinzugeben, zu erliegen drohten. Wir trainierten jedoch unsere Augen darauf, die Finessen ihres Verhaltens zu registrieren. Am Ende eines

Tages wurden wir mit dem großartigen Gefühl belohnt, einen Tag im Leben »unseres« Delfins miterlebt zu haben.

Andrew und ich machen uns auf, Square zu folgen. Mit dem Kassettenrekorder zeichne ich Datum und Uhrzeit auf, den Namen des Delfins, dem wir folgen, und was er und der Rest der Gruppe tun. Im weiteren Verlauf der Verfolgung werden wir alle fünf Minuten dieselben Basisinformationen festhalten und jede interessante Verhaltensweise, die wir beobachten, detailliert beschreiben.

Mithilfe unseres Echolots werden wir regelmäßig die Wassertiefe und Temperatur messen und grob die Entfernung angeben, die die Delfine zurückgelegt haben. Am Ende unserer Verfolgung werden wir systematische Daten darüber haben, wohin und mit wem Square schwamm, was sie tat, wie oft sie es tat und für wie lange.

Die Gruppe verharrt an einer Stelle und verbringt immer wieder längere Zeit unter der Wasseroberfläche. Wir versuchen ihre Bahnen abzuschätzen und fahren so langsam wie möglich weiter. Etwa alle drei Minuten tauchen sie ruhig aus dem klaren Wasser auf, oftmals unmittelbar neben unserem Boot, um Luft zu holen, und ruhen, im sonnendurchfluteten Wasser schaukelnd. Wir verlangsamen unsere Fahrt und nehmen den Gang heraus. Dies ist die beste Methode, sich den ruhenden Delfinen zu nähern. Ich wünschte, unser Motor wäre leiser, und hoffe, dass der Lärm sie nicht zu sehr stört. Doch er scheint ihnen nichts auszumachen.

Nach einer Stunde fällt uns die Konzentration zunehmend schwer. Während die Delfine die meiste Zeit außer Sicht sind, starren wir gedankenverloren auf das hypnotische Flimmern und Glitzern der heißen Sonne auf dem Wasser. Andrew und ich sind versucht, zu plaudern, an der Ausrüstung herumzufummeln, Tagträumen nachzuhängen oder ans Essen zu denken. Aber wir reißen uns zusammen; denn Delfine können jederzeit wie durch Zauberhand verschwinden.

Wer glaubt, das Beobachten von Delfinen sei ein Abenteuer, bei dem jeder Augenblick das Herz vor Aufregung höher schlagen lasse, dem sei gesagt, dass wir den größten Teil unserer Zeit damit verbringen, uns unter sengender Sonne auf einem beengten Boot auf das Auf und Ab der Rückenfinnen zu konzentrieren.

Nach einer, wie es uns scheint, schieren Ewigkeit beginnt sich Squares Gruppe zu rühren. Squarelet dreht sich in verschiedene Richtungen, als lauschte sie auf ein Geräusch, das ihr den geeigneten Weg weise. Sie vernimmt wahrscheinlich aus der Ferne die Laute anderer Delfine. Vielleicht hört sie eine Gruppe junger Delfine spielen, die nördlich von uns heiser quietschen und pfeifen, während ein anderer Delfin seine Echoortung einsetzt, ein ständiges Knarren, das sich wie ein rostiges Scharnier anhört, und die Gegend östlich von uns absucht. Auch mag das tiefe »Klopfen« von Männchen, die ein Weibchen umwerben, ihre Aufmerksamkeit geweckt haben. Obwohl wir die Delfine manchmal nur schwer aufspüren können, vermute ich, dass sie mit ihrem scharfen Gehör ganz genau wissen, wer sich wo in der Red Cliff Bay aufhält und was ihre Artgenossen gerade tun.

Nur zwanzig Meter hinter uns sehen wir nun den Anlass von Squarelets Interesse sich langsam nähern. Zwei weitere Delfine, Joysfriend und Joy, schließen sich an. Square, Squarelet, Peglet, Tweedledee und Fatfin ruhen an der Oberfläche, als warteten sie, bis die anderen sie einholten. In diesem Moment schnellt Squarelet mit der vorderen Hälfte ihres Körpers senkrecht aus dem Wasser und wackelt, als würde sie von unten her gekitzelt, was vermutlich auch gerade passiert. Joy kommt an die Oberfläche, wobei sie Squarelet ihren Bauch zuneigt, sie umarmt und mit ihren Flippern auf komische Weise tätschelt.

Die beiden wirbeln, spritzen und jagen an der Oberfläche herum, bis Joy plötzlich mit einem Sprung aus dem Wasser geschossen kommt. Am Scheitelpunkt ihrer Sprungbahn scheint sie einen Augenblick lang wie reglos zu verharren, bevor die Schwerkraft wieder Gewalt über sie gewinnt und sie unter einem lauten Platschen zurück ins Wasser zieht. Während sie in der Luft ist, sehe ich, wie sie uns einen Blick zuwirft. Ich versuche mir vorzustellen, was für ein Gefühl das ist – die plötzliche Stille, das funkelnde Licht und der tolle Ausblick, und dann das Ziehen der Schwerkraft und platschende Wiedereintreten in ihre vertraute laute, trübe und schwerelose Wasserwelt. Sie landet beinahe auf Squarelet, die aus ihrer Bahn schießt und dann zurücksaust zu der Stelle, wo sich Joy, versteckt vor unseren Blicken, unter der Wasseroberfläche befinden muss. Peglet trennt sich von Square und beteiligt sich an einer Rauferei. Die Kleinen sind, wohl ausgeruht, bereit zu spielen.

Soziale Kontakte nehmen viele verschiedene Formen an, doch wird dabei für gewöhnlich viel geplatscht und herumgewirbelt, während Bäuche in alle Himmelsrichtungen rasen. Delfine, die mit Artgenossen sozial interagieren, bewegen sich nicht konsequent in eine bestimmte Richtung, sie wechseln ständig die Ausrichtung ihres Körpers in Bezug auf die Wasseroberfläche und zueinander. Manchmal sehen wir nicht mehr als jede Menge herumspritzendes Wasser und Umhergeflitze. Dann wieder erhalten wir einen flüchtigen Einblick in ihre Spielereien. »Schnäbeln«, Jagen, »*Goosing*« (Genitalstimulation mit der Schnauze) und Sexspielchen sind allgemeine Merkmale des Sozialverhaltens von Delfinen.

Von »Schnäbeln« spricht man dann, wenn ein Delfin einen anderen mit geöffneter Schnauze berührt und mit den Zähnen kratzt oder zu kratzen droht. Dabei kommt es manchmal zu kleinen Verletzungen, die gleichmäßig verteilte Narben auf der Haut des Empfängers hinterlassen.

Goosing ist genau das, wonach es sich anhört. Ein Delfin kommt von unten herauf und stößt seine Schnauze in den Genitalbereich eines anderen, der sich daraufhin windet und sich ausweichend auf den Rücken dreht. Meistens haben diese sozialen Interaktionen eine sexuelle Komponente, besonders augenfällig bei Männchen, die oftmals leuchtend rosafarbene Erektionen zur Schau stellen, die sie in jede erreichbare Körperöffnung zu stecken versuchen.

Delfine sind bekannt für ihre »sexuelle Triebhaftigkeit«. Tatsächlich lösten die ersten Versuche, Delfine in Gefangenschaft zu halten, im viktorianischen Zeitalter Abscheu aus, da die

Männchen ihre erigierten Penes darboten und damit Gegenstände hinter sich herzogen oder vor den Augen der Aquarienbesucher masturbierten. Nicht minder bekannt sind Delfine für ihre Verspieltheit. Verhaltensweisen, die wir als »sexuell« einstufen, gehören zu den normalen und für Delfine typischen sozialen Interaktionen und haben nicht immer dieselbe Bedeutung wie für uns Menschen. Benutzt ein Delfin seine Genitalien, bedeutet das nicht, dass sein Verhalten in diesem Moment sexueller Natur ist.

Square sucht ungefähr eine Stunde lang mit der »Fluke-aus-dem-Wasser-Tauchen«-Methode nach Nahrung; derweil spielen ihre Töchter mit Joy und Joysfriend. Wir folgen ihr in einigem Abstand und versuchen ihr nicht in die Quere zu kommen, als mich plötzlich ein flaues Gefühl befällt: Square hätte eigentlich inzwischen auftauchen müssen, doch ich habe sie nicht gesehen. Dies ist genau die Situation, in der wir sie wahrscheinlich verlieren. Andrew und ich drehen uns um 360 Grad und halten dabei aufmerksam nach ihrer Rückenfinne Ausschau.

SPLUSCH … ein Delfin springt aus dem Wasser, holt, während er durch die Luft fliegt, tief Atem und taucht wieder ein – ein sauberer Sprung. Dann ein weiterer. Plötzlich sind wir von springenden Delfinen umgeben, die allesamt, so schnell sie können, nach Norden schwimmen. Vielleicht ist Square unter ihnen. Wir werfen den Motor an und halten auf sie zu. Das Dröhnen des Motors bringt unser Gespräch zum Erliegen, aber es ist ein prickelndes Gefühl, mit den neben uns springenden Delfinen übers Meer zu rasen. Während wir mit Höchstgeschwindigkeit dahinfahren, dreht plötzlich ein Delfin in Richtung unserer Bugwelle ab, flitzt vor uns her und springt, bevor er uns wieder verlässt, neben unserem Boot. Es ist Pointer, ein junges Männchen.

Ich erhasche einen flüchtigen Blick auf Fatfin, die unmittelbar vor uns springt, was viel versprechend ist. Square ist vermutlich in der Nähe. Minuten später springen die Delfine nicht mehr. Stattdessen sehen wir überall um uns herum Finnen in verschiedene Richtungen streben. Die meisten schnellen jetzt, das heißt, sie gleiten in flachen Wellenbewegungen an der Oberfläche dahin, wobei der größte Teil ihres Rückens, nicht aber ihr Bauch aus dem Wasser kommt. Sie scheinen ihr Ziel erreicht zu haben. Ein Delfin taucht mit einem dicken, silbern glänzenden Fisch quer in seinem Maul dicht neben uns auf.

Die Delfine sind mit dem beschäftigt, was wir *leap feeding* nennen. Alle Delfine in der Gegend hatten irgendwie erfahren, dass hier draußen ein Fischschwarm vorbeizog, und waren, so schnell sie konnten, von überall her zu dieser Stelle gekommen. Vielleicht hatte der Delfin, der den Schwarm entdeckt hatte, einen Ruf ausgestoßen, der die anderen aufforderte, zu kommen und beim Einkreisen des Schwarms zu helfen.

Das so genannte *leap feeding* ist typisch für die Jagd auf Schwarm bildende Fische wie Meeräschen und Heringe. Jetzt, da die Delfine in alle Richtungen ausschwärmen, hat sich der Fischschwarm wahrscheinlich in kleinere Gruppen aufgeteilt. Ein Delfin saust, einer Gruppe von ungefähr fünf bis sechs Fischen hinterherjagend, an unserem Boot vorbei, taucht einen Augenblick später auf und schlingt seine Beute hinunter.

In diesem Getümmel einen bestimmten Delfin im Auge zu behalten ist praktisch unmöglich. Sie tauchen so blitzartig auf, dass es schwer ist, eine Rückenfinne zu identifizieren. Man kann es aber schaffen, also geben wir uns alle Mühe und hoffen in dem ganzen Durcheinander darauf, einen flüchtigen Blick von Squares Finne zu erhaschen. Als Peglet an unserem Bug erscheint, um zu reiten, atmen wir erleichtert auf. Square ist sicherlich in der Nähe.

Leap feeding ist eine von vielen Jagdtechniken, die die Delfine der Shark Bay verwenden. Andere gängige Strategien, die wir entdeckt haben, sind die »Fluke-aus-dem-Wasser-Tauchen«-Jagd, das Bodenstöbern, das Schnappen, ganz zu schweigen von den ungewöhnlicheren Methoden wie dem »Schwammtragen« und »Aufklatschen«.

Ein am Meeresboden stöbernder Delfin macht gleichsam einen Kopfstand und sucht im Tang oder in dem sandigen Grund nach versteckten Fischen. Delfine stöbern normalerweise einzeln, sodass es sich bei ihrer Beute eher um einzelne Fische als um Schwärme handelt. Wenn ein aufgescheuchter Fisch in ein anderes sicheres Versteck zu fliehen versucht, verfolgt ihn der Delfin, der seine Beute oft mehrere Male aufscheuchen muss, bevor er mit dem Lohn seiner Mühen in der Schnauze auftaucht. Beim Bodenstöbern erzeugt der Delfin aus irgendeinem Grund einen eigentümlichen Laut, ein abfallendes »Nyarrrr Nyarrrr Nyarrr«, das völlig von den sonst die Nahrungssuche begleitenden typischen Schallortungslauten abweicht.

Das »Schnappen« ist gewissermaßen der Gegensatz zum Bodenstöbern. Ein schnappender Delfin dreht sich an der Wasseroberfläche auf den Rücken und verfolgt seine Beute, gewöhnlich kleine Hornhechte, indem er intensiv Echolaute aussendet, aber auch sein Binokularsehen einsetzt. Delfine können unmittelbar vor und leicht unterhalb der Körperachse binokular sehen (sich überlappende Sehfelder, die eine genauere Tiefenwahrnehmung ermöglichen). Daher hilft es einem Delfin, wenn er sich auf den Rücken dreht, um nach etwas Ausschau zu halten, das sich unmittelbar vor ihm befindet und gegen die Wasseroberfläche abzeichnet. Die Fische strengen sich an, dem Fressfeind zu entwischen; sie drehen sich und ändern ständig die Richtung, um den Delfin auszumanövrieren. Verläuft die Jagd erfolgreich, wird der Fisch in der letzten Phase quasi gegen die Oberfläche gedrückt. In einem letzten verzweifelten Fluchtversuch schnellen die Fische oft aus dem Wasser und landen manchmal direkt im aufgesperrten Maul des Delfins.

Der Nachteil der Schnappmethode besteht darin, dass Seemöwen und Seeschwalben über den Delfinen flattern und ihnen die Beute vor der Nase wegschnappen. Das ärgert die Delfine natürlich. Einmal beobachtete ich Snubnose dabei, wie sie eine diebische Möwe an den Beinen packte, sie schüttelte und den kreischenden Vogel in die Luft warf.

Nach einiger Zeit legt sich das geschäftige Treiben und wir finden Square, Peglet und Squarelet wieder vereint. Wir nehmen unsere Datensammlung wieder auf. Zumindest wissen wir ungefähr, wie viel Zeit Square mit dem *leap feeding* verbracht hat. Die Familie schwimmt ostwärts und schließt sich einer anderen Gruppe an. Wie vorherzusehen war, sind es Fatfin und Tweedledee zusammen mit Joysfriend und den drei jungen Männchen Lucky, Pointer und Lodent. Es ist ein Pettingtreffen.

Joysfriend gleitet unter Lucky und dreht sich auf den Rücken. Während sie den kleinen Wulst an dem Punkt, wo die beiden Flossen ihrer Fluke zusammentreffen, gegen Luckys ausgestreckten Flipper presst, bewegt sie ihr Flukenende vor und zurück, sodass die Spitze seiner Finne über die Stelle vor- und zurückschnellt: Man nennt das »Kielreiben«. Einen Augenblick später taucht das Paar auf. Beim erneuten Abtauchen gleitet Joysfriend noch einmal unter Lucky. Dieses Mal positioniert sie sich von selbst so, dass Lucky mit seiner Finne ihren Bauch leicht erreichen kann, doch er scheint nicht drauf einzugehen. Sie muss die ganze Arbeit machen und wiegt ihren Körper vor und zurück, sodass sich seine kaum ausgestreckte Finne über ihren Bauch vor- und zurückbewegt. Nach nochmaligem Luftholen schwimmt Joysfriend hinüber zu Lodent. Sie positioniert sich so, dass die Spitze von Lodents Flipper in ihren Genitalschlitz eindringt und drückt acht- bis zehnmal kräftig dagegen, bevor sie ablässt, um Luft zu holen.

Das Petting der Delfine hat große Ähnlichkeit mit der »Fellpflege« bei Primaten. Wie andere Affen verbringen auch Schimpansen viel Zeit damit, sich mit großer Sorgfalt und Geschicklichkeit gegenseitig das Fell zu durchstöbern, wobei sie winzige abgeschilferte Hautpartikel und Ektoparasiten herauspicken. Diese Art der Körperpflege tut offensichtlich wohl, so, wie wenn uns jemand mit den Fingern durch die Haare fährt und den Rücken streichelt. Schimpansen, die häufig gegenseitig Fellpflege betreiben, sind entweder enge Freunde oder Verwandte, oder aber sie sind angespannt und die Fellpflege hilft ihnen, sich zu beruhigen, den Frieden zu wahren oder Streitigkeiten beizulegen. Dabei ist es nicht weiter verwunderlich, dass nachrangige Individuen die Putzer sind, während dominante Individuen sich putzen lassen.

Wie bei den Schimpansen ist Petting bei Delfinen vermutlich unter erwachsenen Männchen am häufigsten, besonders in

Zeiten sozialer Spannungen. Petting ist jedoch zwischen allen Alters- und Geschlechterkombinationen und sowohl in angespannten als auch in entspannten Situationen anzutreffen. Als wir dieses Pettingverhalten beobachteten, war Joysfriend adoleszent. Dieses überschwängliche Werben weiblicher Delfine um Petting, das oftmals eine starke sexuelle Komponente aufweist, ist in diesem Alter am häufigsten.

Joysfriend wurde bei ihren Annäherungen immer erregter, während Lucky, Pointer und Lodent überraschend lustlos wirkten. Allerdings schienen sie ihre Vorstöße zu tolerieren. Vielleicht machten sie auch nur einen auf »cool«. Jedenfalls kooperierten sie mit uns und blieben in der Nähe unseres Bootes, sodass wir die Petting-Interaktion mit der Videokamera filmen konnten.

Square und ihre Töchter, Tweedledee und Fatfin entfernen sich immer weiter von Joysfriend und den Männchen und brechen in einer eng geschlossenen Gruppe mit gleichmäßiger Geschwindigkeit wieder nach Süden auf. Peglet nimmt dabei die typische Position eines Kalbes ein, das heißt, sie schwimmt, leicht zurückversetzt, neben ihrer Mutter. Da Andrew und ich ihre Route abschätzen können, nutzen wir die Gelegenheit zu einem Imbiss. Mit fünfminütigen Unterbrechungen für unsere Kontrollaufzeichnungen schlingen wir Sandwiches mit Erdnussbutter und Gelee, Äpfel und Tee aus der Thermoskanne hinunter.

Wenn die Zeit es zulässt, das heißt, wenn wir wissen, wo sich unsere Delfine aufhalten und wir sie leicht im Auge behalten können, kommen wir unseren natürlichen physischen Bedürfnissen nach. Nach langen Stunden auf dem Wasser ohne Privatsphäre beziehungsweise sanitäre Einrichtungen führt kein Weg daran vorbei. Wenn an einem stürmischen Tag das Boot hin und her schaukelt, braucht man dazu eine gewisse Geschicklichkeit, und es fällt einem schwer, sich dabei zu entspannen.

Nur äußerst selten waren wir gezwungen, unsere Beobachtungen abzubrechen und für unsere Notdurft an den Strand zurückzufahren. Das passierte einmal, als ich mit Richard und seinem gut aussehenden jungen Assistenten Eric draußen in der Bucht war. An einem kühlen, windigen und aufregenden Tag hatten wir uns lange Zeit ganz auf die Delfine konzentrieren müssen, deshalb zögerte ich, unsere gerade sehr spannende Beobachtung zu unterbrechen. Doch ich hatte meine volle Blase zu lange ignoriert. Mit klappernden Zähnen verlangte ich eine Toilettenpause. Richard und Eric drehten sich sittsam um, um mir eine Spur an Ungestörtheit zu lassen. Aber das Schaukeln des Bootes und die Eiseskälte, die an meinen Hintern wehte, ließen einfach nicht genügend Entspannung zu, um zu pinkeln. Nach ungefähr einer Minute begann Richard zu witzeln und »Guck-Guck« zu spielen. Sie alberten wie zwei Schulbuben, und ich musste aufgeben.

Zehn Minuten später unternahm ich einen zweiten Versuch. Gleicher Auftritt. Jetzt begann ich zu zittern, und mir wurde schlecht. Ich versuchte es vier- oder fünfmal, wobei Richard und Eric jedes Mal mehr in schallendes Gelächter ausbrachen. Schließlich brachen wir die Beobachtung ab und fuhren ins Camp zurück, damit ich die Toiletten aufsuchen konnte; ich fühlte mich richtig krank. Danach dauerte es eine ganze Zeit, bis ich mich wieder fing. In den kommenden Jahren erinnerte mich Richard unzählige Male an diesen Vorfall. Die Feldforschung zwingt einen dazu, solche Intimitäten zu teilen, ob es einem passt oder nicht.

Vor uns erspähen wir einige Delfine, die ruhen. Square und ihr Gefolge schwimmen geradewegs auf sie zu. Es handelt sich um zwei Gruppen erwachsener Männchen: eine Gruppe besteht aus Realnotch und Hi, die andere aus Trips, Bite und Cetus. Die Männchen scheinen mit halb offenen Augen zu schlafen und treiben nahezu reglos an der Wasseroberfläche. Sie schenken den Weibchen, die wie Geister durch Wände zwischen ihnen hindurchgleiten, wenig Beachtung. Tweedledee ist die Einzige, die ein gewisses Interesse zeigt. Sie dreht sich neben Realnotch auf die Seite und reibt ihren Körper der Länge nach an seiner Finne, dann ruht sie sich direkt vor ihm kurz aus, bevor sie weiterschwimmt. Eine Begrüßung?

Delfine treffen draußen in der Bucht ständig auf Artgenossen, und bei ihren Begrüßungen zeigen sie die ganze emotionale Skala von gleichgültig bis überschwänglich. Wir sehen oftmals keinerlei Anzeichen gegenseitiger Begrüßung, wenn Gruppen einander durchschwimmen. Tweedledees Verhalten gegenüber Realnotch, das Reiben ihres Körpers an seinem Flipper und das anschließende Ruhen in seiner Nähe, ist eine typische Begrüßung zwischen Männchen und Weibchen.

Einige Male habe ich gesehen, wie sich Männchen untereinander auf eine besonders seltsame Weise begrüßten. Während ein Männchen an der Oberfläche ruht, schwimmt ein anderes oder auch eine ganze Gruppe mehrfach im rechten Winkel an seinem Kinn vorbei, wobei er/sie ihn leicht berührt/-en und den Bauch nach oben dreht/-en. Wenn sie auftauchen, ruhen sie für gewöhnlich einen Augenblick neben ihm. Ich habe keine Ahnung, was dies bedeutet, aber es kommt mir so vor, als sei es eine Art Respektbezeigung.

Dann gibt es noch die Fälle, in denen Gruppen zusammentreffen und ein regelrechter Tumult ausbricht. Wir beobachteten einmal, wie eine Gruppe Männchen, die wir die »B-boys« (Beejay, Bumpus, Bam-Bam, Biff, Bo und Biddle) nannten, spornstreichs in eine große Gruppe hineinjagte, in der die meisten ranghöchsten adulten Männchen der Red Cliff Bay versammelt waren. Als die B-boys ankamen, tauchten sie allesamt ab und hinterließen an der Wasseroberfläche nichts weiter als eine Wolke von Luftblasen. Ein Unterwasserhorchgerät fing jedoch ihr Kreischen, Brüllen, Knurren, Klatschen, Bellen, Gellen und Krachen unter der Oberfläche auf. Dann gab es einen Augenblick der Stille, und die ganze Gruppe tauchte, um Luft zu holen, auf, wobei sie alle um einen zentralen Punkt, wie die sich entfaltenden Blätter einer Blüte, nach oben kamen. Nachdem sie ein paar Mal schnaufend Luft geholten hatten – ein Hinweis auf ihre Erschöpfung –, tauchten sie sofort wieder ab, um das wilde Treiben in der Tiefe fortzusetzen. Dieses blütenblattartige Auftauchen wiederholten sie mehrere Male. Ich wünschte, wir hätten sehen können, was unterhalb der Wasseroberfläche vor sich ging.

Begrüßungen unter Weibchen fallen üblicherweise etwas

gedämpfter aus. Treffen sie aufeinander, nehmen sie manchmal keinerlei Notiz voneinander, manchmal schwimmen sie eine Zeit lang nebeneinanderher, oder sie neigen sich kurz ihre Bäuche zu.

Squares Gruppe wird etwas langsamer, als sie eine seichte Sandbank erreichen. Squarelet durchstöbert, auf dem Kopf stehend, den Boden nach Fischen. Fatfin nähert sich ihr, und die beiden scheinen von etwas da unten gefesselt zu werden. In dem klaren Wasser sehen wir zwar bis auf den Grund, können jedoch nicht erkennen, hinter was sie her sind. Square taucht hinab und erscheint wieder mit einem kleinen Fisch, den sie vorsichtig in der Schnauzenspitze hält. Sie lässt ihn unmittelbar vor Peglet los. Es sieht so aus, als wollte sie ihr beibringen, wie man jagt. Peglet verbringt mehrere Minuten damit, hinter dem kleinen Fisch herzujagen, während ihre Mutter ruht, sich bald in diese, bald in jene Richtung dreht, als wüsste sie nicht recht, was tun oder wohin sie schwimmen soll. Vielleicht horcht sie.

Die Sonne steht bereits tief am Himmel, und wir werden uns bald auf den Rückweg machen müssen. Peglet kommt zum Bug zurück, um kurz auf der Welle zu reiten. Sie scheint nach dem turbulenten *leap feeding* ziemlich erregt zu sein, und ich vermute, es wird einige Zeit dauern, bis sie sich wieder beruhigt. Sie nähert sich Square und dringt mit der Schnabelspitze in deren Milchdrüsenschlitze ein. Einen Moment lang schwimmt Square etwas langsamer, und Peglet saugt an den Zitzen. Sie wiederholen dies einige Male, und ich versuche, ein Foto zu schießen.

Mit der untergehenden Sonne nehmen Himmel und Wasser die Farben eines Gemäldes von Maxfield Parish an: schillernde Blautöne, getupft mit gelben und rosafarbenen Pastelltönen. Um 17.30 Uhr packen wir unsere Ausrüstung für die Rückfahrt zusammen. Zum Schutz vor dem salzigen Spritzwasser wandert alles zurück in abgedeckte Behälter und wasserdichte Kisten. Wir nehmen Kurs auf den Campingplatz und beschleunigen. Als das Boot mit dröhnendem Motor aus dem Wasser steigt und über die Oberfläche gleitet, entschwinden Square und ihre Gruppe hinter uns in der Ferne. Dies ist stets die Zeit, über die Ereignisse des Tages nachzusinnen.

Nachdem wir nahezu den gesamten Tag mit Square und ihren Töchtern sowie Fatfin und Tweedledee verbracht haben, wissen wir, welchen anderen Delfinen sie begegnet sind und haben ihre Ruhe- und Aktivitätszyklen beobachtet. Wir wissen, welche Wege sie zurückgelegt haben. Wir lassen uns von ihren Stimmungen anstecken: bald ruhig und faul, bald aufgeregt und lebhaft. Ein Grund mehr, mich diesen Delfinen noch verbundener zu fühlen, aber auch geehrt, dass sie uns gestatteten, den Tag mit ihnen zu verbringen. Ich frage mich, was ihnen wohl so durch den Kopf geht, wenn sie das Geräusch unseres Motors in der Ferne sich verflüchtigen hören.

Als wir uns der Küste nähern, weht uns der Duft von Bratfisch um die Nase und der Gesang von Vögeln und die Stimmen spielender Kinder werden allmählich hörbar. Wir ziehen das Boot auf den Strand, und ich spüre erstmals wieder festen Boden unter den Füßen, doch meine Beine fühlen sich nach so vielen Stunden auf dem Wasser wacklig und unsicher an.

Die Delfine von Monkey Mia sind alle verschwunden bis auf Holeyfin, die in einiger Entfernung vom Ufer auf und ab schwimmt und sich gelegentlich Leuten, die ins Wasser waten, nähert. Als wir das Boot entladen, nähert sie sich Andrew. Eine kleine Gruppe von Touristen stürzt sich auf sie – und auf uns – und versucht, während sie uns mit Fragen löchern, Holeyfin näher heranzulocken. Der Wiedereintritt in die Welt der Menschen und des Lagerlebens ist manchmal verwirrend. Wir machen das Boot fest und schleppen unsere Ausrüstung zu unserem Zeltplatz.

Nach dem Abendessen schlendere ich, obwohl ich todmüde bin und mich eigentlich gern schlafen legen würde, zum Strand hinunter. Die Sterne schimmern auf dem Wasser, die Wellen plätschern um meine nackten Zehen, die Flut steigt rasch, und ich frage mich, was Square und ihre Töchter wohl gerade tun.

Zurück an unserem Zeltplatz, teile ich Andrew meine

Gedanken über Square mit, und er greift sie sofort auf. Es sei ein windstiller, klarer Abend, eine perfekte Gelegenheit hinauszufahren und zu sehen, was die Delfine nachts machten. Ich wende ein, ich sei zu erschöpft, aber Andrew überzeugt mich davon, dass wir die Gelegenheit nutzen sollten. Wir könnten ja jederzeit umkehren, wenn wir wollten. Wir beladen das Boot mit einem Minimum an Ausrüstung. Bei der stark eingeschränkten Sicht werden wir mehr denn je auf unser Gehör angewiesen sein. Wir packen den Kassettenrekorder und das Unterwasserhorchgerät ein.

Nachts ist das Wasser so schwarz, dass es einen an Erdöl erinnert. Es stört mich, nicht zu sehen, worauf ich trete, während wir das Boot zu Wasser lassen. Das Metallboot ist kalt und feucht, und kaum dass wir drei Meter von der Küste entfernt sind, beginne ich zu frösteln. Während sich der Bug in die undurchdringliche Finsternis schiebt, wünschte ich mir, in meinen hübschen, warmen Schlafsack zu kriechen, zumal ich äußerst skeptisch bin, ob es uns gelingt, auch nur einen Delfin in der Dunkelheit auszumachen.

Es ist ein seltsames Gefühl, nachts übers Meer zu fahren. Selbst bei Tageslicht ist die Landschaft weit offen und eintönig. Bei Nacht gibt es nichts, worauf man sein Auge richten könnte. Wir scheinen kopfüber in ein Nichts hineinzurasen. Mich packt die irrationale Angst, dass wir plötzlich gegen eine feste Mauer stoßen werden. Nach wenigen Minuten drosselt Andrew den Motor und stellt ihn ab. Jetzt dreht sich meine Angst um den Motor: Was, wenn er nicht wieder anspringt und wir hier draußen in der Nacht hilflos abtreiben? Wir bestimmen unsere Position. Ein Brise weht, und die Sterne funkeln am Firmament. Die Lichter des Campingplatzes scheinen weit entfernt zu sein, allerdings ist es unmöglich, ohne Bezugspunkte Entfernungen abzuschätzen. Die Lichter locken verheißungsvoll mit Wärme, Behaglichkeit und Sicherheit.

Hier draußen ist es so finster, dass wir einen Delfin, selbst wenn er neben uns auftauchen würde, nicht sehen könnten. Wir lassen das Unterwasserhorchgerät ins Wasser und lauschen. Wir krängen das Boot, um das Klatschen des Wassers gegen den Rumpf zu dämpfen. Ich erinnere mich an einen bewunderten Pfadfinderleiter, der uns Kindern beibrachte, wie man im Wald auf Tierlaute horcht. Er riet mir, die Augen zu schließen und den Mund leicht zu öffnen. Ich versuche es jetzt, bemüht, das Atmen eines Delfins aufzuschnappen.

Wir fahren weiter, horchen an verschiedenen Stellen, bevor wir schließlich Delfingeräusche wahrnehmen. Es hört sich nach zwei Delfinen an, und aus ihren schnellen, harten Atemgeräuschen schließen wir, dass sie vermutlich auf der Jagd sind oder zumindest schnell umherschwimmen. Als die Delfine uns mit ihren Sonarlauten »anpeilen«, höre ich durch das Unterwasserhorchgerät einen unerwartet lauten Hagel von knackenden Lauten. Dann scheinen sie sich in Luft aufzulösen.

Nachts müssen sich Delfine vollkommen auf ihre Echoortung und ihr Gehör verlassen. Die meisten Haiarten sind nachts aktiver, eine gefährliche Zeit, besonders bei Ebbe, wenn alle Lebewesen der Bucht gezwungen sind, sich die wenigen Tiefwasserkanäle zu teilen.

An einem anderen Kontrollpunkt hören wir das »Splusch-Platsch«-Geräusch eines Delfins, der mehrmals aus dem Wasser herausspringt und beim Eintauchen auf die Oberfläche klatscht. Dasselbe Geräusch habe ich bereits zuvor mehrmals nachts gehört. Vielleicht ist es eine Methode der Nahrungssuche, die Delfine vor allem in der Nacht anwenden; vielleicht hilft das klatschende Geräusch dabei, eine bestimmte Fischart, die sie jagen, zusammenzutreiben. Auch könnten die Delfine auf diese Weise versuchen, irgendwelche Hautparasiten loszuwerden. Wir haben Delfine schon mehrere hohe klatschende Sprünge machen sehen, wenn ihnen ein Schiffshalter oder ein Angelhaken in der Haut lästig war. Möglicherweise dienen die klatschenden Geräusche aber auch als Signale für andere Delfine.

Nach ungefähr einer Stunde fahren Andrew und ich zurück zum Campingplatz. Das bloße Lauschen auf die Atemgeräusche und die Beobachtung des Auftauchverhaltens verriet uns zumindest, dass die Delfine nachts offenbar vielfältigen Aktivitäten nachgehen – Ruhen, Umherziehen und Jagen. Wir konnten jedoch so gut wie nichts sehen. Selbst wenn ein Delfin unmittelbar neben uns auftauchte, sahen wir nur einen dunklen Schatten und das Glitzern des Mondscheins auf dem aufgewühlten Wasser. Für weitere Untersuchungen der Nachtaktivitäten der Delfine brauchten wir demnach Nachtsichtgeräte.

Ich war froh, dass wir uns die Mühe gemacht hatten. Es war mit einem gewissen Nervenkitzel verbunden, nachts »draußen« zu sein. Noch glücklicher war ich allerdings, zurück im Zelt zu sein, warm, trocken und behaglich in den Schlafsack geschmiegt. Bei der Vorstellung, Tag und Nacht im kalten, nassen und stürmischen Meer herumzuschwimmen, wollte ich mit den Delfinen nicht tauschen. Während ich mir Peglets Gesicht vergegenwärtigte, wie sie morgens am Bug unseres Bootes zu mir aufgesehen hatte, schlief ich ein.

Delfine und Schwämme

Es bedurfte vieler, vieler Stunden der Verfolgung und Beobachtung, um die Grundzüge des Verhaltens der Delfine
zu ergründen, sich mit ihren täglichen Aktivitätsmustern vertraut zu machen und Informationen darüber zu sammeln,
welche Wanderungen sie unternehmen und was sie tun. Einige
unserer wichtigsten Entdeckungen verdankten wir jedoch un-
verhofften, glücklichen Zufällen. Das »Schwammtragen« war
eine solche Entdeckung.

Es war am 7. September 1984, während unseres ersten richtigen Forschungsjahres, mit unserem neuen Boot und der auf
uns lastenden »Verantwortung«. Wir waren gerade dabei, die
Delfine kennen zu lernen und herauszufinden, wie man sie am
besten beobachtet. Andrew und ich hatten eine Gruppe von
Delfinen, die auf Nahrungssuche waren, verlassen und machten eine Pause. Wir besprachen, was wir als Nächstes tun wollten, als wir von einem Delfin, der etwa dreißig Meter südlich
von uns auftauchte, unterbrochen wurden. Am Kopf dieses
Delfins haftete ein großes, rostfarbenes Etwas. »Was ist das
denn?«, riefen wir beide zugleich aus und griffen zu den Fern-
gläsern. Wir wollten den Delfin näher heranholen, doch er
tauchte ab. Als er seinen Schwanz aus dem Wasser reckte,
sahen wir, dass ihm eine Hälfte der Fluke fehlte. Wir brachten
das Boot in eine Position, von der wir annahmen, dass er dort
wohl als Nächstes auftauchen würde. Pfhuu. Der Delfin tauchte erneut auf und schwamm langsam unmittelbar unter der

Wasseroberfläche dahin. Dann holte er ein weiteres Mal Luft, schwamm wieder weiter und atmete erneut. Tatsächlich, da war dieses große klumpige rötlich braune Etwas, das an der Spitze seiner Schnauze zu haften schien und sich bis in sein Gesicht erstreckte. Wieder tauchte der Delfin ab und streckte dabei seine verstümmelte Fluke aus dem Wasser.

Während wir unsere Position neuerlich veränderten, holte ich die Kamera heraus. Und wieder tauchte der Delfin auf. Diesmal hatten wir Glück; er war genau neben unserem Boot. Und ja, das Ding war noch immer da. Eilig machte ich ein paar Fotos. Dabei vergaß ich vor lauter Aufregung, zu überprüfen, ob ich die Linse scharf gestellt hatte.

»Es sieht wie eine Krankheit aus.«

»Genau, wie ein riesiger Tumor oder eine Wucherung.«

Von einer Welle des Mitgefühls ergriffen, setzte ich mich auf die heiße Aluminiumbank des Bootes. Dieser arme Delfin litt unter einer entsetzlichen Krankheit und musste trotzdem, wenn er nicht verhungern wollte, nach Nahrung suchen. Ich fragte mich, ob er Schmerzen habe, ob ihn die anderen Delfine mieden. Krank, einsam und leidend... Ich wollte ihm gern irgendwie helfen, aber was konnten wir für einen wild lebenden Delfin schon tun?

Im Jahre 1982, während unseres ersten Aufenthalts in Monkey Mia, war am Strand einer der alten Fischer auf Richard und mich zugekommen und hatte uns erzählt, er habe einen Delfin mit einer großen Wucherung im Gesicht gesehen. Er erwähnte sogar, dass dem Delfin die Hälfte seiner Fluke fehle. Ich erinnerte mich, dass der Fischer nach Nordosten gezeigt und gesagt hatte: »Es war da draußen, im Kanal, gleich hinter den ersten Untiefen, bei voller Fahrt etwa zwei Minuten von hier.« Diese Beschreibung traf genau auf die Stelle zu, an der wir uns gerade befanden.

Obwohl wir bereits eine Menge abenteuerliche Geschichten gehört hatten, darunter einige völlig unglaubwürdige, waren Richard und ich zu der Stelle gefahren, um uns umzusehen. Wir hatten keinen einzigen Delfin zu Gesicht bekommen, dafür ein Paar Dugongs. Wir kamen zu dem Schluss, dass der alte Mann wohl einen der stumpfschnäuzigen Dugongs fälschlicherweise für einen Delfin mit einer Wucherung im Gesicht gehalten hatte. Jetzt erkannte ich unseren Irrtum.

Dann kam der Delfin wieder an die Oberfläche; aber diesmal war der Tumor weg. Wir beeilten uns, näher heranzukommen, ehe er wieder verschwand. Und tatsächlich: Obwohl seine Rückenfinne keine charakteristischen Kerben oder Narben aufwies, schnellte die unverkennbare Fluke beim Abtauchen in die Luft. Wir atmeten erleichtert auf, als wir erkannten, dass es überhaupt kein Tumor war. Der Delfin trug etwas mit sich herum. Die Geschichte nahm eine fantastische Wendung von Krankheit und Leiden hin zu einem faszinierenden Geheimnis.

Wir beobachteten den Delfin noch mehrere Stunden lang, notierten seine Tauchzeiten, die Anzahl der Atemzüge und ob er dieses Etwas jedes Mal, wenn er auftauchte, auf seinem Gesicht hatte oder nicht. Wir hatten den Delfin »Growthface« genannt, aber jetzt änderten wir seinen Namen in »Halfluke« um. Schon bald nach Beginn unserer Beobachtung hatte sich ein Jungtier hinzugesellt; Halfluke war Mutter. Das Junge musste sich die ganze Zeit über in der Nähe aufgehalten haben, war uns aber zunächst entgangen. Wenn die Mutter tauchte, ließ sich das Kalb an der Oberfläche treiben und kam manchmal zu uns herüber, um auf der Bugwelle zu schwimmen und einen kurzen Blick auf uns zu werfen. Halfluke tauchte wiederholt mit diesem Etwas auf dem Gesicht auf. In der Tat trug sie es meistens, nur gelegentlich tauchte sie ohne es auf. Wir konnten jedoch noch immer nicht sagen, was es war beziehungsweise was sie damit tat.

Wir wussten, dass Delfine oft Gegenstände mit sich herumtrugen, für gewöhnlich, um damit zu spielen. Wir hatten gesehen, dass sie Tangstücke, Plastiktüten und Trümmer mit sich trugen. Sie hängten ihr Spielzeug an einen Flipper, schleuderten es weg und fingen es mit der Fluke wieder auf; sie trugen es in der Schnauze und hielten es außer Reichweite von interessierten Spielkameraden. Aber dies hier sah nicht nach einem Spiel aus. Die methodische Art, in der Halfluke auftauchte, mehrmals atmetete, langsam, aber stetig herumschwamm und dann wieder mit aufgerichteter Fluke abtauchte, wirkte ziemlich ernsthaft. Ihr Junges schien die ganze Sache zu langweilen. Es erschien unwahrscheinlich, dass wir dieses Rätsel rasch lösen könnten.

In den folgenden Monaten hielten wir an besagter Stelle regelmäßig nach Halfluke und ihrem Kalb Ausschau. Wann immer wir sie fanden, tat sie dasselbe: Sie trug dieses Ding im Gesicht mit sich herum und tauchte, von ihrem Kalb begleitet, mit aus dem Wasser gestreckter Fluke ab. Halfluke schien sich an unsere Gegenwart zu gewöhnen. Manchmal kam sie direkt neben unserem Boot an die Oberfläche. Ein- oder zweimal ritt sie sogar auf der Bugwelle. Wir konnten das Etwas mehrmals eingehender betrachten und ein paar Fotos davon machen. Es war eine Art rötlich brauner Schwamm von grober Textur. Sie schien ihn nicht mit den Zähnen zu halten: Er war kegelförmig, und sie steckte einfach ihre Schnauze in die Spitze dieses Kegels. Manchmal konnten wir sogar das Haftorgan sehen, das vorne hervorstand. Wir stellten auch fest, dass es nicht immer derselbe Schwamm war. Einige waren klein und bedeckten wie eine Kappe bloß die Schnauzenspitze, andere waren groß und schlaff und bedeckten teilweise ihr Gesicht.

Es stellte sich heraus, dass Halfluke nicht der einzige Delfin war, der dieses merkwürdige Verhalten zeigte. Auch Spongemom, Bits und Gumby beobachteten wir dabei. Sie alle trugen Schwämme und hatten Kälber; daher wussten wir, dass sie alle Weibchen waren. Wir nannten sie die »Schwammträgerinnen«. Wir beobachteten sie regelmäßig und erhoben sämtliche Daten, die uns vielleicht zu erklären halfen, weshalb sie Schwämme mit sich herumtrugen. In der Regel taten sie damit immer dasselbe, sodass die Beobachtung relativ langweilig war.

Doch von Zeit zu Zeit verhielt sich eine Schwammträgerin etwas anders: So tauchte sie beispielsweise ohne Schwamm auf und verharrte, statt herumzuschwimmen, an einer Stelle der Oberfläche. Es schien, als hätte sie den Schwamm unten zurückgelassen und versuchte, an Ort und Stelle zu bleiben, um ihn beim nächsten Tauchgang wieder zu finden. Gelegentlich führte eine Schwammträgerin auch plötzlich ein, zwei steile oder flache Sprünge aus – ein Temperamentsausbruch, der mit ihrem ansonsten trägen Verhalten kontrastierte. Wenn sie derart schwungvoll auftauchten, trugen sie normalerweise den Schwamm nicht bei sich. Einige Male sahen wir, wie sie unmittelbar danach auf etwas herumkauten, das wie ein Fisch aussah.

Nur selten gesellte sich die Schwammträgerin, die wir gerade beobachteten, zu einer anderen, und wenn, dann schwammen sie nur kurzzeitig, jede mit ihrem Schwamm, ein Stück weit zusammen. Es war eine Kameradschaft, die von einer seltsamen gemeinsamen Gewohnheit herrührte. Mitglieder eines kuriosen Delfinkults. Mit Sicherheit schlossen sie sich kaum anderen Delfinen in der Gegend an.

Warum aber trugen sie einen Schwamm mit sich herum? Wir zogen die unterschiedlichsten Möglichkeiten in Betracht. Fraßen sie Schwämme? Benutzten sie die Schwämme als Köder für eine bestimmte Beute? Dienten sie als Tarnung bei der Jagd? Vielleicht erfüllten die Schwämme aber auch eine bestimmte soziale Funktion? Eine humorvolle Vermutung war die, dass diese Delfine die »Unberührbaren« waren, deren Aufgabe darin bestand, den Boden der Bucht zu schrubben. Ohne zu tauchen, um nachzusehen, was sie unter Wasser mit den Schwämmen anstellten, konnten wir uns nur in Mutmaßungen ergehen.

Ich versuchte mehrfach, direkt neben Halfluke zu tauchen. Es war nervenaufreibend. Der Kanal war tief und trübe und vermutlich voller Haie. Jedes Mal erhaschte ich bloß einen flüchtigen, vagen Blick auf einen Delfin, der sich in einiger Entfernung aufhielt und rasch von mir wegschwamm. Sie waren zwar an Menschen in Booten gewöhnt, aber nicht an Taucher. Ich vermute, dass sie den Eindruck hatten, Menschen setzten sich aus Kopf, Armen, Brust und einem Bootsrumpf mit Propeller zusammen. Offensichtlich beunruhigte es sie, all diese Beine und Arme wild im Wasser herumfuchteln zu sehen. Jedenfalls mussten wir uns einen anderen Plan ausdenken, um herauszufinden, was sie mit den Schwämmen taten.

Einmal trafen wir, als wir gerade nach einer Schwammträgerin Ausschau hielten, die wir beobachten könnten, überraschend auf Puck. Wir staunten nicht schlecht, unsere liebe, vertraute Puck, die wir so gut zu kennen glaubten, einen Schwamm mit sich herumtragen zu sehen! Wir hatten immer nur die »Schwammträgerinnen« mit Schwämmen gesehen, und jetzt sie! Sie verhielt sich so, als ob sie ein alter Hase wäre, tauchte mit herausgestreckter Fluke ab und kam mit dem Schwamm auf ihrer Schnauze wieder an die Oberfläche. Sie näherte sich mit dem Schwamm, den sie auf ihrer Schnauzenspitze balancierte, sogar direkt unserem Boot. Fred, ein heranwachsendes Männchen, folgte ihr die ganze Zeit aufmerksam, nahm aber selbst keinen Schwamm auf. Puck zeigte uns, dass auch andere Delfine, zumindest gelegentlich, Schwämme trugen. Zweifellos beherrschen sie die Technik.

Unterdessen hatte uns Richard Wrangham, der in Afrika Schimpansen erforschte, erzählt, dass sich Schimpansen ihre Arzneien selbst aussuchten. Am Morgen, unmittelbar nach dem Verlassen ihrer Ruheplätze, fraßen die Tiere Blätter von *Aspilia,* wobei sie sich einige junge Blätter aussuchten, die sie, ohne zu kauen, hinunterschlangen. Die Blätter derselben Pflanze verwendete die örtliche Bevölkerung zur Linderung von Magen-Darm-Beschwerden, und ihre Wirksamkeit basierte auf einer darin enthaltenen seltenen chemischen Verbindung. In anderen Gegenden fraßen Schimpansen andere Pflanzen in ähnlicher Weise und zu Zeiten, die ebenfalls nahe legten, dass sie sich Arzneien verabreichten. Diese Entdeckung sorgte unter Zoologen für großes Aufsehen, und plötzlich sah man eine Fülle von Beispielen für die Verwendung von Arzneipflanzen durch Tiere. Mit dem Verzehr bestimmter Pflanzen, die nicht zu ihrer üblichen Nahrung gehörten, sollten Elefanten ihre Wehen einleiten, Brüllaffen das Geschlecht ihrer Nachkommen bestimmen und Schwarzbären sich vor Insekten schützen. An der UCSC hatte ich Kontakt zu Phil Cruz aufgenommen, der die in Schwämmen vorkommenden chemischen Verbindungen analysierte. Es ist bekannt, dass Schwämme ungewöhnliche Substanzen produzieren, die sich vielfach als potenzielle pharmazeutische Wirkstoffe eignen. Tatsächlich investierte die pharmazeutische Industrie große Summen in die Erforschung der Schwammchemie. Verabreichten sich die Delfine eine in den Schwämmen enthaltene Arznei?

Alle Schwämme, die Delfine mit sich trugen, schienen derselben Art anzugehören und unterschieden sich nur geringfügig in Größe und Farbe. Wenn es uns gelänge, eine Probe zu bekommen, könnten wir vielleicht ihre chemische Zusammensetzung analysieren lassen. Stundenlang hielten wir im klaren Wasser der Sandbänke nach Schwämmen auf dem Boden Ausschau, fanden aber keinen einzigen. Die Schwämme schienen einfach nicht im flachen Wasser zu wachsen. Also mussten wir direkt im Kanal, in dem wir die Schwammträger am häufigsten sahen, danach tauchen. Dafür fehlte uns jedoch die notwendige Ausrüstung.

Schließlich kam eine Gruppe von Tauchern nach Monkey Mia und nahm die Herausforderung mit Freuden an. Sie brachten eine stattliche Sammlung ungewöhnlicher Schwämme und Lederkorallen mit nach oben, die wir noch nie in den benachbarten seichten Gewässern gesehen hatten. Wir fotografierten jedes einzelne Exemplar und schickten dann jenes, das wie der Schwamm der Delfine aussah, an John Hooper, einen Schwammexperten in Queensland. Er teilte uns wenig später mit, es handele sich um *Echinodictyum mesenterinium* – ein echter Zungenbrecher –, eine anscheinend an der West- und Nordküste Australiens weit verbreitete Schwammart. John teilte uns auch mit, dass ihm ein Delfinforscher, der an der Küste der Northern Territories arbeitete, von Delfinen erzählt hatte, die rötliche kugelförmige schwammartige Gebilde auf ihren Schnauzen trügen. Vielleicht war das Schwammtragen auch bei Delfinen außerhalb der Shark Bay üblich.

Die vorläufige Untersuchung einer Probe des Schwammes auf ungewöhnliche Verbindungen verlief negativ. John Hooper untersuchte eine mögliche toxische Wirkung auf gewöhnliche Bakterien. Doch sie ließ sich nicht nachweisen. Obwohl es möglich ist, dass der Schwamm eine noch unbekannte chemische Verbindung enthält, verlor die Hypothese der Selbstmedikation an Glaubwürdigkeit. Zudem machten die Schwammträgerinnen ganz und gar keinen kranken Eindruck. Sie schienen im Gegenteil alle recht fit zu sein und hatten alle erfolgreich Kälber aufgezogen. Inzwischen beobachteten wir sie seit mehreren Jahren, und das Schwammtragen hatte nicht nachgelassen. Falls es auf eine Krankheit zurückzuführen gewesen wäre, dann hätte es sich um eine chronische Krankheit handeln müssen, von denen nur Weibchen betroffen waren.

Die Widerlegung der Selbstbehandlungshypothese ließ nur noch eine Hypothese übrig, die zu all unseren Beobachtungen passte. Die Delfine mussten die Schwämme als Werkzeug benutzen, das ihnen bei einer bestimmten Art der Nahrungssuche dienlich war. Ihre Tauchgänge mit aus dem Wasser gestreckter Fluke deuteten darauf hin, dass sie, wenn sie mit den Schwämmen untertauchten, steil zum Meeresboden schwammen. Was immer sie taten, es musste dort unten vor sich gehen. Die Zeit, die Schwammträgerinnen mit ihrer merkwürdigen Beschäftigung zubrachten, entsprach in etwa der Zeit, die »normale« Weibchen mit der Nahrungssuche verbrachten. Sie mussten während dieser Zeit fressen, und wir sahen sie gelegentlich mit Beute im Maul und kauend auftauchen.

Die Taucher, die für uns Schwämme sammelten, beschrieben den Meeresboden als »sandig, mit vereinzelten Felsen und einer starken, darüber hinwegstreichenden Strömung«. Sie berichteten auch, dass sie einige Drachenköpfe (auch »Rotfeuerfische« genannt) gesehen hatten, bizarr aussehende Geschöpfe mit Stacheln und Kragen und mit einem leuchtenden Muster aus schwarzen und weißen Streifen und Punkten. Die Stacheln enthalten ein starkes Gift, und sobald der Fisch gestört wird, stellt er seine Stacheln auf. Wer sie berührt, wird dies vermutlich lange Zeit bereuen. Ein Biologe, der Drachenköpfe erforschte, besuchte uns einmal in Monkey Mia. Seit Jahren hatte er mit ihnen in einem Aquarium in seinem Labor ohne Zwischenfall hantiert, aber ironischerweise berührte er während eines Schnorchelurlaubs im Roten Meer versehentlich mit der Hand einen Drachenkopf und wurde gestochen. Dies ereignete sich zwei oder drei Jahre, bevor wir ihn trafen. Er berichtete, die Schmerzen seien weit über ein Jahr nahezu unerträglich gewesen. Große Teile seiner Hand sahen wie nach einer schweren Verbrennung aus, das Gewebe hatte sich einfach aufgelöst. Eine solche Verletzung im Gesicht eines Delfins wäre verheerend.

Neben den Drachenköpfen gibt es eine Menge anderer Stachel tragender Lebewesen, auf die man in der Shark Bay Acht geben muss. Schreckt man beispielsweise einen Stachelrochen auf, so peitscht er mit seinem stacheligen Schwanz nach dem Störer. Wird er getroffen, kann der Stachel im Fleisch stecken bleiben. Wir hatten von Delfinen gehört, die an diesen Stacheln, die schließlich tief ins Fleisch dringen und in lebenswichtigen Organen stecken bleiben können, wo sie Infektionen hervorrufen, eingegangen waren. Auch Steinfische sind in der Shark Bay relativ häufig. Sie verbergen sich zwischen Steinen auf dem Grund und verfügen wie die Drachenköpfe über giftige Stacheln.

All diese bedrohlichen Geschöpfe, von denen einige im Kanal besonders häufig anzutreffen sind, können Nahrung suchenden Delfinen gefährlich werden. Höchstwahrscheinlich benutzen die Delfine die Schwämme dazu, um sich vor den Stacheln, Nesseln und Widerhaken der Lebewesen zu schützen, auf die sie treffen. Vielleicht schützten sie sie auch vor Hautabschürfungen. Delfine durchstöbern manchmal mit ihrer Schnauze den Sand und Bodenschutt nach Fischen, die sich eingegraben haben. Die Abschirmung mit einem Schwamm schützt sie womöglich davor, sich an kleinen, scharfen Muschelschalen und Steinen zu verletzen.

Früher einmal galt der Werkzeuggebrauch als eines der »Kennzeichen der menschlichen Spezies«. Man glaubte, nur der Mensch mit seiner hoch entwickelten Intelligenz, seinen gegenüberstellbaren Daumen und seiner manuellen Geschicklichkeit könne Werkzeuge herstellen und gebrauchen. Aber dann berichtete Jane Goodall über den Gebrauch von Werkzeugen bei Schimpansen. Schimpansen verwenden lange, gerade Zweige dazu, um in Termitenhügeln herumzustochern. Die

Termiten, die ihren Hügel gegen Eindringlinge verteidigen, kriechen auf den Zweig, der Schimpanse zieht dann den Zweig zurück und liest die darauf befindlichen Termiten mit den Lippen auf. Schimpansen suchen gezielt solche Zweige aus, die genau die richtige Größe besitzen, manchmal zerbrechen sie diese oder pellen die Rinde ab, um sie zweckmäßiger zu gestalten. In Westafrika setzten Schimpansen überdies Steine als »Hammer und Amboss« ein, um harte Nüsse aufzuschlagen. Auch gibt es nicht wenige Vögel und Säugetiere, die Werkzeuge benutzen; einige stellen sogar ihre Werkzeuge selbst her. Die Geradschnabelkrähe beispielsweise stellt ein ziemlich raffiniertes Werkzeug her: Sie zupft Blätter vom Schraubenbaum ab, um den Dorn des Blattes zu ergattern. Dann biegt sie die Spitze des Dorns so zurecht, dass sie einen Stachel erhält, mit dem sie in den Hohlräumen von Baumrinden nach Raupen stochert.

Schon vor unserer Entdeckung des Schwammtragens waren in Gefangenschaft gehaltene Delfine dabei beobachtet worden, dass sie Werkzeuge auf vielfältige Weise gebrauchten. Im Aquarium von Port Elizabeth in Südafrika zum Beispiel kratzte ein Delfin mit Stücken zerbrochener Kacheln an den Wänden des Beckens Algen ab, die er fraß. Später eiferte ein zweiter Delfin ihm darin nach. Einem anderen Bericht zufolge wurden zwei Delfine dabei beobachtet, wie sie eine Muräne in ihrem Becken jagten. Die Muräne versteckte sich in einer Spalte. Nach vielen Versuchen, sie herauszubekommen, machte einer der Delfine einen Drachenkopf ausfindig. Er packte den Fisch vorsichtig am Bauch, um sich vor seinen Stacheln zu schützen, und stach mit dem giftigen Drachenkopf nach der Muräne. Das arme Opfer war gezwungen, die Spalte zu verlassen, und wurde von dem Delfin geschnappt.

Bei diesen – zugegebenermaßen interessanten – Beispielen von Delfinen in Gefangenschaft ging es durchweg um innovative Verhaltensweisen einzelner Individuen, die lediglich einmal oder doch sehr selten auftraten. Es waren keine gewohnheitsmäßigen, gängigen Formen des Werkzeuggebrauchs, die vermutlich von vielen Individuen erlernt und praktiziert wurden. Zudem gab es keine wild lebenden Delfine, die Werkzeuge in ihrem natürlichen Lebensraum verwendeten, um ihre Überlebenschancen zu erhöhen. In gewisser Hinsicht ist es nicht weiter verwunderlich, dass ein Tier mit einer so hohen Intelligenz wie der Delfin Werkzeuge benutzt. Unsere Entdeckung des Schwammtragens zog die Aufmerksamkeit vieler Wissenschaftler auf sich, die sich mit dem Verhalten von Tieren befassen.

Seit der Entdeckung des Schwammtragens sind viele Jahre vergangen, und noch immer kann man Halfluke, Spongemom, Bitfluke und Gumby an der altbekannten Stelle mit ihren Schwämmen finden. Halflukes Kalb, das wir »Demi« nannten, wurde selbst eine Schwammträgerin. Von Zeit zu Zeit beobachten wir andere Delfine, die Schwämme tragen, allerdings immer nur kurz. Als wir unser Untersuchungsgebiet erweiterten, um neue Bereiche der Shark Bay zu erkunden, sichteten wir einige weitere Delfine mit Schwämmen. Daher wissen wir, dass dieses Verhalten auch anderswo in der Shark Bay vorkommt und nicht nur in dem nahe gelegenen Kanal, den wir »Schwammland« nennen.

Obgleich die Delfine ihre Schwämme irgendwie als Schutzschild bei der Nahrungssuche einsetzen, haben wir noch immer keinen eindeutigen Beweis dafür, und wir wissen erst recht nicht, wie sie die Schwämme gebrauchen. Ebenso wenig wissen wir, warum sich nur wenige Weibchen auf das Schwammtragen zu spezialisieren scheinen. Es wird Jahre intensiver Anstrengungen, einiger innovativer Techniken für die Beobachtung von Delfinen unter Wasser und zudem einer Menge Glück bedürfen, um die zur Lösung dieses Rätsels notwendigen Beobachtungen zu machen.

Der große Knall

Im Laufe der Jahre gewöhnte ich mich daran, zwischen den Vereinigten Staaten und Australien zu pendeln. Selbst die endlos langen Flüge wurden zur Routine. Ich wusste, dass ich in den Gärten am Flughafen von Hawaii, wo wir mitten in der Nacht einen Zwischenstopp zum Auftanken einlegten, ein ungestörtes Nickerchen halten konnte. Ich wurde mit den Ritualen und Schikanen der Zollabfertigung bei der Ein- und Ausreise aus Australien vertraut und lernte einige Tricks, um mit dem gravierenden Jetlag besser fertig zu werden. Da Westaustralien den Vereinigten Staaten ungefähr zwölf Stunden voraus ist, bedeutet der Zeitunterschied eine völlige Umkehr von Tag und Nacht. Während der ersten ein, zwei Tage nach der Ankunft in Australien zwang ich mich, ohne Schlaf auszukommen, und stellte mich schneller um. Aus einem mir unersichtlichen Grund fiel mir hingegen die Umstellung bei der Heimreise immer schwerer. Noch Wochen nach meiner Rückkehr in die USA fühlte ich mich am Tag erschöpft und war nachts hellwach.

Ich reiste fast immer mit Andrew oder einem wissenschaftlichen Assistenten (tüchtige Freiwillige fanden sich immer, meistens waren es Studenten, die Erfahrungen im Freiland sammeln wollten). Nach dem obligaten Aufenthalt in Perth, der dazu diente, die letzten Ausrüstungsgegenstände und ausgesuchte, in der Shark Bay nicht erhältliche Lebensmittel zu besorgen, fuhren wir weiter nach Monkey Mia. Folglich konnte die gesamte Anreise von zu Hause (damals Kalifornien) nach Monkey Mia fast eine Woche in Anspruch nehmen. Nachdem wir, meist im Morgengrauen, die letzte Erhebung hinter uns gelassen hatten, bot sich uns ein grandioser Ausblick auf die Bucht, wo dicht an der Küste die Lichter des Campingplatzes leuchteten.

1985 machte ich diese Reise allein, und ich erinnere mich noch, wie ich voller Wiedersehensfreude in Monkey Mia ankam. Als ich nach der langen, zehnstündigen Fahrt von Perth aus dem Auto stieg, stieß eine Schwalbe, wie um mich willkommen zu heißen, kreischend auf mich herab und entleerte den weißen Inhalt ihres Darms direkt auf meine Schulter. Schöne Begrüßung! Ich war neugierig, ob sich die Delfine an mich erinnerten. Ich hoffte es. In meinen Fantasien freuten sie sich genauso über ein Wiedersehen wie ich. Sie sprangen und tobten vor Entzücken herum und verweilten lange bei meiner ausgestreckten Hand.

Jetzt kam der Augenblick der Wahrheit. Ich watete ins Wasser hinein, wo sich Nicky, Holeyfin und Holly zu einer kleinen Gruppe Touristen gesellt hatten. Nicky näherte sich mir und ich hielt gespannt nach dem kleinsten Anzeichen des Wiedererkennens Ausschau. Sie kam auf mich zu, öffnete ihre Schnauze – eine typische Bettelgeste –, wandte sich dann einen Moment später ab und schwamm, genauso, wie sie es mit hunderten anderer Menschen tagtäglich tat, fort. Nicht das geringste Anzeichen des Wiedererkennens. Delfine verfügen nicht über die veränderlichen, mit einem komplizierten Muskelgefüge versehenen und daher ausdrucksstarken Gesichter, wie sie uns oder unseren nahen Verwandten, den Primaten, eignen. Infolgedessen offenbart ihr eingeschränktes mimisches Repertoire kaum Emotionen. Aber auch in Nickys sonstigem Verhalten deutete nichts darauf hin, dass sie mich erkannte.

Warum sollte sie auch, dachte ich. In der Zwischenzeit hatten sie vermutlich alle mit so vielen verschiedenen Menschen interagiert, dass mein Gesicht (beziehungsweise die sonstigen Merkmale, an denen sie Menschen identifizierten) in einem Meer der Anonymität untergegangen war und ich zu einem bloßen Mitglied der allgemeinen Kategorie Mensch geworden war: ein Wesen, das uns mit Fisch füttert, dumme Spielchen mit Tang veranstaltet und stets versucht, uns mit diesen merkwürdig zuckenden-grapschenden Anhängen zu berühren.

Dann kam Holly auf mich zu. Unmittelbar bevor ich Monkey Mia im Herbst letzten Jahres verließ, hatten Holly und ich ein vertrauliches kleines Spiel entwickelt. Ich berührte sie sanft mit den Fingern in der Nähe ihres Blaslochs (ein Verhalten, das heutzutage aus gutem Grunde verboten ist). Gleichzeitig prustete ich mit zusammengepressten Lippen. Sie antwortete, indem sie durch ihr zusammengepresstes Blasloch ebenfalls prustete. Ich beugte mich über sie und schlug leicht mit den Fingern um ihr Blasloch. Sie zögerte, drehte sich abrupt um und schaute mich an. Dann antwortete sie mir enthusiastisch mit einem Prusten, das am gesamten Strand widerhallte. Sie erinnerte sich an unser kleines Spiel. Sie erinnerte sich an mich.

Hollys Begrüßung war ein ergötzlicher und dringend benötigter Balsam für mein bedrücktes Herz. Einen Monat zuvor war mein Vater plötzlich verstorben. Andrew und ich waren gerade von einer mehrmonatigen Reise durch Südostasien nach Perth zurückgekehrt. Wir waren dabei, nach Monkey Mia aufzubrechen, als mich der Anruf erreichte. Die Stimme meiner Mutter zitterte, und ich ahnte sofort, dass etwas Schlimmes geschehen war. »Rachel, ich habe schlechte Nachrichten…« Sie schluchzte einige Male und übergab den Hörer an einen Freund, der bei ihr war und mir die traurige Nachricht mitteilte. Ich legte auf und brach weinend im Wohnzimmer von Bert und Barbara Main zusammen. Mein Vater war erst zweiundsechzig Jahre alt gewesen. Er hatte auf mich immer fit und unverwüstlich gewirkt. Er war kein extrovertierter, gesprächiger Mensch gewesen, aber durch sein Handeln hatte er mir ein Beispiel gegeben, und ich betrachtete ihn als Vorbild. Ich konnte den Gedanken an seinen Tod nicht fassen.

Da mich meine Mutter brauchen würde, flog ich am nächsten Morgen, von Kummer und Unglauben wie benebelt, zurück in die Vereinigten Staaten, nach Long Island, zu meiner Familie, zu dem Haus, in dem ich aufgewachsen war und in dem der Platz am Esszimmertisch, an dem er stets gesessen hatte, nun für immer verwaist wäre. Seine Sachen waren noch überall im Haus, schmutzige Wäsche im Wäschekorb und Kaffeetassen auf seinem Schreibtisch. Aber er war wirklich tot.

Am Morgen von Dads Beerdigung überredete ich meine Mutter zu einem kleinen Spaziergang. Wir schlenderten nach Sunwood hinunter, einem alten Gut am Strand von Long Island Sound. In Sunwood, das am Ende der Straße lag, an der unser Haus stand, hatte ich in meiner Kindheit viele Stunden verbracht. Ich hatte am Strand gespielt, war in den unter Naturschutz stehenden Gewässern geschwommen, in den überwucherten Gärten herumspaziert, hatte an Veranstaltungen der Universität in der alten Villa teilgenommen und war auf meinem Pferd übers Watt geritten. Nun schlenderten wir in unserem Kummer die von Rhododendron gesäumte Straße hinunter zum Strand, wo die Wellen sanft gegen die felsige Küste plätscherten, Möwen Miesmuscheln an den Felsen aufschlugen und Eisenten in den küstennahen Gewässern schnatterten.

Mein Vater, der seit seiner Kindheit ein passionierter Vogelbeobachter, ausgebildeter Biologe und aktiver Umweltschützer gewesen war, hatte einen Großteil seines Lebens damit verbracht, in enger Harmonie mit der Natur zu leben und für ihren Erhalt zu kämpfen. In den frühen sechziger Jahren gründete er zusammen mit einigen Freunden den »Environmental Defense Fund«, eine Organisation, die sich zu einer der größten Umweltschutzorganisationen der Welt entwickelte. Er war jüdischer Abstammung, meine Mutter war Katholikin, und ihre Heirat hatte auf beiden Seiten der Familie für erhebliche Spannungen gesorgt. Doch dann bekannten sich meine Eltern zu einer anderen Religion: dem Glauben an die Natur. Meine Brüder und ich wuchsen nicht mit einem bestimmten religiösen Weltbild auf. Vielmehr lehrten uns die Eltern, das »große Geflecht des Lebens« zu verstehen und zu achten. Die Lehren der Natur erschienen mir sehr viel greifbarer als alles, was ich über Christentum und Judentum gelesen hatte. Es wurde nicht von mir erwartet, irgendetwas einzig auf der Grundlage des Glaubens zu akzeptieren. Ich konnte die Vernetzungen, aus denen sich ein Ökosystem zusammensetzt, mit eigenen Augen sehen. Niemand verlangte von mir zu glauben, dass irgendein Wesen droben im Himmel, das man Gott nannte, alles erschaffen hat (und obendrein mein Geschlecht nachträglich aus der Rippe seiner höchsten Schöpfung, des Mannes). Es gab eine Erklärung dafür, wie die Lebewesen entstanden, die mit dem, was ich um mich herum sah, mit dem, was wir über die Geschichte des Lebens wissen, und mit dem gesunden Menschenverstand übereinstimmte.

Ich wusste, dass der Körper meines Vater verwesen und seine organischen Stoffe in der großen Kette des Lebens aufgehen würden. Obgleich er möglicherweise eine Metamorphose von einem Menschen in Bakterien in Pilze und weiter in einen Baum, einen Wal und einen Vogel durchmachen würde, bliebe er dennoch Teil dieses großen fantastischen Ganzen. Während ich mit meiner Mutter am Strand von Sunwood entlangspazierte, stellte ich mir vor, wie uns sein Geist umwallte und in die Bäume, die Luft, das Meer, die Enten, uns selbst, die Seemöwen, die Muscheln, den Sand und Wind hineinfuhr. Diese konkrete Vorstellung zerstreute unseren Kummer. Meine Mutter und ich kehrten in die Welt der Rituale, Beerdigungsvorbereitungen und Kondolenzbesucher zurück, erquickt und getröstet durch diese Erinnerung daran, dass wir Teil von etwas sind, was weit über unser flüchtiges menschliches Leben hinausreicht.

Nachdem ich meiner Mutter über die ersten Wochen des Übergangs in ein Leben ohne meinen Vater hinweggeholfen hatte, kehrte ich nach Australien zurück. Als ich sie und mein Elternhaus wieder einmal verließ, war ich bedrückt und zugleich optimistisch. All diese Erinnerungen aus meiner Kindheit waren ein fester Bestandteil meiner Person. Nur mein Strand war nicht mehr der von Sunwood, sondern der von Monkey Mia, auf der anderen Seite der Erde. Und statt der Eisenten gab es dort Weißkopflachmöwen, schwarze und weiße Pelikane, Elsterscharben und Holly, die mit ihrem Blasloch schnalzte.

Mein Vater war stolz darauf gewesen, dass ich meinem Herz

und Verstand gefolgt und nach Monkey Mia gegangen war, und ich wusste, er hätte sich gefreut, dass ich dorthin zurückkehrte. Und so brach ich wieder zur Shark Bay auf, einerseits betrübt, dass ich meine Erfahrungen nicht mehr mit ihm teilen konnte, gleichzeitig aber erwartungsvoller und entschlossener denn je. Andrew war bereits seit einem Monat in Monkey Mia. Das Zeltlager war vollständig aufgebaut, das Boot fahrbereit, und es gab einige neugeborene Delfinkälber, einige Weibchen, die trächtig aussahen, und die üblichen Winkelzüge der Stammgäste auf dem Campingplatz.

Holly war während unserer Abwesenheit beträchtlich gewachsen und stärker denn je auf Menschen ausgerichtet. Es schien ihr großes Vergnügen zu bereiten, mit Menschen ihren Ulk zu treiben, sie zu necken, knapp außer Reichweite zu bleiben, dann vorzuschnellen und sich in die Arme von jemandem hineinzudrücken, wobei sie mit Tangstücken Geben und Nehmen spielte. Puck und Holly dachten sich ein neues Spiel aus. Scheinbar freudig nahmen sie jeden stinkenden, schleimigen oder halb gefrorenen Köderfisch, der ihnen hingehalten wurde, schlangen ihn aber nicht hinunter. Stattdessen sammelten sie in ihrem Maul manchmal sechs bis acht Fische auf einmal. Dann schwammen sie zu jemandem hin und spien alles in Form einer schleimigen Masse von zerstückelten Fischteilen, Gedärmen und Schuppen wieder aus. Danach warteten sie geduldig darauf, dass ihre menschlichen Spielkameraden jedes einzelne Stück wieder aufnahmen und es ihnen erneut anboten. Es war eine weitere Variante des Themas Geben und Nehmen. Auf zur nächsten Person, um das Ganze zu wiederholen.

Puck und Holly schienen ihre Begeisterung für dieses Spiel gegenseitig zu nähren. Wenn eine damit anfing, folgte die andere ihrem Beispiel. Während sie ihre Runden zogen, beobachteten sie sich aus den Augenwinkeln. Fischschwänze ragten aus ihren Schnauzen hervor, und sie achteten eifersüchtig darauf, dass die andere ja keinen ihrer gehorteten Fische abbekam.

Einmal las Holly ungefähr acht Fische auf und legte sie vor mir ab. Dann schwamm sie langsam davon und näherte sich anderen Menschen, um weitere Fische zu ergattern, mit Tang zu spielen und herumzubummeln. Von Zeit zu Zeit blickte sie zu mir rüber. Offenbar überprüfte sie, ob ich noch ihre Fischreste hütete. Als Puck auf mich zukam, raste Holly herbei, offensichtlich in Sorge, dass ich es Puck erlauben könnte, einige von ihren Fischen zu nehmen. Sie stieß Puck weg und las alle Fische auf, hielt sie eine Zeit lang in ihrem Maul und spie sie erneut vor mir aus. Inzwischen zerfielen die Fische schon. Es war wirklich ekelhaft, aber Holly schien viel an ihnen zu liegen. Sie hatte mich offenbar als »Wächterin« für ihre Fische auserkoren, und ich tat ihr freudig den Gefallen. Ich war nicht die Einzige, die sich mit Puck und Holly an diesem Spiel ergötzte. Seit unserem letzten Aufenthalt hatten die Touristenscharen beträchtlich zugenommen.

Als man erkannte, welche Attraktion die Delfine für die Touristen darstellten, kamen die örtliche Kreisverwaltung, die westaustralische Tourismusbehörde und das Ministerium für Umwelt und Landschaftspflege (vergleichbar mit unserer Fischerei- und Naturschutzbehörde) überein, gemeinsam Vorschriften für das Verhalten gegenüber Delfinen zu erarbeiten. Dies war notwendig geworden, da jeden Tag mehr Touristen nach Monkey Mia strömten, nachdem sich herumgesprochen hatte, dass es dort zutrauliche Delfine gab. Wo einst eine Hand voll Leute am Ufer gestanden hatte, hielten sich jetzt hundert und mehr Touristen auf. Sie fielen busseweise in den Ort ein.

Einige Einwohner von Denham wurden als Ranger eingestellt; sie sollten mit den Besuchern reden und ihnen den Umgang mit den Delfinen erläutern. Außerdem sollten sie einige einfache Statistiken führen. Es wurde beschlossen, die Fütterung mit Fischkonserven zu verbieten und die Menge der verfütterten Fische zu überwachen. Die Delfine wurden fett und verbrachten praktisch die ganze Zeit im Flachwasser, wo sie um Fisch bettelten, statt selbst auf Beutefang zu gehen.

Frischer, vor Ort gefangener Fisch war die ideale Alternative, und so beschlossen Andrew und ich, etwas dazu beizutragen. Wir liehen uns von einem der Stammgäste ein Netz und gingen auf Fischfang. Nahezu jeden Abend fuhren wir die Küste hinunter zu einem Bereich, der uns viel versprechend erschien.

Nachdem wir das eine Ende des Netzes mit einem Pflock am Strand befestigt hatten, fuhren wir rückwärts ein Stück in die Bucht hinaus, sodass sich das Netz entrollte und über den Schandeckel ins Wasser glitt; draußen machten wir das andere Ende an einem Anker fest. Bei Sonnenuntergang machten wir es uns oftmals an einem kleinen Feuer am Strand gemütlich und warteten. Gelegentlich wateten wir ins Wasser und befühlten das Netz. Ein heftiges Vibrieren zeigte an, dass sich Fische darin befanden. In einer guten Nacht hörten wir es schnippen und platschen und sahen, wie sich das ganze Netz ausbauchte, wenn ein Fischschwarm hineinschwamm.

Das Netz einzuziehen war stets ein Abenteuer. Die Aussicht auf einen guten Fang begeisterte uns, aber oftmals fingen wir etwas, das wir eigentlich gar nicht fangen wollten. Gleich in unserer ersten Nacht zogen wir beispielsweise einen großen Rochen, der sich heillos verheddert hatte, an Bord, dann einen kleinen Hai, der sich ständig um die eigene Achse drehte, wobei er Löcher ins Netz riss und ein ungeheures Gewirr erzeugte. Doch dann setzte eine giftige Seeschlange dem Ganzen die Krone auf. Der Gedanke, das arme unschuldige Geschöpf gequält zu haben, betrübte uns, doch ebenso sehr fürchteten wir, von ihr gebissen zu werden. Deshalb erschlugen wir nach reiflicher Diskussion und ohne eine andere sichere Alternative die arme Schlange mit unserem Anker an der Außenwand des Bootes und kehrten traurig, angeekelt und entmutigt nach Hause zurück. Spätere Nächte waren jedoch erfolgreicher. Eines Nachts holten wir ein mit über zweihundert Heringen, einer Leibspeise der Delfine, prall gefülltes Netz ein. Am nächsten Tag verfütterten wir mithilfe der Besucher einen Fisch nach dem anderen an Nicky, Puck und Holeyfin. Endlich bekamen sie mal etwas anderes als die Köderfische vorgesetzt.

In Anbetracht unseres reichen Fangs beschlossen wir einfach der Neugier halber, frischen Fisch an die nicht zahmen, küstenfernen Delfine zu verfüttern. Würden sie die Fische annehmen, oder würden sie sie verschmähen, weil sie tot waren und aus der Hand des Menschen stammten? War es ihre Abneigung gegen toten Fisch, die andere Delfine davon abhielt, die Großzügigkeit der Touristen im Flachwasser von Monkey Mia aus-zunutzen? An den nächsten Tagen nahmen wir einige Fische in unserem Boot mit. Wave nahm unser Angebot begierig an, schlang den Fisch hinunter und umkreiste das Boot in der Erwartung, mehr zu bekommen. Shave tat es ihm gleich, ob-wohl er den ersten Fisch, den wir ihm anboten, zuerst ein paar Mal mit der Schnauze stieß, bevor er ihn fraß.

Eine der interessantesten Reaktionen zeigte ein älteres Männchen, Stepps. Er befand sich in Begleitung von fünf weite-ren Delfinen. Als wir ihm den Fisch anboten, nahm er ihn zwar sofort, fraß ihn aber nicht. Stattdessen drehte er sich mit dem Fisch quer im Maul auf die Seite, sodass der Schwanz des Fisches und Stepps Flipper in die Luft ragten und ein komisches Bild abgaben. Er pfiff sehr laut. Stepps Kamerad, Midpoint, schwamm herbei und begann ihn mit seiner Brustfinne an der Flanke zu streicheln. Unterdessen versammelten sich die vier anderen Delfine in einem Halbkreis um Stepps, mit den Köpfen auf ihn zeigend. Er blieb für weitere dreißig Sekunden auf der Flanke liegen und tauchte dann mit dem Fisch ab. Die anderen Delfine tauchten mit ihm. Als sie wieder an die Wasseroberflä-che kamen, war der Fisch verschwunden, und sie schwammen Seite an Seite weiter.

Hatte Stepps mit seiner Beute vor den anderen angegeben? Warum hatte Midpoint Stepps gestreichelt? War es eine aner-kennende Geste für den Mut, den Stepps bewiesen hatte, oder forderte er ihn auf, die Beute zu teilen? Was hatte das Pfeifen zu bedeuten? Die gesamte Interaktion blieb mir ein Rätsel.

Dennoch hatten wir eine unserer Fragen beantwortet. Ob-wohl einige Delfine die angebotenen Fische abgelehnt hatten, scheuten sich die küstenferneren Delfine im Allgemeinen nicht, Fische anzunehmen (auch wenn sie sie nicht aus der Hand nah-men). Das Fressen toter Fische schien ihnen nichts auszuma-chen. Offenbar mieden sie den Strand von Monkey Mia aus anderen Gründen. Hinderten vielleicht die zahmen Delfine andere daran, sich an »ihren« Ressourcen zu vergreifen? Oder waren sie vielleicht bereit, unsere Gaben anzunehmen, konnten aber ihre Scheu gegenüber Menschen nicht überwinden?

Es gab einige Ausnahmen. Ein alter Delfin, Spike, begann zu der Zeit, als es mit seiner Gesundheit bergab ging, damit, nach Monkey Mia zu kommen und Futterfische anzunehmen. Offenbar war es für ihn gewissermaßen der letzte Ausweg, Fisch aus den Händen von Menschen anzunehmen. Wir fütterten ihn etwa einen Monat lang von Hand, doch sein Zustand verschlechterte sich, und schließlich starb er.

Wir wollten nicht, dass die küstenferneren Delfine in der Erwartung zu uns kamen, Futterfische zu erhalten. Uns lag daran, ihr natürliches Verhalten möglichst wenig zu stören, deshalb beschränkten wir diese Fütterungsexperimente auf wenige Male.

Von weitaus größerem Interesse für uns waren die zahlreichen Methoden, mit denen die Delfine selbstständig Fische erbeuteten. Anscheinend gab es so viele unterschiedliche Strategien wie Fischarten. Eine, die während unseres Aufenthaltes in Monkey Mia im Jahre 1985 unsere besondere Aufmerksamkeit weckte, war das so genannte »Heringsknallen« (*bony-banging*), eine weitere Entdeckung, die uns völlig überraschte.

KNALL! Ich war »zugeschaltet«: Ich hatte den Kopfhörer auf, der Kassettenrekorder lief, das Hydrophon (Unterwasserhorchgerät) hing über den Bootsrand, als mich ein schmerzhaft lautes Geräusch beinahe über Bord gestoßen hätte. Die Nadel des Kassettenrekorders schlug ins rote Übersteuerungsfeld aus. Die Delfine machten sich über einen Fischschwarm her. Abgesehen von dem Knall war ein intensives Surren und Klicken zu hören, das von acht Delfinen stammte, die ihre Echoortung einsetzten. Dann ein weiterer KNALL! Im selben Augenblick schnellte ein silberner Fisch ein paar Meter in die Luft und fiel wieder zurück auf die Wasseroberfläche. Statt davonzuschwimmen, lag er wie gelähmt auf der Seite. Ein Delfin schnappte ihn und schlang ihn hinunter. KNA-KNALL. Gleichzeitig mit diesen starken Schallimpulsen ereigneten sich zwei kleine Wasserplatscher, und aus einem davon flog ein Fisch in die Luft. Genau wie zuvor landete er, betäubt, auf der Oberfläche, bevor er von einem Delfin verschlungen wurde.

Seit wir erstmals die Laute der Delfine vernommen und aufgezeichnet hatten, bekamen wir praktisch tagtäglich neue, interessante Laute zu hören. Doch dies hier war etwas, das unsere sofortige Aufmerksamkeit erheischte. Wie erzeugten sie diese Knalllaute, und was hatten sie mit den aus dem Wasser schnellenden Fischen zu tun?

In Santa Cruz hatte Ken Norris seine neueste Theorie aufgestellt: danach könnten Delfine Schallimpulse erzeugen, die so laut waren, dass der Schall einen Fisch betäuben konnte; als besäßen sie eine eingebaute akustische Betäubungspistole. Ken und sein Kollege Bert Mohl hatten gerade einen Aufsatz veröffentlicht, der ausführlich alle Belege für ihre Hypothese von der »Beutebetäubung« anführte. Schall besteht aus Druckwellen, und ihrer Auffassung nach konnten diese Druckwellen eine solche Kraft bündeln, dass der Fisch tatsächlich geschädigt wurde, vielleicht durch Überlastung seiner Rezeptoren oder durch direkte Schädigung seines Gewebes.

Ein Mensch vermag mit einem gellenden Schrei nicht einmal einen Floh zu betäuben. Doch die Unterwasserwelt des Schalls und die Art, wie Delfine Schallimpulse einsetzen, haben wenig mit dem gemein, was uns vertraut ist. Die meisten Säugetiere haben einen Kehlkopf mit vibrierenden Stimmbändern. Doch die Delfine unterscheiden sich vom Gros der Säugetiere. Tatsächlich weiß bis dato niemand wirklich genau, wie Delfine ihre Schallwellen erzeugen. Wir wissen jedoch, dass sie akustische Lebewesen par excellence sind. Viele Arten besitzen darüber hinaus ein ausgezeichnetes Sehvermögen. In trübem Wasser und bei Nacht reicht ein scharfes Auge jedoch einfach nicht aus.

Da Wasser viel dichter als Luft ist, breiten sich Schallwellen im Wasser schneller aus als in der Luft. Dieses Faktum wurde mir viele Male zu Bewusstsein gebracht, wenn ich durch mein Unterwasserhorchgerät einen fernen Außenbordmotor starten hörte, dem ein oder zwei Sekunden später das gleiche Geräusch in der Luft folgte. Die Schallwellen pflanzten sich weitaus langsamer durch die Luft fort.

Der Dichteunterschied zwischen Meerwasser und Luft ist so

groß, dass eine Schalldruckwelle, die sich durch Meerwasser fortpflanzt und dabei auf eine Grenzfläche aus Luft trifft, wie etwa die Wasseroberfläche oder die mit Luft gefüllte Schwimmblase eines Fisches oder auch die Lungen eines Delfins, kaum den Sprung in das neue Medium schafft. Stattdessen wirkt die Luft wie ein Spiegel und reflektiert den größten Teil der Energie ins Wasser. Wenn man sich unmittelbar neben einem Schall erzeugenden Delfin aufhält, sind die Laute, die man durch das Unterwasserhorchgerät laut und deutlich hört, in der Luft kaum zu vernehmen.

Fett (und andere Körpergewebe) haben nun passenderweise ungefähr dieselbe Dichte wie Meerwasser, daher ist Fett ein ausgezeichneter Schallleiter im Wasser. Dies bedeutet, dass Schallwellen vom Wasser in Fettgewebe übergehen, ohne dabei viel Energie zu verlieren. Delfine haben sich diese Schall leitenden Eigenschaften von Fett eigens zu Nutze gemacht. Die knollig verdickte Stirn eines Delfins, eine Melone genannte Fettwulst, ist nicht bloß schmückendes Beiwerk. Obwohl wir immer noch nicht genau sagen können, wie Delfine ihre Laute produzieren, wissen wir doch, dass sie in ihrer Stirnpartie erzeugt werden. Indem sie durch einen Komplex aus Säcken und Klappen direkt unterhalb ihres Blaslochs Luft pressen, rufen sie diese Schwingungen hervor. Die Melone fungiert hierbei als eine Art Linse, welche die Schwingungen unmittelbar vor der Stirn des Delfins ins umgebende Wasser leitet.

Das Fett dient auch dazu, Schallenergie ins Ohr zu leiten. Mit Sicherheit wären große, lappige Außenohren, wie sie viele Landlebewesen besitzen, für einen Delfin von Nachteil. Sie würden sich mit Wasser füllen und einen starken hydrodynamischen Widerstand erzeugen. Stattdessen besitzen Delfine Fettpolster, die in ihrem Unterkiefer sitzen und Schallschwingungen durch den sich verjüngenden Kieferknochen zu den Innenohrknochen des Delfins leiten. Keine Luft, die im Weg stünde, keine schlaffen Anhängsel, lediglich reichliche Mengen an sorgfältig eingelagertem Fett.

Mithilfe dieses bizarren Röhrensystems können Delfine ein unglaubliches Spektrum an Lauten erzeugen und hören. Bei

Untersuchungen hat sich herausgestellt, dass sie Frequenzen von weit über hundert Kilohertz hören. Einige wenige glückliche Menschen können bestenfalls Laute bis zu zwanzig Kilohertz hören. Delfine können, indem sie eine Reihe von »Klicktönen« erzeugen und auf die rücklaufenden Echowellen lauschen, praktisch »mithilfe des Schalls sehen«. Sie können Beute ausfindig machen und verfolgen, Objekte aus verschiedenen Materialien unterscheiden, selbst wenn diese genau gleich *aussehen,* und subtile Unterschiede in Textur, Größe und Ausrichtung wahrnehmen. Einige Befunde deuten sogar darauf hin, dass sie »sonografisch« in ihre Artgenossen hineinsehen können: Da sie Unterschiede im Verhalten von Knochen, Gewebe und Luftsäcken registrieren, verschaffen sie sich Aufschluss über die mentale und körperliche Verfassung ihrer Gefährten.

Angesichts ihrer recht speziellen und hoch entwickelten Methoden der Schallerzeugung und -wahrnehmung ist es durchaus möglich, dass sie so starke Schallimpulse ausstoßen können, die einen Fisch betäuben. Das Beschallen mit sehr lauten Tönen verursacht bekanntermaßen bei Tieren wie bei Menschen schwere Schäden. Der »Pistolenkrebs« besitzt eine maßgeschneiderte Schere, mit der er seine Beute erlegt. Der Krebs kann in seiner Schere ein winziges Vakuum erzeugen. Wenn er ein Druckventil loslässt, schnappt dieses schlagartig ein und erzeugt einen kleinen lauten Knall. Schwimmt ein kleiner Fisch vorbei, streckt der Krebs seine Schere in Richtung der Beute aus und »drückt ab«. Der Fisch erleidet einen Schock, atmet schwer und kann nicht mehr fliehen. Könnten Delfine ihre Beute auf ähnliche Weise erlegen?

Die Hypothese von der Beutebetäubung erlaubte es, einige seltsame Beobachtungen schlüssig zu erklären. So schafften es einige Pottwale trotz gebrochener und nicht mehr funktionstüchtiger Kiefer zu überleben, sodass sie offenkundig reichlich Beute machen mussten. Wie konnten sie in diesem Zustand ihre Beute fangen? Einzelne Delfine hatten in Gefangenschaft gelernt, sehr laute Klicktöne auszustoßen, und zwar innerhalb der für einige Fische tödlichen Intensitätsspanne. Die Frage ist nur, ob sie dies auch unter normalen Umständen tun. Trotz all der Indizien, die darauf hindeuten, dass Delfine über eine eingebaute Betäubungswaffe verfügen, hatte bis dahin niemand die Betäubung von Beute tatsächlich beobachtet.

Könnte dies die Erklärung sein? Schockten die Delfine der Shark Bay Fische mit so starken Schallimpulsen, dass sie manchmal geradewegs aus dem Wasser geschleudert wurden? Das erschien unwahrscheinlich, aber vielleicht sprangen die Fische ja in einem letzten, verzweifelten Versuch, dem Schallschock zu entgehen, von selbst aus dem Wasser. Wir wollten uns die Sache genauer ansehen und fuhren mitten in die Beute fangenden Delfine hinein.

Der dunkle Schatten des Fischschwarms zeichnete sich unmittelbar unter uns ab. Gelegentlich näherte sich ein Teil davon der Oberfläche, wenn dutzende von Fischen nach oben rasten. Wenn sie die Wasseroberfläche erreichten, stoben sie in alle Richtungen vor dem sie verfolgenden Delfin auseinander. Das Sonar der Delfine arbeitete auf Hochtouren, sodass es unangenehm war zuzuhören. Es erinnerte an einen Schwarm hoch aggressiver, sehr lauter Bienen. Ein alles durchdringendes BZZZZZZZZZ, dass meinen Schädel vibrieren ließ und das Nachdenken erschwerte.

Einige Delfine hielten sich am Rand des Fischschwarms auf. Sie ruhten sich offensichtlich aus. Vielleicht halfen sie, zu verhindern, dass sich der Fischschwarm teilte. Wir hörten mehrere Knalllaute, sahen aber nichts. Dann sauste ein Delfin zur Wasseroberfläche, und unmittelbar vor ihm flohen Fische. Plötzlich brach er seitlich aus, als ob er augenblicklich die Richtung ändern wollte. KNALL. Ein Platschen, doch kein Fisch flog durch die Luft. Noch ehe wir uns auf das, was wir sahen, einen Reim machen konnten, waren der Delfin und die Fische wieder verschwunden.

Wir beobachteten den ganzen Tag, wie die Delfine in dem klaren, gerade mal zweieinhalb bis drei Meter tiefen Wasser Fische jagten. Manchmal befanden sie sich alle in einem Gebiet und hielten den Schwarm dadurch zusammen, dass sie ihn umkreisten und dabei intensiv Schallimpulse aussandten. Einige wenige Male setzten sich kleinere Gruppen von rund einem Dutzend Fische vom Schwarm ab, denen stets ein Delfin hinterherjagte. Ein- oder zweimal verteilte sich die ganze Aktivität auf mehrere Zentren, so als ob der Schwarm in mehrere Verbände zerfallen wäre. Eine Kerngruppe Delfine blieb den größten Teil des Tages dabei, während andere kamen und gingen oder mit Artgenossen am Rand verweilten.

Da die Delfine Heringe jagten, nannten wir diese Art des Nahrungserwerbs »Heringsknallen« und versuchten, es so oft wie möglich zu beobachten und aufzuzeichnen. Besonders in seichtem Wasser flogen manchmal Fische zeitgleich mit den Knalltönen aus dem Wasser. In tieferem Wasser hörten wir diese Knalle zwar, sahen aber nur hin und wieder einen Delfin, der unmittelbar danach mit einem Fisch in der Schnauze auftauchte. Von Zeit zu Zeit beobachteten wir auch, wie sich ein Delfin im Augenblick des Knalls plötzlich um die eigene Achse drehte. Hatte das Drehen etwas mit der Erzeugung des Knalls zu tun? Oder drehten sie sich einfach nur, um den betäubten Fisch zu schnappen? Der Vorgang verlief immer sehr schnell, und wenn er sich so nahe an der Wasseroberfläche abspielte, dass wir etwas sehen konnten, behinderte für gewöhnlich das aufspritzende Wasser unsere Sicht. Wir konnten einfach keine Einzelheiten erkennen.

Erwartungsvoll berichteten wir Ken Norris über unsere Beobachtungen des »Heringsknallens«. Die Aussicht darauf, die Hypothese der Beutebetäubung bestätigt zu finden, freute ihn sehr, doch Randy Wells war skeptisch. Randy beobachtete seit vielen Jahren Delfine vor der Küste Floridas, und er beschrieb uns ein Verhalten, das er »Flukenschleudern« nannte. Hierbei jagten die Florida-Delfine Meeräschen, drehten sich im letzten Augenblick blitzschnell herum und schleuderten den Fisch mit ihrer Fluke in die Luft. Er meinte, dass unsere Delfine wahrscheinlich das Gleiche taten.

Wir waren uns einfach nicht sicher. Vielleicht hatte Randy Recht. Vielleicht praktizierten auch unsere Delfine das »Flukenschleudern«. Wir hatten gesehen, wie sie sich im Moment des Knalls plötzlich umdrehten, aber Randys Beschreibung passte nicht so recht zu dem, was wir beobachtet hatten. Ken hielt es für unwahrscheinlich, dass die Knalltöne durch den Flukenschlag der Delfine entstanden. Er nahm an, dass die durchs Wasser pflügenden Fluken eine Wasserwand mit sich schoben, die den unmittelbaren Kontakt zwischen Fisch und Fluke verhinderte. Vielleicht, so meinte Ken, generierten die Delfine die Knalllaute mit ihrem Stimmapparat. Und die Schallwellen würden die Fische wohl auch nicht richtig betäuben, sondern ihnen lediglich so weit die Orientierung rauben, dass die Delfine sie leichter schnappen könnten.

Eine weitere mögliche Erklärung für die Knalltöne war die Kavitation (Hohlsog); sie tritt auf, wenn eine Kraft angreift, die so stark ist, dass sie Wassermoleküle regelrecht spaltet und dadurch einen Vakuumbereich erzeugt, der mit einem hörbaren Knall kollabiert. Die Kavitation bereitet vor allem den Schiffsbauingenieuren, die Schiffsschrauben entwerfen, Kopfzerbrechen, da sie Schrauben wollen, die keinen Hohlsog erzeugen. Biologen, die marine Säugetiere erforschen, war jedoch aufgefallen, dass Wale und Delfine, wenn sie durch kräftiges Auf- und Abschlagen ihrer Fluken rasch beschleunigen, mitunter tatsächlich einen Kavitationsknall erzeugen. Vielleicht schlugen Delfine mit ihren Fluken nach den Fischen, um den Schwarm zu teilen, und dabei entstand ein Kavitationsknall.

Schließlich erwarben wir mit Kens Hilfe eine Videokamera samt Unterwassergehäuse. Wir mussten das »Heringsknallen« filmen, um die Kette der Ereignisse in Zeitlupe rekonstruieren zu können. Während unseres nächsten Aufenthaltes in der Shark Bay sollten wir unser Bestes tun, um das »Heringsknallen« auf Zelluloid zu bannen.

Trotzdem wuchs in uns die Überzeugung, dass Randy Recht hatte. Soweit wir es sehen konnten, wirbelten die Delfine genau in dem Moment, in dem sich der Knall ereignete, herum. Dieser Umstand und die Beobachtungen von Fischen, die aus dem Wasser geschleudert wurden, bestätigten eher Randys Hypothese als die von Ken. Wir mussten davon ausgehen, dass die Delfine mit ihren Fluken nach den Fischen schlugen.

Dies war also nicht der lang ersehnte Beweis von Kens Hypothese der Beutebetäubung. Dennoch war es faszinierend zu beobachten. Die Delfine gaben sich alle Mühe, den Schwarm beisammenzuhalten, und zielten dann sorgfältig, um einen guten Schlag zu landen. Es ist nicht leicht, einem schnell schwimmenden Fisch einen Schlag zu versetzen. Nachdem wir wussten, wonach wir Ausschau halten mussten, sahen wir im Flachwasser von Monkey Mia oftmals junge Delfine, die sich darin übten, mit ihren Fluken nach kleinen Fischen zu schlagen, sie jedoch meist verfehlten.

Das »Heringsknallen« war auch eine interessante soziale Verhaltensweise. Als wir einmal den drei Männchen Chop, Bottomhook und Lamda folgten, scherten sie plötzlich aus und sausten nach Süden; sie schnellten und sprangen aus dem Wasser, um eilends an ihr Ziel zu gelangen. Wir warfen den Motor an und folgten ihnen. Als wir sie erreichten, fanden wir sie am Rande einer Gruppe Weibchen von Monkey Mia – Nicky, Puck, Holeyfin und Holly, Crookedfin, Joysfriend und Joy –, die damit beschäftigt war, flukenschlagend Beute zu machen, deprimiert ruhen.

Warum nahmen Chop, Bottomhook und Lamba nicht an der Aktivität teil? Sie mussten hungrig sein, sonst wären sie nicht in diesem Mordstempo hierher geschwommen. Es schien so, als hätten sie bei ihrer Ankunft bemerkt, dass sie nicht »eingeladen« waren. Als wir unsere Aufmerksamkeit auf die Weibchen richteten, sah ich, wie Crookedfin nach einem Fisch schlug. Mit einem lauten Knall wurde der Fisch aus dem Wasser katapultiert und landete in der Nähe eines anderen Delfins. Dieser packte ihn und schlang ihn hinunter. Crookedfin schien das nicht weiter zu bekümmern. Arbeiteten sie nicht nur zusammen, um den Fischschwarm zusammenzuhalten, sondern teilten sie sich auch die Beute? Wenn ja, so erklärte dies, weshalb sich die Männchen nicht anschließen durften.

Später las ich einen Bericht über eine als *pinwheel foraging* bezeichnete Jagdstrategie bei Schwertwalen vor der Küste Norwegens. Es hörte sich genauso an wie das »Heringsknallen«, und die Forscher beobachteten, dass der Wal, der den Fisch traf, ihn nicht immer auch fraß.

Die Frage, ob Delfine ihre Beute nun mit Schallwellen betäubten oder nicht, ließ sich auch weiterhin nicht zweifelsfrei beantworten. Es mehrten sich jedoch die Indizien, die von Studien über in Gefangenschaft gehaltene Delfine stammten, dass sie ihre Beute zumindest mit einer Folge von starken Klicklauten bombardierten, die dem Fisch die Orientierung raubten, sodass er leicht zu fangen war. Sozusagen eine Art akustischer »Blendgranate«.

Wann immer ein Delfin in den seichten Gewässern von Monkey Mia jagte, drang ein aufgeregtes Gesurre vom Ufer herauf und zog uns zur Küste hinunter. Einmal trotteten wir gerade zum Strand hinunter, als Puck in Windeseile nur wenige Meter vom Ufer entfernt vorbeischoss und die gesamte Länge des Campingplatzes in Sekundenschnelle zurücklegte. Ein paar puffende Atemzüge verrieten ihre Anstrengung. Dann drehte sie nach Osten ab, schwamm direkt unter der Pier durch und sauste weiter in östlicher Richtung, wobei ihre Rückenfinne durch das Wasser schnitt und sich im Rhythmus der starken Flukenschläge auf und ab bewegte.

Andrew und ich liefen den Strand entlang. In der Hoffnung, zu sehen, was Puck jagte und mit welchem Erfolg, trugen wir Aufnahmeausrüstung und Videokameras bei uns. Sie änderte abrupt ihre Richtung und hielt frontal gegenüber dem Küstenstreifen in sehr seichtem Wasser plötzlich an. Dann bemerkten wir zwischen Puck und dem Ufer die schimmernde Gestalt eines großen Gelbschnappers, der sich in nur wenige Zentimeter tiefem Wasser aufhielt.

Der Fisch hatte sich durch die Flucht in das für Puck zu seichte Wasser in Sicherheit zu bringen versucht. Puck gab jedoch nicht auf. Sie wartete geduldig, behielt ihre Beute aufmerksam im Auge und nahm sie mit lauten Sonarklicks unter Dauerbeschuss. Der Aufzeichnungspegel meines Kassettenrekorders schlug ständig in den roten Bereich aus, und ich regelte ihn mehrmals herunter. Der Fisch schien erregt und schwamm langsam umher. Dann schnellte er plötzlich los, drehte sich hierhin und dahin und geriet dabei beinahe auf den sandigen Strand. Schließlich machte sich der verstörte Fisch panikartig davon. Puck setzte ihm nach und schwamm neben ihm, und als sie dann in tieferes Wasser kamen, hinter ihm her. Als sie an meinem Hydrophon vorbeikam, waren Pucks Echoortungssignale derart laut, dass ich mir kurz den Kopfhörer herunterriss. Das Wasser war von einem ohrenbetäubenden grellen metallischen Klang erfüllt, der von einem schrillen Gewinsel überlagert wurde. Ich kann nur erahnen, wie dieser infernalische Krach auf den Fisch gewirkt haben muss. Sein Seitenlinienorgan muss gebebt haben, und seine Schwimmblase muss zum Platzen gespannt gewesen sein. Kein Wunder, dass er in Panik geriet.

Erneut versuchte der Fisch, in seichtes Wasser zu entwischen. Er wirkte erschöpft, orientierungslos und stieß frontal gegen meinen Fußknöchel. Er legte eine Pause ein, bewegte sich auf mich zu und rammte meinen Knöchel erneut. Wahrscheinlich könnte ich ihn mit bloßen Händen aufnehmen. Ich hängte mir den Kassettenrekorder über die Schulter, beugte mich nach vorn, schloss meine Hände sanft um die verwirrte und erschöpfte Kreatur und hob sie aus dem Wasser. Die Gelbschwanzbrasse zitterte und war schlüpfrig, sie krümmte Kopf und Schwanz nach oben, als sie in das helle Sonnenlicht starrte. Sie kam mir groß und schwer vor. Ein ziemlich üppiges Mahl für einen Delfin.

Dann stieß mir etwas unverhofft in die Kniebeuge. Es war Puck mit offenem Maul: Sie forderte ihre Beute. Ich legte den Fisch quer in ihre Schnauze, und sie klemmte ihn fest und schwamm weg. Draußen im tieferen Wasser tauchte sie mehrmals und schlug den Fisch kräftig gegen den Meeresboden, um den Kopf aufzubrechen. Als sich ihr Holeyfin näherte, rollte sich Puck auf die Seite, wobei der Fisch aus ihrer Schnauze herausragte, so als wollte sie damit angeben. Für einen Augenblick lag sie still an der Oberfläche. Dann tauchte sie erneut ab. Als wir sie das nächste Mal sahen, schwammen sie und Holeyfin zurück in Richtung Pier. Der Fisch war verschwunden.

Als wir zur Pier zurückkamen, hatten sich Holeyfin, Nicky,

Puck, Snubnose und Bibi dort versammelt und schauten Richtung Pier. Ihre Köpfe bewegten sich vor und zurück, wie es typisch für einen Delfin ist, der seine Echoortung einsetzt. Zur Bestätigung ließ ich mein Hydrophon ins Wasser und lauschte. Das intensive Surren und Klicken machte einen Höllenlärm. Die Delfine beschallten einen Schwarm Brassen, die an den Pfeilern der Pier Zuflucht gesucht hatten, massiv mit lauten Klicks.

Die Fische wogten nervös umher und schienen sich nicht mehr als dreißig Zentimeter von den Pfeilern wegzuwagen. Die Delfine warteten geduldig und bombardierten die Fische mit Klicks. Sie warteten nur darauf, dass sie in Panik gerieten und ausrissen. Einmal von den Pfeilern und vom Rest des Schwarms abgeschnitten, würde eine einzelne Brasse ein leichtes Ziel abgeben.

Schließlich brach ein Fisch aus, und Holeyfin jagte ihm nach. Sie musste einen Umweg um die Vertäuung eines Bootes machen, unter dem der Fisch hindurchschlüpfte. Als jedoch ein kleiner Junge am Strand zu hüpfen begann und aufgeregt auf das flache Wasser unmittelbar vor Holeyfin deutete, wusste ich, dass sie dem Fisch immer noch auf den Fersen war. Sie bekam ihren Fisch, so wie alle Delfine an diesem Nachmittag. Nicky erhielt ihren Fisch von einem der Ranger, der, wie ich, den Fisch mit bloßen Händen packte. Die Fische waren durch das beständige Bombardement mit den Klickgeräuschen entweder desorientiert oder einfach nur erschöpft, nachdem sie den Strand hoch und runter gejagt worden waren. Ich frage mich, ob diese Verhaltensweise die Berichte über Delfine erklärt, die Menschen Fische »schenkten«. Wir hätten die Brassen behalten können und so ein schönes Abendessen gehabt.

Ich erinnerte mich an meine erste Begegnung als Schwimmerin mit Delfinen. Es war vor der Küste Hawaiis. Ich war mit ein paar Freunden hinausgesegelt, und wir hielten an, um uns mit einem Sprung ins kühle Nass zu erfrischen. Während ich schwamm, näherten sich mir zwei Große Tümmler. Bevor ich sie sehen konnte, spürte ich ein seltsames Kribbeln und hörte ihre surrenden Sonarlaute. Die Schallwellen schienen in meinen Körper einzudringen und alle meine Organe in Schwingung zu versetzen. Tatsächlich passierte genau das. Die klickenden Sonarlaute der Delfine sollen sich im Wasser ausbreiten, und unser Körper besteht ganz überwiegend aus Wasser. Ich hatte zwar keine Angst, aber es war ein seltsames Gefühl.

Ich kann lediglich erahnen, wie es wohl einer Gelbschwanzbrasse zumute ist, die von einem vergleichsweise riesigen Delfin gejagt wird, der ihr mit einem ohrenbetäubenden, kettensägenartigen Surren einen Heidenschrecken einjagt. Es dürfte wohl mehr als seltsam sein. Nach einer Weile könnte es einen verrückt machen und einem die Orientierung rauben.

Wenn Delfine ihre Beute mit Schall erlegen können, was können sie dann noch mit ihren Schallgeneratoren tun? Wir haben immer wieder Delfine dabei beobachtet, wie sie Artgenossen an ihrem Genitalbereich, unter ihren »Achselhöhlen« (Flippergruben) oder an ihren Bäuchen beschallten. Forscher, die Delfine in anderen Regionen beziehungsweise in Gefangenschaft beobachteten, berichteten ebenfalls von diesen Verhaltensweisen. In der Tat haben Delfine an verschiedenen Stellen ihres Körpers Rezeptoren, die offenbar besonders empfindlich auf die taktilen Schallwirkungen reagieren. Kitzeln sie sich gegenseitig oder »schauen sie sich einfach nur um«? Vielleicht beides.

Nachdem ich einige der phänomenalen, innovativen Weisen, in denen Delfine ihre physischen Fähigkeiten einsetzen, mit eigenen Augen gesehen habe, würde es mich nicht wundern, wenn irgendwann jemand die Hypothese von der Beutebetäubung bestätigen und andere, ebenso faszinierende Fähigkeiten entdecken würde. Auch dies gemahnt uns daran, dass wir zwar unter demselben Himmel, aber in sehr unterschiedlichen Welten leben und grundverschiedene sensorische Erfahrungen machen.

Drei zahme Männchen, Snubnose, Bibi und Sicklefin, betteln um Futterfische in den Flachwassern von Monkey Mia. (Foto: Rachel Smolker)

In Monkey Mia hatten Delfine und Menschen mindestens seit 1950 Kontakt miteinander. (Foto: Barbara Smuts)

Die Autorin und Andrew Richards auf dem alten Zeltplatz.
(Foto: Barbara Smuts)

Eine typische Szene in den Flachwassern von Monkey Mia.
(Foto: Rachel Smolker)

Andrew sitzt am Bug seines Schiffes und beobachtet einen Delfin, der auf der Bugwelle des Schiffes reitet. (Foto mit Genehmigung von Andrew Richards)

Nicki füttert einen Delfin mit einem Fisch. (Foto: Rachel Smolker)

Die Autorin bei der Aufnahme von Delfinlauten in den Flachwassern von Monkey Mia. (Foto: Andrew Richards)

Hollyfin und Holly, Mutter und Tochter, rangeln um ein Stück Seegras.
(Foto: Rachel Smolker)

Mit Seegras spielende Delfine. (Foto: Rachel Smolker)

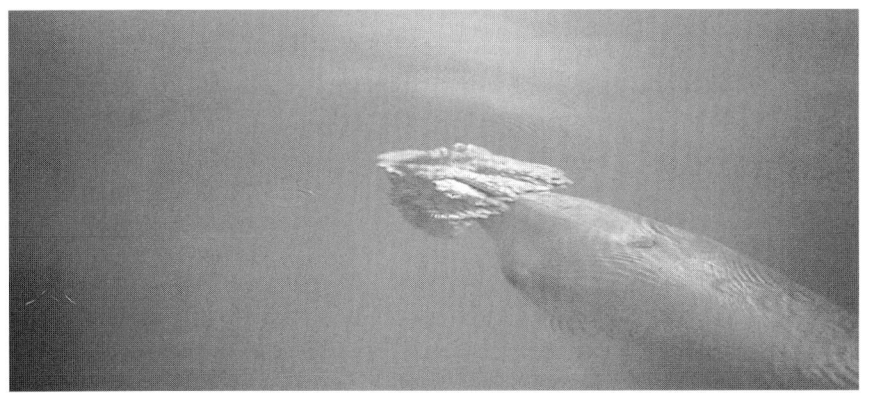

Halfluke, einen großen Schwamm tragend. (Foto: Rachel Smolker)

Nicky und Puck »kitzeln« Holly, während sie auf der Bugwelle unseres Bootes reiten. (Foto: Rachel Smolker)

Zwei Bündnisse von Männchen (Chop, Bottomhook und Lambda sowie Trips, Bite und Cetus) schwimmen zusammen in einer »Super-Allianz«. Die Beziehungen zwischen den Delfinen zeigen sich an den unterschiedlichen Abständen zueinander und am synchronen Auftauchen. (Foto: Andrew Richards)

Zwei Männchen, Trips und Cetus, verfolgen das Weibchen Yogi.
(Foto: Rachel Smolker)

Zwei Männchen pressen gleichzeitig ihre Genitalien gegen ein Weibchen, das sie umwerben. (Foto: Andrew Richards)

Zwei Männchen beim synchronen Auftauchen. (Foto: Andrew Richards)

Zwei Männchen, Realnotch und Hi, auf gleicher Höhe hinter dem Weibchen Puck. (Foto: Rachel Smolker)

Sich Berühren und aneinander Reiben ist ein wichtiger Teil des Sozialverhaltens der Delfine. Ein junges Weibchen, Joysfriend, reibt sich an Luckys Brustflosse. (Foto: Rachel Smolker)

Die Delfingesellschaft

Obwohl mich die Entdeckung des »Heringsknallens« und des »Schwammtragens« in der Überzeugung bestärkte, dass Delfine intelligent, kreativ, anpassungsfähig und erfindungsreich sind, war ich doch noch immer neugierig zu erfahren, was in ihrem Innern vor sich geht. Wir beobachteten die Delfine bereits seit drei Jahren, als die Umrisse ihrer komplexen Gesellschaft deutlich zu Tage zu treten begannen.

Nach unserer Feldstudie im Jahre 1985 war Andrew mit mir nach Santa Cruz zurückgekehrt. Als wir in Kalifornien eintrafen, hatten wir keinen Pfennig mehr, obwohl an meinem VW-Bus dringend größere Reparaturen notwendig gewesen wären, und in Kens Labor in Santa Cruz herrschten chaotische Zustände. Ken hatte viele junge Meeresbiologen wie uns, die sich auf marine Säugetiere spezialisiert hatten, gefördert, und alle verließen sie sich mittlerweile auf die Ressourcen seines Labors. Einige lebten wie wir praktisch im Labor, und es gab Zeiten, in denen die Büros mehr einer Kombination aus Wohnzimmer, Waschküche und Küche ähnelten als einem Forschungslabor. Einige Studenten waren dazu übergegangen, auf dem Flur zu kampieren; ihre Schlafsäcke lagen tagsüber zusammengerollt unter einem Labortisch. Es wurde immer schwerer, Zugang zu den Geräten zu bekommen, die wir während unserer kurzen und konzentrierten Phasen der Datenanalyse in den Vereinigten Staaten benötigten. Zudem ging die Universitätsleitung scharf gegen die Camper vor.

Wir hatten eine Menge zu tun: Wir mussten Berichte über unsere Beobachtungen schreiben, die Aufzeichnungen ordnen und in Datenbanken eingeben, um jederzeit Zugriff darauf zu haben, und Fördergelder beantragen, die wir für die Fortsetzung unserer Arbeit benötigten. Wir hatten es geschafft, mit den Mitteln der National Geografic Society und eigenen Ersparnissen zwei Jahre über die Runden zu kommen. Doch jetzt waren wir pleite, und unsere Chancen auf weitere finanzielle Unterstützung waren nicht rosig. Wir beantragten weitere Fördergelder bei der National Geografic Society, wo es uns am aussichtsreichsten erschien. Doch Richard tat das Gleiche. Nach einer mehrjährigen Unterbrechung, in der er die Scheine für seine Promotion gemacht hatte, wollte er nun nach Monkey Mia zurückkehren. Mit Unterstützung der rührigen Mitglieder des Promotionsausschusses der Universität von Michigan erhielt er das Stipendium, und wir hatten das Nachsehen. Nur wenige Tage vor unserer geplanten Abreise im Spätfrühling des Jahres 1986 erfuhren wir, dass wir keine Fördermittel erhielten. Wir waren niedergeschlagen und besorgt, denn wir waren praktisch reisefertig. Wir schienen so dicht vor vielen neuen Entdeckungen und Erkenntnissen zu stehen und konnten es uns dennoch schlicht nicht leisten, nach Australien zurückzukehren. Rückblickend weiß ich ehrlich nicht mehr, wie wir es deichselten, aber irgendwie schafften wir es an Bord des Flugzeugs. Andrew und ich hatten unsere Eltern überredet, uns Geld zu leihen, gerade genug für die Tickets, und wir flogen mit praktisch leeren Taschen nach Australien, in dem Wissen, dass dort zumindest unser Boot und unsere Zelte auf uns warteten. Wir könnten uns ja von Fischen ernähren und mit Gelegenheitsjobs über Wasser halten. Hauptsache, wir könnten unsere Beobachtungen an den Delfinen fortsetzen.

Manche Einsichten dämmern einem nur langsam. Irgendwann merkt man mit Verwunderung, was man weiß. Andere Einsichten platzen mit der Kraft eines plötzlich in der Stille winterlicher Felder auffliegenden Rebhuhns in unser Bewusstsein hinein. Ich erinnere mich gut an einen solchen Moment. Nach einem langen und aufregenden Tag, an dem wir Delfine beobachtet hatten, fuhren wir eines Abends zurück zum Campingplatz. Es war einer jener Tage, an denen die Bucht von Delfinen zu wimmeln schien, und wir waren von Gruppe zu Gruppe gefahren, um die einzelnen Individuen und ihre Aktivitäten zu registrieren.

Mittlerweile war es uns gelungen, eine nahezu vollständige Liste aller Delfine in der Red Cliff Bay zu erstellen. Wir stießen nur selten auf Delfine, die wir nicht identifizieren konnten, und es war uns zudem gelungen, das Geschlecht der meisten Delfine, denen wir regelmäßig begegneten, zu bestimmen.

Die Delfingruppen, auf die wir trafen, schienen sich ständig zu verändern: Neue Mitglieder stießen dazu, alte verließen sie, Gruppen schlossen sich zusammen und teilten sich wieder. Dieses Kommen und Gehen wirkte zufällig und ungeordnet, aber je mehr wir beobachteten, je mehr Erinnerungen an frühere Begegnungen, Geschlechtszugehörigkeiten, Identitäten und Gewohnheiten unserer Forschungsobjekte jede einzelne Begegnung bereicherten, desto deutlicher zeichneten sich Muster ab. Einerseits schienen sich die Gruppen stetig zu wandeln, andererseits gab es auch Delfine, die beständig zusammenblieben.

An dem besagten Abend stießen wir auf unserem Rückweg auf eine Delfingruppe nach der anderen. Obwohl wir erschöpft und hungrig waren und es schon dunkel wurde, konnten wir sie nicht an uns vorbeiziehen lassen, ohne wenigstens nachzusehen, aus welchen Individuen jede Gruppe bestand. Wir stießen auf eine Gruppe: Yan, Surprise, Yogi, Square, Fatfin und Tweedledee, Crookedfin, Holeyfin und Nicky. Wir hatten endlich die Geschlechter sehr vieler Individuen bestimmt, und wir wussten, dass alle diese Delfine Weibchen waren. Nach einer kurzen Stippvisite verließen wir die Gruppe und trafen prompt auf eine weitere. Es waren Chop, Bottomhook, Lamba, Trips, Bite und Cetus. Alles Männchen.

Als ich im Geiste die meisten Gruppen, die wir im Laufe des Tages gesehen hatten, noch einmal Revue passieren ließ, bestätigte sich eine Erkenntnis, die plötzlich evident zu sein schien. Nicht nur hatten die Delfine bevorzugte Partner, diese Präferenzen waren auch geschlechtsgebunden. Männchen gesellten sich zu Männchen, Weibchen zu Weibchen. Zurück an der Küste, gingen wir die Gruppen, die wir an diesem und an den vergangenen Tagen gesehen hatten, noch einmal einzeln durch. Nahezu alle setzten sich entweder aus Männchen oder aus Weibchen zusammen. Meine Notizbucheinträge von diesem Tag strotzen vor Ausrufezeichen und Füllwörtern, die mit roter Tinte unterstrichen und mit Sternchen versehen sind.

Die Bucht war nicht bloß eine »Suppe« von Delfinen, die sich zufällig mischten und ohne Sinn und Zweck zusammenschlossen. Vielmehr hatten die Delfine ganz bestimmte, gleichgeschlechtliche Präferenzen. Dies war nicht bloß ein vager Eindruck oder etwas, von dem wir hofften, dass es sich bei der statistischen Analyse bestätigen würde. Es war ein eindeutiges, ins Auge springendes Verhaltensmuster. Wir hatten nur eine »kritische Masse« an Geschlechtsbestimmungen erreichen müssen, bevor es uns wie Schuppen von den Augen fiel, und heute war es geschehen.

Wir hatten endlich ein echtes Verhaltensmuster, das einer Erklärung bedurfte. Worauf basieren die Beziehungen zwischen Delfinen? Warum schließen sich bestimmte Individuen zusammen, und warum gehören sie praktisch immer demselben Geschlecht an? Dieses Muster schien sogar in stärkerem Maß für Männchen als für Weibchen zu gelten. Die Männchen bildeten kleine »Gangs« von zwei, drei oder vier Einzeltieren, die praktisch stets zusammen waren. Sie schlossen sich zwar gelegentlich anderen Delfinen an, taten das aber stets gemeinsam. Die Red Cliff Bay war Tummelplatz mehrerer männlicher Gangs: Einige von ihnen lernten wir gut kennen, darunter die Dreiergruppe aus Chop, Bottomhook und Lambda, die Dreiergruppe aus Trips, Bite und Cetus, und eine Vierergruppe (oder zwei Paare?) aus Realnotch, Hi, Patches und Hack. Diese Gangs setzten sich aus ausgewachsenen, stark gefleckten (reifen) Männchen zusammen. Es gab aber auch Gangs aus überwiegend jüngeren, kaum gefleckten Männchen, etwa das Trio Lucky, Pointer und Lodent und das Paar Wave und Shave. Der innere Zusammenhalt in diesen kleinen Gangs war so stark, dass wir, wenn wir ein Mitglied einer solchen Gruppe sichteten, damit rechnen konnten, dass die anderen ganz in der Nähe waren.

Weibchen bildeten keine solchen festen Verbände. Einige wenige, wie Square und ihre Töchter sowie Tweedledee und Fatfin, waren fast ständig zusammen. Aber im Allgemeinen handelte es sich um lockere Zusammenschlüsse von Weibchen, die in der Regel mehr Zeit miteinander als mit anderen Weibchen verbrachten. Die Weibchen schlossen sich anderen Weibchen an, schienen aber keine so enge Bindung an bestimmte Individuen zu haben.

Warum gingen einige männliche Delfine solche engen Bindungen ein und blieben praktisch immer beisammen? Diese Frage spielte eine wichtige Rolle für uns, handelte es sich dabei doch um ein für ein Säugetier äußerst ungewöhnliches Verhaltensmuster. Bei nahezu allen Säugerarten gehen sich die Männchen aus dem Weg beziehungsweise tolerieren sich gerade noch, bestenfalls interagieren sie einmal freundschaftlich miteinander. Aus theoretischer Sicht stellt sich die Frage, warum sie sich anders verhalten sollten. Ein einziges Männchen kann potenziell viele Weibchen befruchten. Solange die Weibchen den Nachwuchs, den das Männchen zeugt, erfolgreich aufziehen können, besteht, evolutionsbiologisch betrachtet, seine beste Strategie (die ihm die meisten Nachkommen einbringt) darin, sich mit so vielen Weibchen wie möglich zu paaren und diese nicht mit anderen Männchen zu »teilen«.

Ein Beispiel zur Veranschaulichung. Während ich diese Zeilen im ländlichen Vermont zu Papier bringe, putzt sich gerade ein fettes kleines Nordamerikanisches Rothörnchen vor dem Futterkasten für Vögel, den es soeben wieder einmal leer gefressen hat. Es lebt allein und verteidigt seine Nahrungsquelle – für Vögel gestreute Samen – und seinen Bau gegen andere Rothörnchen und gelegentlich sogar gegen die weitaus größeren Grauhörnchen. In diesem Frühling wird für eine kurze Zeit der Geselligkeitstrieb in ihm erwachen, aber er wird sich nur auf weibliche Rothörnchen beziehen. Mit jedem anderen Männchen, das sich seinem Territorium nähert, wird es kämpfen. Es ist ein typisches männliches Säugetier: einzelgängerisch, territorial, intolerant gegen Artgenossen, ausgenommen Weibchen, die jedoch auch nur während der Brutzeit geduldet werden.

Es gibt einige Säugetiere, die anders als das Rothörnchen gesellig sind und in Gruppen leben. Für diese ist jedoch die Frage, wie Männchen miteinander auskommen, rein hypothetisch, da ihre Gruppen aus einem Männchen und mehreren Weibchen bestehen. Nur sehr wenige Spezies leben in Gruppen, die sich aus mehreren Männchen und Weibchen zusammensetzen. Unsere nächsten Verwandten, die Schimpansen, sind ein solches Beispiel. Sie leben in Gemeinschaften, die oftmals viele Männchen enthalten. Männliche Schimpansen verbringen ausgesprochen viel Zeit damit, ihre Beziehungen zu anderen Männchen zu klären, wobei sie stets nach einer höheren Stellung in der Rangordnung streben. Solche Dominanzhierarchien werden konsequent durchgesetzt, männliche Schimpansen kämpfen – manchmal sogar recht brutal – miteinander. Gelegentlich kooperieren die Männchen allerdings auch und verbünden sich gegen andere Männchen. So hilft beispielsweise das Beta-Männchen dem Alpha-Männchen, »Umsturzversuche« anderer Männchen in der Gemeinschaft niederzuwerfen.

Manchmal arbeiten männliche Schimpansen auch im größeren Umfang zusammen. Mehrere Männchen einer Gemeinschaft tun sich mitunter zusammen, um auf »Grenzpatrouille« zu gehen. Sie gehen leise die Grenzen ihres Reviers ab. Dabei achten sie auf Geräusche und Anzeichen von Schimpansen benachbarter Gruppen. Wenn sie auf ein Männchen einer Nachbargruppe treffen, bringen sie es manchmal auf der Stelle um. Handelt es sich um ein weibliches Tier aus einer Nachbargruppe, töten sie gegebenenfalls dessen Junge (die von einem der Nachbarmännchen gezeugt wurden) und verletzen es möglicherweise dabei. Hin und wieder rekrutieren sie das Weibchen auch für die eigene Gemeinschaft. Kurzum, männliche Schimpansen kooperieren miteinander, um mit anderen Männchen zu konkurrieren, die entweder der eigenen oder einer anderen Gemeinschaft angehören.

Eine weitere Säugetierart, die in Gruppen mit mehreren ausgewachsenen Männchen lebt, ist der Afrikanische Löwe. Löwinnen – in der Regel sind es Geschwister, Töchter, Kusinen und Tanten – schließen sich zu Rudeln zusammen. Sie ziehen ihre Jungen gemeinsam auf und säugen sie sogar gemeinsam. Die Männchen schließen sich ebenfalls zu Gruppen von zwei bis sechs Einzeltieren zusammen, um die Herrschaft über ein Rudel an sich zu reißen. Zunächst kooperieren sie, um die Männchen, die sich zum betreffenden Zeitpunkt in einem Rudel befinden, zu vertreiben, indem sie sie in manchmal tödliche Kämpfe verwickeln. Gelingt ihnen die Usurpation, töten sie mitunter sämtliche Jungen des Rudels, die von den alten Männchen gezeugt wurden. Dann leben sie sich ein und warten darauf, dass die Weibchen in Brunst kommen – die Phase, in der sie fruchtbar sind und wieder trächtig werden können –, was nun, da die Weibchen nicht länger säugen müssen, schneller der Fall sein wird. Nun haben die neuen Männchen die Gelegenheit, sich zu paaren und eine neue Generation zu zeugen. Auch hier kooperieren die Männchen miteinander, um erfolgreicher mit anderen Männchen zu konkurrieren.

Warum tolerieren die Löwinnen dieses Verhalten, und weshalb paaren sie sich überhaupt mit den Männchen, die ihre Jungen getötet haben? Die Antwort lautet wahrscheinlich, dass sie einfach keine andere Wahl haben. Selbst wenn sie einen gewissen Einfluss auf die weitaus größeren Männchen ausüben können, ist er doch begrenzt. Es wurde auch die Auffassung vertreten, es liege im eigenen Interesse der Weibchen, sich mit den siegreichen Männchen zu paaren. Wenn das Sozialleben der Löwen nun mal so funktioniert, wird das Weibchen zumindest Junge aufziehen, die von erfolgreichen Männchen gezeugt wurden, und ihre Söhne erben dann womöglich diese Stärke.

Wer aber paart sich mit den Weibchen, wenn es mehrere Männchen gibt? Männliche Löwen, die miteinander kooperieren, um sich ein Rudel Weibchen untertan zu machen, sind im Allgemeinen Brüder, Vettern oder anderweitig miteinander verwandt. Dies bedeutet, dass ihre genetische Ausstattung große Übereinstimmungen aufweist – die Hälfte ihrer Gene, wenn es sich um Brüder handelt. Evolutionsbiologisch betrachtet, besteht ihr Ziel darin, diese Gene an die nächste Generation weiterzugeben. Ob diese nun von einem selbst oder von einem Bruder stammen, spielt dabei keine große Rolle.

Kurz, immer wenn sich Männchen zusammenschließen und enge soziale Bande knüpfen, zeigen sich die Vorteile der Kooperation im Konkurrenzkampf mit anderen Männchen. Schimpansen kooperieren sowohl gegen Männchen der eigenen Gemeinschaft als auch gegen solche anderer Gemeinschaften. Löwen hingegen kooperieren, um Löwinnenrudel anderer Männchen abspenstig zu machen oder sie gegen diese zu verteidigen.

Ausgehend von diesen Erkenntnissen über Schimpansen und Löwen und der grundlegenden Theorie über das Bindungsverhalten zwischen Männchen wussten wir, dass bei den Delfinmännchen der Shark Bay irgendetwas Interessantes vor sich gehen musste. Es sollte jedoch beträchtlicher Anstrengungen und vieler Stunden sorgfältiger Beobachtung bedürfen, ehe wir mit der Lösung des Rätsels beginnen konnten. Die ersten Anhaltspunkte erhielten wir im August 1986.

Andrew und ich waren draußen in der Bucht und beobachteten Delfingruppen. Wir stießen auf das männliche Dreigespann Trips, Bite und Cetus, denen sich das Weibchen Yogi angeschlossen hatte, und das Trio Realnotch, Hi und Patches. Booboo, Yogis fast entwöhnter Sohn, war nirgends zu sehen. Als wir uns näherten, waren sie stark erregt, und die ganze Meute versammelte sich pfeifend und zappelnd am Bug unseres Bootes. Ein Delfin befand sich bäuchlings unter dem anderen, und sie streichelten und rieben sich.

Nach einigen Minuten waren sie des Bugwellenreitens überdrüssig und widmeten sich wieder ihrer vorherigen Aktivität. Realnotch, Hi und Patches scherten als Erste aus und ließen sich etwa dreißig Meter hinter die anderen zurückfallen. Trips, Bite und Cetus schwammen direkt hinter Yogi parallel in einer Reihe und bewegten sich völlig synchron. Plötzlich sauste Cetus nach vorne zu Yogi, doch das aufspritzende Wasser nahm uns die Sicht, so konnten wir nicht erkennen, was vor sich ging. Trips und Bite schlossen auf und schwammen Seite an Seite hinter Yogi her.

Yogi war immer noch einige Meter voraus, als wir »Klopfgeräusche« hörten (ähnlich dem Geräusch, das entsteht, wenn man mit der Faust an einen hohlen Baumstamm klopft). »Klopf Klopf Klopf Klopf.« Das Geräusch kam von Cetus, dessen Kopf teilweise aus dem Wasser ragte. Yogi drehte sich um und wandte nun den Männchen das Gesicht zu. Dann glitt sie mit einem Schlag ihrer Fluke unter Cetus und rieb ihren Körper der Länge nach an seiner ausgestreckten Brustflosse. Am Ende ließ sie ihren Schwanz anmutig nach oben gleiten und schlug dann einen Bogen, um die Geste zu wiederholen. Nach drei Durchläufen verharrte sie ruhend neben ihm.

Wieder war eine Reihe von Klopfgeräuschen zu hören. An der Stelle war das Wasser nur etwa zweieinhalb Meter tief und es lag am Rande eines seichten Algenfeldes, sodass wir bis auf den Meeresboden sehen konnten. Yogi tauchte mit senkrecht nach unten gerichteter Schnauze und stöberte im krautigen Boden nach einem Fisch. Die drei Männchen schwammen ungestüm auf sie zu, und so musste sie ihre Jagd abbrechen. Kurz danach kam es ein weiteres Mal zu einem heftigen Geplansche und Gejage, bei dem wir fast nichts erkennen konnten. Als aber der Kopf eines Delfins durch die Wasseroberfläche brach, hörten wir einen grellen, kreischenden, knurrenden Ton. Was auch immer sie trieben, es hörte sich aggressiv an. Mit Sicherheit war es kein bloßes Spiel.

Nachdem sie immer wieder im Kreis geschwommen waren und »geschnäbelt« hatten, beruhigten sie sich schließlich wieder und schwammen weiter, mit Yogi an der Spitze und den drei Männchen hinter ihr, die sich vollkommen synchron in einer Reihe bewegten. Dann reckte Cetus seinen Kopf in einer lustigen, linkisch wirkenden Gebärde aus dem Wasser und schwamm in einem engen Kreis um Yogi herum, wobei er seinen Kopf in seltsam übertriebener Weise auf und ab bewegte. Er schien vor Yogi anzugeben und gebärdete sich großspurig wie ein Pfau, der seine prächtigen Schwanzfedern aufstellt.

Jedes Mal, wenn Yogi eine Bewegung machte oder die Männchen dies vermuteten, stürzten sie sich, platschend und aggressive Laute ausstoßend, auf sie. Dann, gerade als sich alles ein wenig beruhigt hatte, raste Yogi davon, wobei sie eine Spur von abgeflachten »Flukenabdrücken« auf der Wasseroberfläche hinterließ. Da das Meer hier so seicht war, ragte, während sie dahinraste, die Spitze ihrer Rückenfinne aus dem Wasser, wobei die Spitze bei jedem starken Schwung ihrer Fluke auf und ab tanzte. Als sie einen Vorsprung von zehn Metern hatte, setzten ihr alle drei Männchen nach.

Wir fuhren hinterher, wobei wir versuchten, so nahe dranzubleiben, dass wir sahen, was vor sich ging, ohne ihnen aber in die Quere zu kommen oder das Boot auf Grund zu setzen. Die Männchen schwärmten aus und nahmen Yogi in die Zange. Sie schwamm zickzack und versuchte ihnen so zu entwischen. Die Jagd ging etwa über hundertfünfzig Meter, bevor sie sie einholten. Ein großer Schwall Wasser schoss in die Luft, begleitet von einem dumpfen Aufprall, als die Körper zusammenstießen. Die Einzelheiten des Vorgangs verhüllten aggressiv wirkendes Platschen und Spritzen.

Bei dieser Beobachtung von Trips, Bite, Cetus und Yogi beeindruckte uns die Heftigkeit und Aggressivität der Männchen. Wir hatten jedoch keine Ahnung, was es damit auf sich hatte. Das Verhalten von Delfinen draußen in der Bucht eindeutig zu bewerten war immer schwierig. Es geschah so vieles unter Wasser, das unseren Blicken entzogen blieb, oder die Delfine schwammen so schnell, dass wir nicht dicht genug dranbleiben konnten, um zu sehen, was vor sich ging. Als Snubnose und Bibi im Flachwasser Monkey Mias dieselben Possen trieben, freuten wir uns daher riesig über die Gelegenheit, mehr darüber in Erfahrung zu bringen. Ein oder zwei Wochen zuvor waren sie in Begleitung eines fremden Delfins nach Monkey Mia gekommen. Offenkundig waren sie seinetwegen extrem aufgeregt, unruhig und ausgelassen. Es war das erste Mal, dass ein Fremder geradewegs mitten zwischen die Touristen in die seichte Uferzone schwamm, und das obwohl er noch nie engeren Kontakt zu Menschen gehabt haben dürfte.

Einige Tage später kamen sie mit demselben fremden Delfin, dem wir den Namen Buster gegeben hatten, ins Flachwasser. Besonders Snubnose war extrem angespannt und erregt. Fortwährend schwamm er unmittelbar hinter Buster her. Von Zeit zu Zeit preschte er nach vorne und berührte mit seiner Schnauze Busters Genitalbereich, wobei er einen durchdringenden surrend-gurgelnden Ton ausstieß. Er schien den Genitalbereich des Fremden zu inspizieren.

Unterdessen hatte sich Bibi unter die Leute gemischt und ließ sich mit Fischen füttern, doch war er augenscheinlich nicht bei der Sache. Nachdem er ein oder zwei Minuten, den Kopf aus dem Wasser gestreckt und mit geöffnetem Maul, in der Uferzone verharrt hatte, geduldig wartend, bis die Fotoapparate klickten und die Leute sich in die ideale Position für den Schnappschuss ihres Lebens gebracht hatten, schnappte er nach dem Fisch und drehte sich, während er ihn hinunterschlang, sofort nach Snubnose und Buster um. Einmal riss er sich sogar von den Menschen los und gesellte sich zu Snubnose und Buster. Nachdem er sich neben Snubnose platziert hatte, stürzten die beiden Männchen los und inspizierten gemeinsam Busters Genitalien. Buster drehte sich auf die Seite und rekelte sich an der Wasseroberfläche – es war ein Weibchen, wie ich an den Milchdrüsenschlitzen erkannte. Sie war auch ziemlich stark gesprenkelt. Natürlich: Sex. Was sonst konnte diese Männchen noch mehr erregen als Nahrung?

Es passte überhaupt nicht zu Snubnose, eine komplette Fütterung zu verpassen. Doch war er kein einziges Mal von Busters Seite gewichen, um ins Flachwasser zu schwimmen, wo die Touristen verführerisch ihre Fischeimer schwenkten. Er war augenscheinlich zu sehr beschäftigt. Jetzt, da er an Busters Seite ruhte, hörte ich, wie er eine Folge von Klopflauten ausstieß. Ich hatte diesen Laut schon viele Male gehört, aber niemals in einer Situation, in der ich gleichzeitig sah, was die Delfine taten. Buster drehte in der Nähe seine Bahnen. Einen Moment später war wieder das Klopfen zu hören, und dann wieder, diesmal lauter und tiefer.

Snubnose versetzte sich selbst in gespannte Aufregung; er

zuckte, und das Weiße seiner Augen wurde sichtbar. Das Klopfen wurde lauter und tiefer. Plötzlich wirbelte er herum und stürzte mit geöffnetem Maul auf Buster zu. Dabei kreischte und knurrte er entsetzlich; er war offenkundig wütend. Die beiden umkreisten einander in sehr engen kleinen Bahnen, die allmählich größer wurden, bis sie schließlich, beruhigt, nebeneinander ruhten.

Wenig später, als sie alle von der Küste wegflitzten, schlüpfte ich in meinen Taucheranzug, legte Brille und Schnorchel an, und schwamm zu ihnen hinaus. Zweimal beobachtete ich, wie sich sowohl Bibi als auch Snubnose mit erigierten Penes Buster von beiden Seite näherten und sich an ihr rieben, während sie langsam außer Sichtweite trieben.

Sie kehrten ins Flachwasser von Monkey Mia zurück, und noch immer wollte Snubnose nicht von Busters Seite weichen und hielt Abstand zu den Touristen. Selbst wenn er sie nicht direkt ansah, schien er seine ganze Aufmerksamkeit auf Buster zu richten, als warte er nur darauf, dass sie sich irgendwie rege. Als ein Tourist ins hüfttiefe Wasser auf ihn zuwatete, warf er ärgerlich den Kopf hoch und schwamm ein bis zwei Meter weg, um näher bei Buster zu ruhen.

Als die Fütterung vorbei war und die Touristen mit leeren Eimern das Wasser verließen, kam Bibi unverzüglich nach draußen, um sich den anderen beiden anzuschließen. Sie schwammen gemeinsam in die Bucht hinaus. Das war für uns das Signal, zum Boot hinunterzulaufen. Wir warfen den Anker an Bord und stießen das Boot ab, dabei suchten wir die Delfine im Auge zu behalten.

In einiger Entfernung von der Küste holten wir sie ein; Bibi und Snubnose schwammen nebeneinander direkt hinter Busters Fluke und folgten jeder ihrer Bewegungen mit gespannter Aufmerksamkeit. Jedes Mal, wenn sie sich auch nur im Geringsten rührte, fielen sie jagend, spritzend und stoßend über sie her, so, wie es Trips, Bite und Cetus einige Tage zuvor mit Yogi gemacht hatten. Ihr Verhalten begann mich zu ärgern, und ich wünschte mir, sie würden abhauen und sie in Ruhe lassen. Sie bedrängten sie jedoch den ganzen restlichen Tag über.

Diese Beobachtungen verwirrten mich. Rückblickend erkenne ich, dass dies zum großen Teil an meiner vorgefassten Ansicht über Delfine lag. Ich nahm immer noch an, dass sie stets liebenswürdig, nett und verspielt seien. Es kam mir nie in den Sinn, dass ihr Wesen womöglich auch eine dunklere Seite hatte. Dieses nervöse, aggressive und regelrecht gehässige Verhalten der Männchen schien nicht zu ihnen zu passen. Vor diesen Beobachtungen hatten wir jegliche Rauferei, die wir beobachteten, als Spiel bewertet. Aber das hier war mitnichten spielerisch. Besonders schwer fiel mir, ein solches Verhalten bei Snubnose zu akzeptieren. Es erschütterte mich regelrecht, als ich sah, wie er Buster attackierte, jagte und stieß, während er diese gellenden Schreie und Klopflaute erzeugte. War in diesen sanften braunen Augen wirklich mit einem Mal ein garstiges Funkeln zu sehen?

Die Jungs

ZZZZZZZZZZZ, ZZZZZZZZZZZ, ZZZZZZZZZZZ.« Wie angewurzelt stand ich mit über die Schulter gehängtem Aufnahmegerät im knietiefen Wasser von Monkey Mia. Sicklefin hatte mit ihrer Schnauze meine Wade umfasst und stieß ein wildes, kreischendes, zikadenartiges Surren aus, das ich noch nie zuvor von einem Delfin gehört hatte. Im Verein mit dem Blitzen seiner vielen kleinen spitzigen Zähne erinnerte es mich an eine Kettensäge. Es handelte sich offenbar um einen Test. Wenn sich einer von uns rührte, würde mein Bein blutig aufgerissen. Mochten seine Zähne auch nicht besonders lang sein, so waren sie doch scharf, und ich hatte gehörigen Respekt davor. Von dem Geräusch angelockt, näherte sich Bibi, und schloss sich Sicklefins Schabernack an. Jetzt fuhren beide, nervös und zuckend, mit weit aufgerissenen Augen und mit geöffneter Schnauze an meinen Beinen auf und ab. »ZZZZZZZZ, ZZZZZZZZ, ZZZZZZZZ«, es hörte sich wie eine Sirene an, die vor einem Luftangriff warnt. Ich versuchte ruhig zu bleiben, und nach ungefähr einer Minute schwammen sie, abgelenkt von einem herankommenden Touristen, davon. Ich atmete auf. Ein Eimer voller Fische hatte mich gerettet.

Es war das Frühjahr 1987, und Richard und ich waren gerade zusammen nach Monkey Mia zurückgekehrt. Nachdem wir wieder einmal mehrere Monate in den Vereinigten Staaten zugebracht hatten, erbot sich ein Freund, mir das Ticket nach Australien zu bezahlen, wo ich ihm zum Dank bei der Renovierung und dem Verkauf eines Hauses in Perth half. Die ganze Zeit hatte ich mich nach Monkey Mia zurückgesehnt. Ich sollte als Richards Assistentin arbeiten.

Nach unserer Rückkehr fanden wir Sicklefin in der Uferzone inmitten der Touristen. Er hatte sich den zahmen Delfinen Monkey Mias angeschlossen, die sich hier von Hand füttern ließen. In früheren Jahren war er gelegentlich ins Flachwasser gekommen und schien in Gegenwart von Menschen ziemlich entspannt zu sein. Er hatte aber niemals Fisch angenommen und auch keine Berührung gestattet. Jetzt verhielt er sich jedoch wie ein alter Hase: den Kopf aus dem Wasser gestreckt, das Maul geöffnet, schlang er blitzschnell Fische hinunter, die ihm von Menschenhand gereicht wurden.

Aus den Berichten der Ranger und unseren eigenen Beobachtungen in den ersten paar Tagen ging hervor, dass Snubnose, Bibi und Sicklefin gemeinsam in Begleitung eines küstenfernen Delfins fast jeden Tag nach Monkey Mia kamen. Einige der Delfine, die sie mitbrachten, kannten wir nicht. Die intensiven Verfolgungsjagden und das Inspizieren der Genitalbereiche sowie die Klopflaute, die wir während unseres letzten Aufenthalts auf dem Wasser ein- oder zweimal sahen und hörten, ereigneten sich nun tagtäglich, und die Dramen fanden genau hier, im Flachwasser von Monkey Mia statt. Jetzt konnte man dem Ganzen vielleicht auf den Grund gehen.

In den folgenden Monaten bestimmten wir das Geschlecht vieler Delfine, die in Begleitung der Männchen kamen: Alle waren Weibchen. Manchmal brachten Snubnose, Bibi und Sicklefin etwa eine Woche lang dasselbe Weibchen mit. Dann wieder kamen sie täglich mit einem neuen Weibchen an. Während sie sich in der seichten Zone aufhielten, hielt eines der Männchen »Wache« und blieb mit dem Weibchen weiter draußen; oftmals verzichtete es ganz auf Fischportionen, während die anderen Männchen fraßen.

Die Klopfgeräusche waren in einem fort zu hören. Richard und ich begannen, uns Notizen über das Verhalten des Weibchens auf diese Laute zu machen. Und schon bald erkannten wir, dass es sich nahezu immer zu dem Klopflaute aussendenden Männchen hindrehte und sich ihm näherte. Wenn sie sich nicht fügte, schwoll das Klopfen zu einem Stakkato wütender Schreie an, das von ruckartigen Kopfbewegungen, wildem Jagen, Rempeln und Stoßen begleitet wurde. Es war, als wollte er sagen: »Bleib bei mir, sonst ...«

Das großspurige Gehabe, das Cetus vor Yogi aufgeführt hatte, war nur eine Variante aus einem bizarren Spektrum von Imponierparaden, die die Männchen zeigten. Meist produzierten sich zwei Männchen, die sich vollkommen synchron bewegten. Es fing damit an, dass sie nebeneinander hinter dem Weibchen herschwammen (das sie »flankierten«), als Nächstes schlossen sie auf beiden Seiten auf und drehten ihre Bäuche in seine Richtung. Dann klatschten sie beide mit dem Kinn auf die Wasseroberfläche, worauf sie ihre Fluke weit aus dem Wasser streckten und kräftig klatschend senkrecht abtauchten. Unter Wasser umkreisten sie das Weibchen, um sich ihm erneut zu nähern, bis sie schließlich wieder die flankierende Ausgangsposition einnahmen. Oder sie sprangen neben ihm her, und zwar jeweils in entgegengesetzte Richtung, ehe sie sich ihm wieder in enger werdenden Kreisbahnen näherten, um es erneut zu flankieren.

Ein anderes Mal beobachtete ich, wie Snubnose und Bibi auf der Seite schwammen und mit ihren Flippern wild in der Luft fuchtelten. Sie sahen beinahe wie Zirkus-Delfine aus, die eine Schaunummer vorführten. Die schiere Vielfalt dieser Schaunummern war unglaublich, besonders weil sie auf so perfekt koordinierte Weise dargeboten wurden. Wie schafften sie das? Augenscheinlich gab keiner von ihnen diese Bewegungen vor, sodass der andere ihm darin nacheiferte. Einigten sie sich vielleicht irgendwie im Voraus, was sie tun würden? Es ließ sich meist schwer sagen, ob sich dieses Imponiergehabe an die Adresse der Weibchen oder der beteiligten Männchen richtete. Manchmal führten sie, selbst wenn sich kein Weibchen in der Nähe befand, kunstvolle Darbietungen auf, was uns zu der Vermutung veranlasste, dass sie möglicherweise männliche Solidarität demonstrierten und verstärkten.

Als wir ihnen aus dem Flachwasser von Monkey Mia aufs

Meer folgten, bewegten sich Snubnose, Bibi und Sicklefin vollkommen synchron. Sie tauchten, nebeneinander schwimmend, unmittelbar hinter dem Weibchen parallel auf und ab. Selbst im flachen Wasser waren ihre Bewegungen präzise aufeinander abgestimmt, als ob sie durch einen unsichtbaren elektronischen Anschluss miteinander verbunden wären. Snubnose, Bibi und Sicklefin verfolgten das gleiche Ziel, und dieses bestand augenscheinlich darin, diesen Weibchen zu imponieren.

Richard und ich hielten uns zusehends an einen festen Tagesablauf. Morgens beobachteten wir Snubnose, Bibi und Sicklefin in Begleitung des jeweiligen Weibchens, das sie mitbrachten, und nachmittags fuhren wir, sofern es das Wetter zuließ, raus, um nach den küstenferneren Delfinen zu sehen. Meistens trafen wir dabei auf die aus Männchen bestehenden Cliquen der Red Cliff Bay (Chop, Bottomhook und Lamda; Trips, Bite und Cetus; Realnotch, Patches, Hack und Hi und die anderen). Üblicherweise hatte eine oder mehrere dieser Cliquen auch ein Weibchen bei sich. Draußen im tieferen Wasser konnten wir zwar nicht sehen, was unter der Oberfläche vor sich ging, aber das, was wir sahen, entsprach denselben Verhaltensmustern, die wir bei Snubnose, Bibi und Sicklefin beobachtet hatten: Die Männchen schwammen synchron, Seite an Seite, hinter dem Weibchen her. Auch die Klopflaute, das gelegentliche Jagen, Stoßen und Spritzen fehlten nicht. Wäre uns nicht der Zufall in Gestalt von Snubnose, Bibi und Sicklefin, die im Flachwasser Monkey Mias ihr Spiel weitertrieben, zu Hilfe gekommen, es hätte womöglich noch Jahre gedauert, bis wir das Verhalten der Männchen richtig interpretiert hätten.

Richard war der Erste, der den theoretischen Stellenwert unserer Beobachtungen wirklich erkannte. An der Universität von Michigan hatte er sich intensiv mit der Evolutionstheorie befasst, daher war er prädisponiert, das Verhalten von Tieren in Kategorien von Aufwand und Nutzen (bezüglich des Fortpflanzungserfolges), von Konflikt und Kooperation zu analysieren. Er erkannte, dass Kooperation zwischen Männchen im Tierreich eine Rarität ist, und seine Begeisterung und Freude über diese Erkenntnis waren ansteckend.

Im Laufe dieses Sommers bekamen wir Besuch von drei Wissenschaftlern, die für mich zu den bedeutendsten Verhaltensforschern überhaupt zählen. Irv DeVore, Professor für Anthropologie in Harvard, gehörte in den frühen sechziger Jahren zu den Pionieren der Primatenforschung und hatte mehrere ethologische Studien über die Kung-Buschmänner in der Kalahari und die Pygmäen Zentralafrikas verfasst. Richard Wrangham, Professor an der Universität von Michigan, hatte in Jane Goodalls Gombe Stream Reserve die ökologischen Grundlagen des Verhaltens der Schimpansen erforscht und gerade den MacArthur Award erhalten. Barb Smuts, ebenfalls Professorin an der Universität von Michigan, hatte auch in Gombe gearbeitet und ein faszinierendes und bedeutendes Buch mit dem Titel *Sex and Friendship in Baboons* [»Sex und Freundschaft bei den Pavianen«] geschrieben. Diese drei Besucher überzeugten uns davon, dass unsere Beobachtungen an Delfinen aufschlussreich und wertvoll waren, und gaben uns fruchtbare Hinweise für die Entwicklung solider wissenschaftlicher Methoden zur Beobachtung von Delfinen.

Richard Wrangham und Barb Smuts waren Mitglieder des Promotionsausschusses von Richard Connor. Begeistert von dem, was sie über das Verhalten männlicher Delfine sahen, schlugen sie vor, er solle sich in seiner Dissertation auf das Verhalten der Männchen konzentrieren. Sie erklärten sich bereit, Andrew und mir bei der Aufnahme in die Graduate School zu helfen und unsere Dissertationen zu betreuen. Sie rieten uns, die Fragestellungen exakt abzugrenzen, um Überschneidungen und Wiederholungen zu vermeiden, sodass wir alle gute, thematisch exakt umrissene Dissertationen schreiben könnten. Ich war von der Komplexität des Verhaltens der Männchen fasziniert, und wir standen mit Sicherheit kurz davor, wichtige Entdeckungen zu machen. Daher stimmte ich dieser Absprache nur widerwillig zu. Schließlich beschloss ich, mich in meiner Dissertation auf die akustische Kommunikation bei Delfinen zu konzentrieren. Andrew hingegen wählte als Thema die Sozialbeziehungen zwischen Weibchen. Das Projekt nahm jetzt mit den unabhängigen Projekten und klarer definierten Grenzen und Zielen unserer Forschung eine neue Dimension an. Dennoch verbrachte ich viel Zeit mit der Beobachtung von Männchen, wobei ich in der Regel mit Richard zusammenarbeitete.

Im Laufe der nächsten Jahre offenbarte praktisch jeder Tag neue, noch überraschendere Komplexitäten in den dynamischen Beziehungen zwischen Männchen. Schließlich nannten wir die stabilen Cliquen von Männchen aufgrund der kooperativen Natur ihres Verhaltens »Bündnisse«. Die Männchen arbeiteten zusammen, um Weibchen vorübergehend in ihre Gruppe zu rekrutieren. Diese Verhaltensweise begann typischerweise damit, dass die Männchen ein Weibchen aussuchten, das sie oftmals von ihren Begleiterinnen trennten und sogar auf aggressive Art und Weise jagten. Sie vollführten Schaudarbietungen um sie herum, schwammen unmittelbar hinter ihr in enger Reihenformation und stießen häufig Klopflaute aus. Manchmal inspizierten sie ihren Genitalbereich oder begatteten sie. Das Rekrutieren der Weibchen war häufig ein aggressiver Akt. Üblicherweise endete das Ganze damit, dass das Weibchen für einige Stunden bis zu mehreren Wochen bei den Männchen blieb.

Die meisten Bündnisse zwischen Männchen waren Dreiergruppen, doch fanden sich auch Pärchen. An der Rekrutierung eines Weibchens schienen sich indes immer nur zwei der drei Mitglieder eines solchen Dreigespanns zu beteiligen. Das dritte Männchen gab selten Klopflaute von sich und bemühte sich auch nicht sonderlich, in der Nähe des Weibchens zu bleiben. Es beteiligte sich in der Regel nicht an den synchronen Imponierparaden und schwamm auch nicht Seite an Seite mit seinen Kumpanen hinter dem umworbenen Weibchen her. Stattdessen verharrte es am Rande des Geschehens und beschäftigte sich üblicherweise mit der Nahrungssuche: Es war gleichsam das fünfte Rad am Wagen.

Versuchte das Weibchen auszureißen, schloss sich dieser Außenseiter für gewöhnlich der Jagd an, im Übrigen schien er jedoch einfach auf Abruf bereitzustehen. Wenn ein Dreigespann ein anderes Weibchen »aufbrachte«, konnte es vorkommen, dass sie die Rollen tauschten, auch wenn einige Männchen öfter den unbeteiligten Dritten spielten als andere.

Man konnte leicht herausfinden, wer sich in der Rolle des Zuschauers gefiel. Die Männchen schwammen in der Regel gleichauf nebeneinander und tauchten gleichzeitig auf, um Luft zu holen, während der unbeteiligte Dritte leicht aus dem Takt und oft etwas weiter von den anderen entfernt war als diese voneinander. Die bloße Beobachtung, wie sich die Delfine im Verhältnis zueinander bewegten, verriet uns schon etwas über ihre Beziehungen.

Wir bemerkten auch, dass jedes dieser Männchenbündnisse in der Red Cliff Bay eine besonders enge Beziehung zu einem anderen Bündnis pflegte. Snubnose, Bibi und Sicklefin verbrachten viel Zeit mit Wave und Shave. Trips, Bite und Cetus verbrachten viel Zeit mit Chop, Bottomhook und Lamda und seit kurzem auch mit Realnotch und Hi. Die Mitglieder dieser Bündnisse zweiter Ordnung schwammen gemeinsam umher, tauschten Zärtlichkeiten aus, und Männchen aus den beiden Bündnissen bildeten gleichzeitig auftauchende Paare. Gelegentlich taten sich sogar Männchen dieser Bündnisse zweiter Ordnung zusammen, um gemeinsam ein Weibchen abzudrängen.

Es war schon äußerst bemerkenswert, dass Männchen in Paaren und Dreiergruppen kooperierten, warum sollten sie aber überdies Bündnisse mit anderen Paaren und Dreiergruppen eingehen? Ein besonders denkwürdiger Beobachtungstag sollte uns schließlich Einblicke in die Funktionsweise männlicher Bündnisse geben, die wir uns nie hätten träumen lassen.

Es war der 19. August 1988: ein Tag, den keiner von uns je vergessen wird. Von Anfang an sah es nach einem guten Exkursionstag aus: Die See war ruhig und der Himmel klar. Doch bevor wir mit den Booten hinausfuhren, wollten wir sehen, was die Delfine im Flachwasser von Monkey Mia trieben. Als wir an diesem Morgen zum Strand hinuntergingen, sahen Richard, Andrew und ich schon aus der Ferne, dass irgendetwas im Gange war. Snubnose, Bibi und Sicklefin waren da, und was auch vor sich ging, es musste aufregend sein, da sie wild herumspritzten und umherflitzten. Ich hörte schon von weitem das Quieken von Delfinen.

Als wir ans Ufer kamen, klärte uns Dave Charles, der Dienst habende Ranger, auf. »Holeyfin ist zurück, und die Jungs sind ziemlich scharf auf sie.« In der Tat schenkten die Männchen den ungefähr zwanzig Touristen, die mit Fischen in der Hand ins Wasser wateten, keinerlei Beachtung. Stattdessen tauchten sie in einer engen Reihe synchron direkt hinter Holeyfin auf. Sie hatte das Flachwasser von Monkey Mia die letzten Tage nicht besucht, und wir hatten sie ein paar Mal in einiger Entfernung von der Küste mit der Clique aus Chop, Bottomhook und Lamda gesehen.

Holly war jetzt vier Jahre alt, alt genug, um fast entwöhnt zu sein, und daher konnte Holeyfin wahrscheinlich erneut trächtig werden. Nach Durchsicht unserer Aufzeichnungen kamen wir zu dem Schluss, dass Männchen in der Regel solche Weibchen in ihre Gewalt brachten, die weder trächtig waren noch gerade junge Kälber hatten. Eben genau jene Weibchen in der Population, die trächtig werden *konnten*. Holeyfin war befruchtungsfähig, und die Männchen in der Bucht hatten sie in letzter Zeit stark beachtet.

Weibliche Delfine sind jährlich mehrfach brünstig (polyöstrisch), das bedeutet, dass die Weibchen im Laufe einer zeitlich weit gesteckten Fortpflanzungsperiode – während des südlichen Sommers in der Shark Bay – mehrere Hormonzyklen durchlaufen, in denen sie reife Eier abstoßen und befruchtungsfähig sind. Dieser Zeitraum der Befruchtungsfähigkeit wird »Brunst« genannt. Sie durchlaufen diese Brunstzyklen so lange, bis sie trächtig werden. Da ihre Schwangerschaft ein Jahr dauert, gebären sie ihr Kalb in der gleichen Jahreszeit, in der sie befruchtet wurden. Wir wissen zwar nicht, wie es die Männchen anstellen, aber irgendwie erkennen sie, wann ein Weibchen paarungsbereit ist. Wir hatten Männchen dabei beobachtet, wie sie die Genitalien der Weibchen, die sie umwarben, »inspizierten«, und nahmen an, dass sie womöglich mit ihrem Echoortungsapparat ins Innere des Weibchens »schauen« und so den Zustand ihrer Fortpflanzungsorgane beurteilen konnten.

Bei vielen Säugetierarten sondern Weibchen bestimmte Düfte beziehungsweise Pheromone ab, die den Männchen signalisieren, dass sie wieder trächtig werden können. Bei Primaten bilden die Weibchen vieler Spezies riesige rote und violette »Sexualschwellungen« an den Schamlippen und dem umgebenden Gewebe aus, die mit dem weiblichen Brunstzyklus auftreten und wieder verschwinden. Diese Schwellungen prägen sich an dem Tag am stärksten aus, an dem das Weibchen den Eisprung hat und mit höchster Wahrscheinlichkeit trächtig werden kann. Unsere nächsten Verwandten, die Schimpansen, besitzen besonders groteske, übergroße Sexualschwellungen. Schimpansinnen können sich auf dem Höhepunkt ihres Zyklus nur mit Mühe hinsetzen, so stark sind ihre Hinterteile angeschwollen. Auch wenn uns die Sexualschwellungen der Schimpansinnen abstoßend anmuten, finden die Schimpansenmännchen sie in höchstem Maße attraktiv. Vermutlich evolvierten sie als Signale, mit denen die Weibchen ihre Paarungsbereitschaft anzeigen.

Wir unterscheiden uns deutlich von unseren Verwandten, den Schimpansen, was das Signalisieren der Paarungsbereitschaft anlangt. Wir verfügen nicht über äußere Zeichen, markante Düfte oder visuelle Signale. Die meisten Frauen spüren nicht einmal, wann sie einen Eisprung haben (es sei denn, sie führen Protokoll und messen ihre Temperatur). Die Evolution scheint es in diesem Fall nicht für nötig zu erachten, dass die Frauen ihre Paarungsbereitschaft deutlich kundtun, vielmehr scheint sie diese Information vor den Männern so vollkommen zu verbergen, dass selbst die Frauen sie nicht wahrnehmen.

Jedenfalls scheinen Delfinmännchen zu wissen, wann es sich lohnt, ein Weibchen zu umwerben. Kaum war Holeyfin von ihrem wochenlangen Abenteuer mit Chop, Bottomhook und Lamda vor der Küste zurück, da interessierten sich bereits Snubnose, Bibi und Sicklefin für sie. Mir tat das alte Mädchen regelrecht Leid. Vielleicht genoss sie ja all die Aufmerksamkeit, doch nach mehreren Tagen fern der Küste mochte sie andererseits erschöpft und hungrig sein. Snubnose, Bibi und Sicklefin waren nicht gerade eine unbeschwerte Gesellschaft.

Dicht gefolgt von den Männchen, schloss sich Holeyfin Puck an und schwamm so dicht neben ihr, dass sich ihre Flipper berührten. Als Sicklefin an der Wasseroberfläche ruhte, tauchten und drehten sich Holeyfin und Puck abwechselnd neben ihm, sodass sein Flipper ihre Körper auf gesamter Länge bestrich. Beide wiederholten das Ganze einmal, während Sicklefin, scheinbar ungerührt oder vielleicht auch in höchster Wonne, regungslos im Wasser trieb. Dann ruhten die Weibchen neben ihm. Wir hatten schon viele Male zuvor Weibchen sich auf gleiche Weise am Flipper eines Männchens reiben sehen, und ich hatte mich stets gefragt, ob es sich um eine echte Zärtlichkeit handelte oder ob sie ihn einfach nur mit ihrer Unterwürfigkeit beschwichtigen wollten, um eine Eskalation von Belästigung und Aggression zu vermeiden.

Snubnose und Sicklefin folgten jeder Bewegung, die Holeyfin machte. Dabei blieben sie nahe bei ihr, meist unmittelbar hinter ihrer Fluke. Zweimal preschten sie vor und neigten sich zur Seite, als sie unter Holeyfin abtauchten, wobei sie beide ihre Köpfe zu ihrem Genitalbereich hindrehten und ihn, heftig surrend, inspizierten.

Snubnose begann mit seinem Imponiergehabe. Er umschwamm Holeyfin in engen Kreisen, streckte den Rücken, sodass sein Kopf aus dem Wasser herausragte, den er rhythmisch auf und ab bewegte, wobei sein Kinn bei jedem Schlag auf die Wasseroberfläche klatschte. Gleichzeitig stieß er mit einem gurgelnden, surrenden Geräusch einen steten Luftstrom durch sein Blasloch. Auf mich wirkte das Gebaren recht lächerlich, aber ich nehme an, dass er wohl meinte, ziemlich cool zu wirken. Vielleicht war Holeyfin ja beeindruckt.

Richard und ich waren voll und ganz damit beschäftigt, unsere Beobachtungen festzuhalten. Ich hatte ein Unterwasserhorchgerät ins Wasser gelassen, das die Laute der Delfine aufnahm, und Richard plapperte, so schnell er konnte, in sein Tonbandgerät, das Verhalten der Delfine beschreibend. Während einer kurzen Verschnaufpause erblickten wir zwei Neuankömmlinge. Es waren Trips und Bite, zwei der Männchen aus der Dreiergruppe Trips, Bite und Cetus. Dies war ein seltenes

Ereignis. Nur ein einziges Mal hatten wir bisher Trips und Bite so nahe am Strand von Monkey Mia gesehen. Sie hielten sich normalerweise fern der Küste auf, doch jetzt waren sie hier, nur sechs Meter vom Strand entfernt. Langsam ließen sie sich auf Snubnose, Bibi, Sicklefin und Holeyfin zutreiben, die sie überhaupt nicht zu beachten schienen.

Ich watete zu Trips und Bite, in der Hoffnung, einige ihrer Geräusche aufnehmen zu können. Selbst als ich direkt neben ihnen war, zeigten sie keinerlei Regung. Sie ließen sich einfach nur treiben und bewegten sich sanft in der leichten Dünung auf und ab. Die Sonne glitzerte auf ihren freiliegenden Melonen, und ich konnte sehen, dass sie beide ihre Augen zusammengekniffen hatten. Es war ein prickelndes Gefühl, so nahe bei diesen wilden Männchen zu sein. Ich hatte mich oft über den Bug unseres Bootes gebeugt, wenn sie nur wenige Zentimeter von meinem Gesicht entfernt auf der Bugwelle ritten. Doch mit ihnen zusammen in ihrem Element zu sein, führte mir ihre Größe und Kraft noch deutlicher zu Bewusstsein. Sie waren vollkommen ruhig; fast schien es so, als ruhten sie, wäre da nicht ihre andauernde leichte Drehbewegung gewesen, mit der sie ihre Position so korrigierten, dass sie auf Snubnose, Bibi, Sicklefin und Holeyfin ausgerichtet blieben. Sie machten sich augenscheinlich »ein Bild von der Lage«.

Als Trips und Bite nach ungefähr einer halben Stunde gemächlich – synchron Seite an Seite auftauchend – in die Bucht hinausschwammen, kam Richard aus dem Wasser heraus. »Irgendwas ist los. Ich werde hinter ihnen herfahren.« Andrew und ich erklärten uns bereit, an der Küste zu bleiben und Snubnose, Bibi, Sicklefin und Holeyfin im Auge zu behalten. Richard belud rasch sein Boot und fuhr ihnen nach. Sein Assistent Eric saß am Ruder. Das Boot wurde immer kleiner, je weiter sie dem nördlichen Horizont zustrebten.

Snubnose, Bibi und Sicklefin schwammen Holeyfin hinterher und verhielten sich weiterhin wie eine Clique von Punks, die den Streber aus der Nachbarschaft schikaniert, als Richards Stimme über das Funkgerät zu hören war. »Haltet die Augen offen, wir kommen.« Wir blickten nach Norden und sahen

Richards Boot keine hundert Meter vom Ufer entfernt. Unmittelbar vor dem Boot jagten mindestens fünf oder sechs Delfine in einem breiten Fächer wie eine Flutwelle auf die Küste zu. Ein oder zwei Delfine sprangen aus dem Wasser, als sie ins Flachwasser von Monkey Mia flitzten. Dann brach ein gewaltiger Tumult los.

Als sie ins seichte Wasser fegten, hörte ich ungemein aggressive Knurr- und Grunzlaute. Es klang wie ein Rudel Löwen, das eine Familie von Warzenschweinen angriff. Snubnose, Bibi, Sicklefin und Holeyfin machten sich in rasantem Tempo Richtung Westen davon, und die anderen setzten ihnen nach. Es folgte eine wüste Jagd; da sie jedoch alle wirr durcheinander rasten, war kaum auszumachen, wer wen jagte. Ich hörte das dumpfe Aufeinanderprallen von Delfinen, die sich gegenseitig stießen, doch schon bald waren sie außerhalb der Reichweite meines Unterwasserhorchgerätes und dicht am Strand entschwunden.

Richard und Eric folgten ihnen, wobei sie verzweifelt den Überblick zu behalten versuchten, wer sich wo befand. Schließlich informierte uns Richard übers Funkgerät. »Das hier ist ein verdammter Science-Fiction-Film!«, rief er aus. »Trips und Bite schwammen nach Norden und schlossen sich Cetus an, darauf gesellten sich die drei zu Realnotch und Hi, die Munch bedrängten. Dann rasten alle hierher zurück und trieben Holeyfin von Snubnose, Bibi und Sicklefin weg. Jetzt ist sie bei ihnen, und Snubnose, Bibi und Sicklefin bleiben zurück.«

Das Chaos ergab nun allmählich einen Sinn. Trips und Bite waren nach Monkey Mia gekommen und hatten nachgesehen, was mit Holeyfin und Snubnose, Bibi und Sicklefin los war. Vielleicht hatten sie erkannt, dass sie Hilfe brauchten, um Holeyfin in ihre Gewalt zu bringen, und so waren sie in die Bucht hinausgeschwommen, um ihr drittes Mitglied, Cetus, ausfindig zu machen. Unlängst hatten sie viel Zeit mit Realnotch und Hi verbracht und die beiden anscheinend auch als Verstärkung mitgebracht. Mit dieser Verstärkung hatten sie ihren Angriff gestartet. Die Jagd dauerte recht lange, und dabei kämpften, stießen und rammten sich die Widersacher mehrfach. Obwohl wir nur schwer den Überblick über die Ereignisse behielten, war doch eines klar: Am Ende befand sich Holeyfin bei Trips, Bite und Cetus.

Realnotch und Hi hatten sich Trips, Bite und Cetus angeschlossen, um ihnen zu helfen, mit Holeyfin durchzubrennen, obgleich sie bereits damit beschäftigt waren, Munch beiseite zu treiben (die übrigens während der ganzen Aktion bei ihnen blieb). Als Holeyfin schließlich bei Trips, Bite und Cetus in sicherem Gewahrsam war, trennten sich die beiden Bündnisse, blieben aber offenbar weiterhin in Rufweite. Zum ersten Mal dämmerte uns, weshalb Bündnisse enge Bande zu anderen Bündnissen knüpften (wir nannten sie Bündnisse »zweiter Ordnung«). Zwei kooperierende Bündnisse konnten ein drittes Bündnis überwältigen und ihnen ein Weibchen entführen. Außerdem konnten sie sich wirkungsvoll gegen die Versuche anderer Bündnisse wehren, ihre Rekrutierung von Weibchen zu behindern.

Die Kooperation zwischen Bündnissen fügte der Komplexität der Verhaltensstrategien männlicher Delfine noch eine weitere Ebene hinzu. Die Männchen mussten nicht nur ihre Beziehungen innerhalb ihrer Bündnisse klären, sondern auch die Beziehungen zu den Mitgliedern der anderen Allianz, mit denen sie auf einer zweiten Ebene zusammenarbeiteten. Diese Kooperation auf mehreren Ebenen zwischen Delfinen war vielleicht die bedeutendste Entdeckung, die unserer Forschergruppe gelang. Selbst die gelegentliche Kooperation zwischen männlichen Säugetieren ist selten genug, noch seltener ist die Bildung von Bündnissen, in denen Männchen langfristige kooperative Bindungen eingehen. Doch bei keinem anderen Säugetier außer Delfinen und Menschen findet man etwas auch nur annähernd so Komplexes wie die langfristigen Bündnisse zwischen Paaren und Dreiergruppen, die mit anderen Paaren und Dreiergruppen langfristige Bündnisse eingehen.

In Jäger-und-Sammler-Gesellschaften beispielsweise teilen möglicherweise zwei Brüder, die im selben Dorf wohnen, ihre Ressourcen und unterstützen sich gegenseitig. Sie entwickeln vielleicht kooperative Beziehungen zu einigen anderen kleinen

Gruppen innerhalb ihres Dorfes. Gelegentlich arbeiten all diese Männer zusammen, um ihr gemeinsames Dorf zu verteidigen. Dann wiederum schließen sich mitunter mehrere Dörfer zusammen, um gemeinsam Front gegen andere, vergleichbare Gruppen von Dörfern oder benachbarte Stämme zu machen und so weiter. In der modernen Gesellschaft ist dieses Beziehungsgeflecht ins Extrem gesteigert, dort haben die zahlreichen Schichten kooperierender Einheiten große Institutionen wie etwa Nationalstaaten hervorgebracht.

Eine Gruppe von Männchen, die wir die »Wow Crowd« nannten, zeigte uns später, dass wir das komplexe Beziehungsgefüge zwischen männlichen Delfinen noch lange nicht vollständig erfasst hatten. Die Crowd bestand aus ungefähr vierzehn Delfinen, die nicht in das uns bis dahin geläufige Muster der Bündnisbildung passten. Jedes Mal, wenn wir sie trafen, waren die Männchen der Wow Crowd beieinander. Es war zwar offensichtlich, dass sich innerhalb dieser Großgruppe Paare bildeten, jedoch änderten sich die Konstellationen von einer Begegnung zur nächsten. Es gab keine stabilen Paare beziehungsweise Dreiergruppen und keine eindeutigen Bündnisse zweiter Ordnung. Richard wollte unbedingt herausfinden, was da vor sich ging. Nachdem er die Wow Crowd während mehrerer Forschungsaufenthalte beobachtet hatte, kam er zu dem Schluss, dass sie ein »Superbündnis« darstellte. Die Individuen kooperierten miteinander, wie es Bündnisse und Bündnisse zweiter Ordnung zu tun pflegen, doch die Paare innerhalb des Superbündnisses waren instabil. Die Entdeckung von Bündnissen und darüber hinaus von Allianzen, die mit anderen Bündnissen kooperierten, hatte uns verblüfft; offenbar hatten wir noch nicht (und haben vielleicht immer noch nicht) alles über die vielfältigen Kooperationsformen zwischen männlichen Delfinen in der Shark Bay herausgefunden.

Nachdem sie Holeyfin verloren hatten, blieben Snubnose, Bibi und Sicklefin erregt und sichtlich geschlagen zurück. Andrew und ich sprangen nun ebenfalls in unser Boot. Wir wollten Snubnose, Bibi und Sicklefin folgen, während Richard bei Trips, Bite, Cetus und Holeyfin blieb. Als wir sie einholten, berührten sich Bibi und Sicklefin gegenseitig intensiv mit ihren Schnauzen an den Genitalien, als müssten sie sich nach dieser demütigenden Niederlage erst einmal gegenseitig trösten. Die Ähnlichkeit mit menschlichen Verhaltensweisen war auf geradezu komische Weise offenkundig, und wir konnten nicht widerstehen, sie zu vermenschlichen, indem wir ihnen Wörter in den Mund legten: »Klar, wir haben uns wacker geschlagen, wir sind immer noch die Härtesten... wir werden Holeyfin schon wieder von diesen lausigen Gangstern zurückholen: du bist schon okay, Sicklefin, jaa, du bist okay, Bibi, jaa ... jaa...« Wären sie Menschen gewesen, hätten sie sich gegenseitig auf die Schulter geklopft. Die drei folgten Trips, Bite, Cetus und Holeyfin, hielten jedoch Abstand. Sie kamen zum Boot und ritten auf der Bugwelle; die angespannte Lebhaftigkeit ihrer Bewegungen verriet mir, wie erregt und nervös sie waren.

Snubnose ließ sich hinter die anderen beiden zurückfallen, und Bibi setzte sich von Sicklefin ab, um sich zu Snubnose zu gesellen. Es schien, als würden Sicklefin und Bibi ihre Kräfte sammeln, um Trips, Bite und Cetus zu verfolgen. Doch Snubnose hatte trotz seiner anfänglichen Begeisterung für Holeyfin wenig Interesse. Bibi schien die treibende Kraft zu sein, was verwunderlich war, wenn man bedenkt, dass er Holeyfin in Monkey Mia am wenigsten umworben hatte. Von Bibi sanft ermuntert, schloss Snubnose jedoch rasch auf, und die drei begannen gleichzeitig aufzutauchen, wobei sie den Abstand zu Trips, Bite, Cetus und Holeyfin verringerten.

Ich konnte mir vorstellen, wie sie zu sich sagten: »Na los, kommt schon, schnappen wir sie uns, Snubnose, sei kein Angsthase.« Als sie jedoch bis auf ungefähr vierzig Meter an die anderen herangekommen waren, schien sie der Mut zu verlassen. Sie verlangsamten ihr Tempo, bewegten sich nicht mehr synchron und schwammen ziellos umher. Erneut fiel Snubnose hinter sie zurück, während Sicklefin und Bibi sich wieder gegenseitig heftig hätschelten. »Sieht so aus, als hätten sie ihren Mut verloren. Besonders Snubnose. Sie wollen sich nicht mehr mit Trips, Bite und Cetus anlegen«, meldete ich Richard über Funk.

Noch zweimal schienen sie sich aufzuraffen, um Trips, Bite und Cetus hinterherzujagen, gaben es aber wieder auf, sobald sie in deren Nähe kamen. Schließlich tauchte Snubnose mit aus dem Wasser gestreckter Fluke ab und bewegte sich von den beiden anderen Männchen weg. Er hatte offensichtlich einen Entschluss gefasst. Er zog die Nahrungssuche dem Kampf vor. Alle drei schwammen zurück nach Monkey Mia. Ihre Stimmung schien sich zu heben, je näher sie dem Flachwasser kamen. Eine Horde von Touristen wartete mit Eimern voller Fische gespannt auf die Ankunft der Delfine. Die Männchen beschleunigten, als sie näher kamen, und blieben dann im seichten Wasser. Da lagen sie mit dem Bauch auf dem Sand, stützten sich mit den Flippern ab, reckten den Kopf hoch und öffneten den Rachen, den ihre menschlichen Bewunderer begeistert stopften.

Unwillkürlich drängte sich mir die Diskrepanz zwischen dem Bild, das sich die Leute von diesen Delfinen machten, und der Wirklichkeit auf. Eine Dame sprach mit Bezug auf Bibi immer von einer »Sie«, wie etwa »Ist sie nicht süß?«. Für mich war Bibi wahrscheinlich der Delfin, auf den dieses Adjektiv am wenigsten zutraf, und der Kampf, den er gerade ausgefochten hatte, war schwerlich als »süß« zu bezeichnen. »Sie hat so sanfte Augen.« Auf mich machten sie eher einen wilden und verschlagenen, leicht blutunterlaufenen und unberechenbaren Eindruck. Diese Frau hatte auch die fixe Idee, dass Sicklefin Bibis Baby sei, obgleich Sicklefin mindestens genauso groß, wenn nicht größer als Bibi war. Vielleicht hatte sie ja gehört, dass es hier eine Mutter mit Kalb (Holeyfin und Holly) gab, und war davon ausgegangen, dass sie eine Mutter mit ihrem Baby sehen *müsse*.

Jedenfalls sagte sie Sicklefin immer wieder, er sei ein »wundervoller kleiner Schlingel«. Wenn Sicklefin nach ihrer herabhängenden Hand schnappte, lachte sie und sagte ihm, er sei »furchtbar frech«. Derselbe Planet, doch grundverschiedene Welten, dachte ich mir. Wie gut, dass diese rauen Jungs nicht verstehen, was du da sagst, Lady!

Nach der Fütterung schienen Bibi und Sicklefin immer noch

eng zusammenzubleiben, während Snubnose Abstand hielt. Alle drei schwammen in tieferes Wasser, und Bibi hielt einen Flipper an Sicklefins Flanke. Snubnose schloss sich an und hielt seinerseits einen Flipper an Bibis Flanke, doch Bibi drehte sich von Snubnose weg und rieb seinen Körper an Sicklefins Flipper. Snubnose entfernte sich. Alle drei ruhten an der Wasseroberfläche.

Einen Moment später brach Snubnose aus der Reihe aus, schnellte vor, umkreiste die anderen, näherte sich ihnen frontal und drückte sich zwischen sie, beinahe so, als versuchte er ihre traute Zweisamkeit, die ihn ausschloss, zu stören. Er rieb seinen Körper an Bibis Flipper. Bibi zeigte keinerlei Regung und presste sich dicht an Sicklefin.

Schließlich legten alle drei Männchen eine längere Ruhepause ein, wobei sie sich nach Norden ausrichteten. Vielleicht waren sie nach dem morgendlichen Tumult und einem mit Fisch gefüllten Bauch müde. Vielleicht lauschten sie auf die Lautäußerungen anderer Delfine in der Ferne. Sie begannen in diese Richtung zu schwimmen. Bibi tauschte kurz Zärtlichkeiten mit Snubnose aus, schloss sich aber dann rasch wieder Sicklefin an und tauchte vollkommen synchron mit ihm auf, während sich Snubnose ein wenig abseits hielt und nicht im Rhythmus mit ihnen tauchte. Er tat mir ein wenig Leid.

Bibi und Sicklefin schwammen mit einander zugeneigten Bäuchen direkt vor dem Bug unseres Bootes. Beide führten mit ihren Köpfen mehrmals ulkige, ruckartige kleine Bewegungen aus, dann näherten sie sich rasch einander, drehten sich auf die Seite, stießen mit den Schultern aneinander und wälzten sich so, dass sich der Berührungspunkt ihrer Körper von den Schultern abwärts zur Schwanzwurzel hin verlagerte. Als sie auseinander schwammen, bewegten sie ihre Fluken in einer schnellen, straffen und übertriebenen kleinen Dreschbewegung auf und ab. Dieses seltsame Ritual wiederholten sie noch mehrere Male. Ihr Verhalten erinnerte mich an Footballspieler, die sich nach einem gelungenen Spiel mit den Köpfen stießen. Es handelte sich um eine weitere bizarre Ritualisierung. Dieses Mal richtete sie sich aber eindeutig nicht an ein Weibchen, sondern an sie selbst. Vielleicht war es eine Art »Kriegstanz«, der die Solidarität stärken und sie körperlich in Wallung bringen sollte.

Sicklefin und Bibi, die durch ihren kleinen »Tanz« in immer stärkere Erregung gerieten, beschleunigten, schwammen schneller und schneller, bis sie sich springend nach Norden bewegten. Snubnose setzte ihnen nach. Wir folgten ihnen und merkten, dass mittlerweile ein vierter Delfin da war und dass sie ihn jagten. Alle drei Männchen schnellten synchron hinter dem neuen Delfin her. Die Jagd dauerte nicht lange, und als wir sie einholten, erkannten wir das neue Objekt ihrer Begierde: Es war Poindexter, ein Weibchen.

Als wir zu ihnen aufschlossen, führten Sicklefin und Bibi zu beiden Seiten von Poindexter eine Imponierparade auf. Sie krümmten ihren Rücken und bewegten ihr Kinn auf und ab. Dann schlugen sie mit ihren Fluken und tauchten unter Poindexter. Im nächsten Moment befand sich Poindexter, auf dem Rücken liegend, unter Bibi, anscheinend ihren Bauch heftig an seinem reibend. Paarten sie sich? Wir waren nicht sicher.

Als Poindexter sich an Sicklefin zu reiben begann und Zärtlichkeiten mit ihm austauschte, näherte sich Bibi kurz und schmuste mit Snubnose. Poindexter rieb sich dann an der Unterseite von Bibi und von Sicklefin, genau so, wie es Holeyfin und Puck vorher bei Sicklefin getan hatten. Sie ruhten Seite an Seite und berührten gegenseitig ihre Flipper. Sie schienen Poindexter weitgehend zu ignorieren.

Wie so oft war es schwer zu sagen, inwiefern sich dies alles auf Poindexter bezog und inwieweit auf die Beziehung der Männchen untereinander. Die Männchen verhielten sich so, als müssten sie sich selbst beweisen, nachdem sie von Trips, Bite und Cetus besiegt worden waren. Das Rekrutieren von Poindexter war ihre Lösung. Seit sie einige Stunden zuvor Holeyfin verloren hatten, waren sie ununterbrochen damit beschäftigt, sich gegenseitig zu imponieren und Zärtlichkeiten auszutauschen. Andrew und ich konnten es wieder nicht lassen, sie ein wenig zu vermenschlichen. Und so witzelten wir über die Parallelen zwischen dem Verhalten dieser Delfine und dem einer

Streetgang neunzehnjähriger Jungs, die sich Respekt verschaffen wollen, angeben, sich in ihrer Mannhaftigkeit messen, ihre Egos aufpolieren und so zu immer größeren Dummheiten getrieben werden.

Kurzum, die Männchen und Poindexter schwammen wieder südwärts nach Monkey Mia zurück. Wir waren mindestens anderthalb Meilen von Monkey Mia entfernt, und es war Ebbe. Sie mussten um den Rand der flachen Seegrasbank herumschwimmen, um in ausreichend tiefem Wasser zu bleiben. Die Delfine tauchten zum Meeresboden hinab, um ihren Körper an den aufragenden Seegrasbüschen zu reiben. Sicklefin rieb seine Seite genüsslich an einem solchen Busch. Dann angelte er ihn mit seinem Schwanz, riss ihn aus dem Boden und zog ihn eine Zeit lang mit sich, bevor er ihn mit einem Flukenschlag abschüttelte.

Sicklefin und Bibi tauschten weiterhin Zärtlichkeiten aus, manchmal sogar, wenn Poindexter sich an ihnen beiden rieb. Einmal drehte sie sich unterhalb von Sicklefin auf den Rücken und wälzte ihren gesamten Körper so wild hin und her, dass sein Flipper die gesamte Breite ihres Bauches und ihrer Seiten überstrich. Er hielt einfach nur seinen Flipper still, während sie die ganze Arbeit verrichtete. Wieder musste ich mich fragen, ob dies ein Anzeichen ihrer leidenschaftlichen Zuneigung zu Sicklefin war oder ob sie ihn lediglich irgendwie zu beschwichtigen suchte. Unterdessen folgte Snubnose nach. Gelegentlich ritt er die Bugwelle unseres Bootes, die für ihn ein »billiger Ersatz« für die Gesellschaft von Delfinen war.

Die Männchen brachten Poindexter mit nach Monkey Mia. Verglichen mit der Art und Weise, wie sie sich früher am Tag gegen Holeyfin verhalten hatten, waren sie wohl an Poindexter nicht sonderlich interessiert. Kein Imponiergehabe, kein Nachsetzen auf Schritt und Tritt, kein synchrones Auftauchen direkt hinter ihr und keine Genitalinspektionen. Waren sie einfach von dem aufregenden Morgen erschöpft, oder erschien ihnen Poindexter einfach weniger begehrenswert, und wenn ja, warum? Später schwamm Poindexter weg, und die Männchen machten keinerlei Anstalten, sie zu verfolgen. Im Laufe der nächsten Tage und Wochen rekrutierten Snubnose, Bibi und Sicklefin immer wieder Poindexter, wir hatten jedoch den deutlichen Eindruck, dass sie ein wenig halbherzig bei der Sache waren. Poindexter schien nur eine Notlösung zu sein.

Das Erstaunlichste an den Ereignissen am 19. August war die Tatsache, dass Trips und Bite morgens nach Monkey Mia gekommen waren, sich ein Bild der Lage verschafften und dann – was auf ein beträchtliches Maß an Voraussicht und Vorbedacht deutete – in die Bucht schwammen, um ihren dritten Partner, Cetus, und ihre Bündnispartner zweiter Ordnung, Realnotch und Hi, zu holen. Was war ihnen durch den Kopf gegangen, als sie Snubnose, Bibi und Sicklefin an diesem Morgen Holeyfin umwerben sahen? Hatten sie einen Angriff geplant? Was und wie hatten sie Cetus, Realnotch und Hi ihre Absichten mitgeteilt?

Jeden Tag beobachteten wir faszinierende neue Wendungen, die das sich abzeichnende Bild männlicher Bündnisstrategien weiter erhellten und gleichzeitig immer mehr Fragen aufwarfen.

Warum setzten sich so viele Bündnisse aus drei Tieren zusammen? In einer einfachen und idealen Welt würde ein männlicher Delfin seine Wege gehen und es vermeiden, Paarungschancen teilen zu müssen. Dieses Teilen der Paarungschancen mit einem anderen Männchen ist in der Tat kostspielig, aber vielleicht findet es ja ohne Hilfe überhaupt keine solchen Gelegenheiten. Sie aber gleich durch drei zu teilen? Dies war enorm kostspielig und zudem verwirrend, wenn man bedenkt, dass das Phänomen des zusehenden Dritten darauf hindeutete, dass zwei sowieso eine bessere Zahl war.

Wir folgerten daraus, dass angesichts der niedrigen Fortpflanzungsrate weiblicher Delfine (bestenfalls ein Kalb alle vier Jahre) zu einem gegebenen Zeitpunkt immer nur wenige Weibchen befruchtungsfähig waren. Das macht fortpflanzungsfähige Weibchen sehr begehrt. Und deshalb müssen die Männchen intensiv um die seltenen Gelegenheiten, sich zu paaren und Nachwuchs zu zeugen, konkurrieren. Die Paarungskonkurrenz ist bei vielen Tierarten gut dokumentiert, und sie ist verantwortlich für die Tatsache, dass Männchen vieler Spezies so erbittert miteinander kämpfen und Merkmale wie riesige Eckzähne und stattliche Körpergröße erworben haben, die ihre Kampftauglichkeit steigern.

Das vielleicht extremste Beispiel ist der Seeelefant. Männliche Seeelefanten sind riesig, wiegen ein Vielfaches der Weibchen und stellen Furcht einflößende Eckzähne zur Schau. Die Männchen sind beträchtlich größer als Weibchen, sodass die Weibchen während der Paarung manchmal sogar verletzt werden. Während der Paarungszeit suchen die Weibchen in großer Zahl einige wenige Strände auf. Die Männchen kämpfen erbittert miteinander. Nur ein Männchen gewinnt. Dieser erringt dann den gesamten Harem und wird im Laufe der Paarungszeit dutzende von Jungen zeugen. Die Verlierer setzen hingegen keinen (oder nahezu keinen) Nachwuchs in die Welt. Angesichts so niedriger Chancen kann man mit Fug und Recht von erbitterter Konkurrenz sprechen.

Bei Delfinen wäre ein einsames Männchen in arger Bedrängnis, wenn es sich mit einem widerwilligen Weibchen paaren müsste. Sie muss einfach nur passiv sein. Ein Männchen, das sie bedrängt, wird lediglich dafür sorgen, dass sie sich von ihm entfernt. Er könnte sie nur dadurch zum Geschlechtsakt zwingen, dass er sie gegen etwas presst. Bei den Glattwalen sind mehrere Männchen und ein Weibchen an der Paarung beteiligt. Das Weibchen, das von erregten Männchen bedrängt wird, befindet sich in einer Position, in der es, sobald es sich von einem Freier wegdreht, gegen einen anderen stößt. Obwohl die Männchen eigentlich nicht kooperieren, wird das Weibchen doch von ihnen festgehalten, und keiner könnte sich ohne die Gegenwart der anderen erfolgreich paaren.

Männliche Delfine mögen ursprünglich in einer ähnlichen Lage gewesen sein. Es bedurfte mehr als nur eines Männchens, damit sich eines von ihnen erfolgreich mit einem widerwilligen Weibchen paaren konnte. Dies könnte die Voraussetzungen für das kooperative Verhalten geschaffen haben. Zwei kooperierende Männchen hatten den großen Vorteil, andere Männchen vertreiben zu können. Selbst wenn jedes Mitglied dieses Paares seine Chancen, Nachkommen zu zeugen, halbierte, waren die Aussichten dennoch allemal besser als in einem allgemeinen Gerangel, in das viele andere Männchen verwickelt waren.

Hat ein kooperierendes Paar Männchen erst einmal andere Männchen erfolgreich ausgestochen, sind die anderen natürlich besser dran, wenn sie ebenfalls Paare bilden. Die Paarbildung wird zur Regel, und der Vorteil einer solchen Konstellation verringert sich. Was aber geschieht, wenn sich ein Paar ein drittes Mitglied zulegt? Das Dreigespann hat nun den zahlenmäßigen Vorteil, und ihre Gegner werden daraufhin gezwungen sein, ebenfalls einen dritten Partner aufzunehmen, sodass Dreierbündnisse die Regel werden. Wenn nun ein Bündnis eine Partnerschaft zweiter Ordnung mit einem anderen Bündnis eingeht, haben sie faktisch ihre Mitgliederzahl verdoppelt und zwingen ihre Gegner dazu, gleichzuziehen. Evolutionsbiologen bezeichnen solche Eskalationen als »Wettrüsten«. Meines Erachtens sollten wir den Göttern dafür danken, dass Delfine nicht die Fähigkeit besitzen, Atomwaffen zu bauen.

Praktisch jeder männliche Delfin in der von uns untersuchten Population gehörte einem Bündnis an. Die einzigen Ausnahmen betrafen Männchen, deren Bündnispartner gestorben waren. Die Zugehörigkeit zu einem Bündnis stellt für männliche Delfine der Shark Bay den Daseinszweck dar, und sie fangen bereits früh damit an. Cookie, Smoky und Jesse beispielsweise sind drei junge Männchen, die altersmäßig nur wenige Jahre auseinander waren. Von Kindheit an haben sie recht viel Zeit miteinander verbracht, vielleicht einfach nur deswegen, weil ihre Mütter zufällig im selben Areal lebten, sodass sie regelmäßig Kontakt miteinander hatten. Sie balgen sich und springen gemeinsam umher, wie es junge Säugetiere zu tun pflegen, während ihre Mütter in der Nähe nach Nahrung suchen. Da Delfine so langlebig sind, wird es viele Jahre dauern, bis wir mit Sicherheit wissen, ob sie sich zu Bündnispartnern entwickeln, aber ich wette, dass es so kommt.

Obwohl viele der Bündnispartnerschaften, die zu Beginn unserer Beobachtungen im Jahr 1982 existierten (wir fotografierten sie seinerzeit zusammen), heute immer noch bestehen, sind auf lange Sicht nicht alle so stabil. Einige der Bündnisse, die uns in den späten achtziger Jahren etwas über das Verhalten männlicher Delfine lehrten, haben sich aufgelöst. Als wir unsere Studien in der Shark Bay aufnahmen, schienen drei Bündnisse die Red Cliff Bay zu dominieren: Trips, Bite und Cetus; Chop, Bottomhook und Lamda sowie Realnotch, Hi, Hack und Patches. Im Laufe der Jahre verschwanden Hack und Patches (mehr dazu weiter unten), sodass nur Realnotch und Hi übrig blieben. Trips, Bite und Cetus verschwanden ebenfalls; außerdem Chop und Lamda, die Bottomhook zurückließen (der sich später Realnotch und Hi anschloss).

Wir wissen nicht, was mit diesen Delfinen, die verschwanden, geschehen ist. Vielleicht starben sie alle eines natürlichen Todes, vielleicht aber auch nicht. Einige Male haben wir uns gefragt, ob die Männchen manchmal auf Leben und Tod kämpfen oder ob sie möglicherweise andere Männchen dazu zwingen, an einen anderen Standort abzuwandern.

Das Verschwinden von Patches, einem ehemaligen Mitglied der aus Realnotch, Hi, Hack und Patches bestehenden Vierergruppe (wahrscheinlich handelte es sich um ein Bündnis zweiter Ordnung der beiden Paare: Realnotch und Hi sowie Hack und Patches), war besonders verdächtig. Eines Tages beobachteten wir, wie sich Patches' Partner mit dem Gespann Trips, Bite und Cetus wütend gegen ihn verbündete. Zu Beginn, als wir auf die Gruppe stießen, machte sich Hi mit erigiertem Penis an Patches heran. Wahrscheinlich war es eine Dominanzgebärde, wie sie so ähnlich auch bei Hunden auftritt. Es kam zu einem tumultartigen Gedränge, als plötzlich eine geschlossene Phalanx aus dem Chaos hervorging. Alle sechs Männchen positionierten sich in einer Reihe gegenüber von Patches. Nach einem gespannten Moment, der nichts Gutes ahnen ließ, stürzten sie auf ihn zu, und wir sahen flüchtig, wie einer der Delfine nach ihm schnappte und ein anderer mit der Fluke schlug. Es folgte eine Jagd, und als wir auf gleicher Höhe waren, machten die sechs noch einmal Front gegen Patches und attackierten ihn ein zweites Mal. Danach lag Patches mit gekrümmtem Nacken, den Kopf in einer starren, linkischen Haltung aufwärts reckend, das Weiße seiner Augen zeigend und schrille quietschende Laute ausstoßend, an der Wasseroberfläche. Er war verängstigt und hatte Schmerzen. Am folgenden Tag stießen wir zufällig noch einmal auf Realnotch, Hack, Hi und Patches, und alle wiesen frische Wunden auf: Realnotch hatte eine klaffende Wunde über dem Auge, und Patches fehlte ein weiteres Stück aus seiner Rückenfinne.

Dieses Ereignis könnte durchaus eines aus einer ganzen Reihe Geschehnisse gewesen sein, die schließlich zur Auflösung der Partnerschaft zweiter Ordnung zwischen Realnotch/Hi und Hack/Patches und vielleicht auch zur Auflösung des Bündnisses von Hack und Patches führte. Ungefähr einen Monat nach dem Angriff auf Patches verschwand Hack. Nicht viel später, während unserer Abwesenheit, verschwand auch Patches für immer. Wir sahen keinen der beiden jemals wieder, und wir fragten uns, was wohl aus ihnen geworden war.

Wir wissen nicht, weshalb Patches von seinen Bündnispartnern und mit Unterstützung von Chop, Bottomhook und Lamda so heftig attackiert wurde. Seine Versuche, Bande zu Trips, Bite und Cetus zu knüpfen, könnten jedoch etwas damit zu tun gehabt haben. Erst kurz davor waren wir auf Patches gestoßen, der eines Nachmittags mit Trips, Bite und Cetus weit weg von seinen Bündnispartnern dahinschwamm. Damals erschien uns das etwas ungewöhnlich. Nach dem Angriff fanden wir ihn erneut ohne seine Partner in Begleitung von Trips, Bite und Cetus. Patches hat sich also zu dieser Zeit bei ihnen einzuschmeicheln versucht, auch wenn wir nicht wissen, ob das Ursache oder Folge seiner Verbannung war.

Viele Menschen können sich nur schwer mit der Tatsache abfinden, dass männliche Delfine miteinander kooperieren und konkurrieren, um Weibchen zu rekrutieren, die sie dann dazu zwingen, bei ihnen zu bleiben und sich mit ihnen zu paaren. In wissenschaftlichen Zeitschriften hatten wir einige Aufsätze über Kooperation und sexuelle Bedrängung von Weibchen veröffentlicht. Daraufhin griff die Massenpresse diese Geschichte auf, vielleicht weil es den gängigen Vorstellungen so sehr widersprach oder weil ein so »politisch unkorrektes« Verhalten von intelligenten Delfinmännchen eine schauerliche Faszination ausübte. Richard, der die Forschungen zu diesem Thema leitete, wurde mit Anfragen für Artikel, Filme und Interviews überschwemmt. Die *New York Times* veröffentlichte einen langen Artikel, der den Titel »Dolphin Courtship: Brutal, Cunning an Complex« [Balzverhalten bei Delfinen: Brutal, verschlagen und komplex«] trug. Außerdem produzierte PBS NOVA einen Dokumentarfilm mit dem Titel »The Private Lives of Dolphins« [»Das Privatleben der Delfine«].

Die Vorstellung, dass Delfine, die vermeintlich netten, lächelnden, liebenswürdigen Bewohner friedlicher Meere, so grob und berechnend sein konnten, war für viele Leute ein schwerer Schlag. Elizabeth Gawain, die gute Seele, die uns zuerst von Monkey Mia erzählt hatte, reagierte entsetzt auf unsere ersten Berichte über Bündnisse zwischen Männchen, die Weibchen sexuell bedrängten. Als sie 1988 Australien besuchte, waren Snubnose, Bibi und Sicklefin so richtig in Schwung und entführten täglich Weibchen ins Flachwasser von Monkey Mia. Sie beobachtete und lauschte unseren Interpretationen ihres Verhaltens und hinterfragte alles von Grund auf, wobei sie stets nach alternativen und »netteren« Erklärungen für das Verhalten der Männchen suchte. Als sie jedoch beobachtete, wie Bibi und Sicklefin ein Weibchen, das sie eines Nachmittags »aufgebracht« hatten, heftig attackierten, brach sie in Tränen aus und sagte mir, dass wir wohl Recht hätten, so schwer es ihr auch falle, dies zuzugeben.

Elizabeth besaß die Größe des Herzens und des Verstandes, sich weitgehend unvoreingenommen ein eigenes Bild von den Delfinen zu machen. Schließlich konnte sie das, was gewissermaßen in die Augen sprang, akzeptieren. Andere haben sich weitaus stärker dagegen gesträubt. Ein Mann schrieb eine Diplomarbeit, in der er unsere Forschungsergebnisse »dekonstruierte« und behauptete, wir projizierten einfach unsere subjektiven Einstellungen auf die Delfine; andere Leute mit positiverer Grundeinstellung hätten vielleicht herausgefunden, dass Delfine die netten, sanften und süßen Kreaturen seien, die sie sein *sollten*.

Was mich persönlich betrifft, so haben die Erkenntnisse, die wir über das Verhalten männlicher Delfine gewannen, meine Achtung vor ihnen eher vergrößert als gemindert. Sie sind uns ähnlicher, und wir sind ihnen ähnlicher, als es manch einem lieb ist. Ihr Verhalten ist in seiner Komplexität, Tiefgründigkeit und Subtilität wunderbar und erstaunlich zugleich. Sie sind nicht die immerzu süßen und netten Geschöpfe, für die wir sie anfangs hielten. Delfine können in der Tat nett, sanft und süß sein, aber sie können auch gemein, selbstsüchtig und nach unseren Maßstäben ausgesprochen »politisch unkorrekt« sein. Sie sind, wie wir, vielschichtig und facettenreich.

Mütter, Töchter und Schwestern

Die Aufsehen erregende und in vielerlei Hinsicht erschütternde Entdeckung von Bündnissen zwischen Männchen, die miteinander kooperieren, um Weibchen zu Paarungszwecken in ihre Gewalt zu bringen, sorgte für einen gewaltigen Medienrummel. Das Forschungsprojekt über die Delfine der Shark Bay wurde nun auf einen Schlag über Fachkreise hinaus einer breiten Öffentlichkeit bekannt. Unterdessen rückte jedoch eine subtilere und fundamentale Geschichte, nämlich die Lebensweise der Weibchen, allmählich in den Blickpunkt. Ich sage »fundamental«, weil für Säugetiere im Allgemeinen gilt, dass das Verhalten der Männchen durch die Verteilung und die Verfügbarkeit der Weibchen geprägt wird, während das Verhalten der Weibchen unmittelbarer von ökologischen Faktoren abhängt. Dies ist darauf zurückzuführen, dass der Fortpflanzungserfolg eines Weibchens weitgehend von ihrer Fähigkeit, ihren Energiebedarf während der Schwangerschaft und der Aufzucht ihrer Jungen zu decken, abhängt.

Nachdem unsere wissenschaftlichen Mentoren Irv DeVore, Richard Wrangham und Barb Smuts Monkey Mia besucht hatten, begannen Andrew und ich mit der Arbeit an unseren Dissertationen an der Universität von Michigan. Wir ließen Santa Cruz – und meinen alten VW-Bus – hinter uns. Selbst wenn er die Fahrt von Kalifornien nach Michigan überlebt hätte, der harte Winter in Michigan hätte ihm mit Sicherheit den Garaus gemacht. Es war ein trauriger Abschied, aber ich hoffe, dass er immer noch durch die sonnigen Straßen von Santa Cruz streift und hoffentlich mit einer neuen Lackierung.

Andrew hatte begonnen, das Verhalten von Weibchen zu erforschen, und führte gezielte Beobachtungen an mehreren Weibchen durch, die wir regelmäßig in der Red Cliff Bay sahen. In der Zwischenzeit stieß Janet Mann, die ebenfalls an der Universität von Michigan bei Barb Smuts studierte, zu unserem Team. Sie wollte sich auf die Entwicklung der Kälber konzentrieren. Mit der Zeit enthüllten sich viele Aspekte der Lebensweise weiblicher Delfine in der Shark Bay, die auf komplexe Weise mit der ihrer Jungen verwoben war, langsam von selbst.

Es war der 16. April 1990, als Nicky, die von einer wilden Heranwachsenden zu einem fünfzehnjährigen geschlechtsreifen Weibchen gereift war, ihr zweitgeborenes Kalb nach Monkey Mia mitbrachte. Ihr erstes, zwei Jahre zuvor geborenes Junges war gestorben, doch heute wurde Holeyfin ein weiteres Mal Großmutter. Wie ein unter Wasser losgelassener Korken brach der neugeborene Delfin dicht neben Nicky durch die Wasseroberfläche und holte gurgelnd Luft. Der Anblick des unsicher auf seinen vor kurzem entfalteten Flossen wackelnden Kalbes verschlug den versammelten Menschen vor Entzücken den Atem. Dies war sein erster Tag in Monkey Mia. Leicht pigmentierte Fötalfalten verliefen seitlich über seinen Körper. Sie erinnerten an sein beengtes Quartier in Nickys Gebärmutter, aus dem es irgendwann in den letzten vierundzwanzig Stunden herausgekommen war.

Während der letzten Wochen, als Nicky sich im flachen Wasser auf die Seite lümmelte, schier überwältigt von der Größe ihres Bauches, hatten wir uns inständig gewünscht, bei der Geburt dabei zu sein. Wir waren zwar enttäuscht, aber nicht verwundert, dass wir sie verpasst hatten. Wer weiß schon, welchen Ort ein Delfin hierzu aufsucht und wen er wohl während des Geburtsvorgangs als Begleitung möchte? In Anbetracht der vielen Haie, denen die Bucht ihren Namen verdankt, muss es ein riskantes Unterfangen sein. Die Geburt blieb jedoch ihr ungeteiltes Geheimnis.

Wenn der Geburtsverlauf bei ihr auch nur annähernd mit dem bei gefangenen Delfinen übereinstimmte, wie er einige Male beobachtet und sogar gefilmt worden war, dürfte sie, langsam schwimmend, die Wehen bekommen und während der Wehen Pausen eingelegt haben. Anders als bei den meisten Säugetieren kommt ein Delfinkalb nicht mit dem Kopf voran aus dem Mutterleib, sondern mit dem Schwanz (wahrscheinlich, um sicherzustellen, dass das Neugeborene nicht atmet, bevor es vollständig aus dem Mutterleib heraus ist). Im dem Moment, in dem das Kalb freikam, wirbelte Nicky mit Sicherheit herum und schubste ihr Neugeborenes an die Wasseroberfläche, damit es dort seinen ersten Atemzug machte.

Jetzt verrieten Nickys angespannte Bewegungen und die Tatsache, dass das Weiß ihrer Augen sichtbar war, dass sie sich ein wenig gestresst, vielleicht hungrig und besorgt über ihre neue Rolle als Mutter fühlte. Sie pfiff immer wieder, als versuchte sie, dem Kalb ihren Pfeifton einzuprägen.

Dem Jungen schien es nicht schwer zu fallen, mit Nicky Schritt zu halten, obwohl sie ihr Tempo nicht sonderlich verringerte, um auf es Rücksicht zu nehmen. In der Tat war Nicky so gierig nach Futterfisch, dass sie gefährlich um sich schlug, und wir fürchteten, sie könne ihr Neugeborenes treffen. Als das Kalb jedoch von ihr getrennt wurde und zum Ufer zwischen die Beine seiner menschlichen Bewunderer schwamm, raste sie heran und scheuchte es mit einem grellen Quietschen den Strand hinunter. War das Kalb in Panik geraten, oder erteilte Nicky ihm eine Rüge? Wenige Minuten später kehrten sie Seite an Seite zurück. Da die Fischeimer jedoch leer waren, blieb Nicky einige Meter vom Ufer entfernt und beruhigte sich.

Ich wollte diesen makellosen kleinen Delfin Rabble nennen, da ich mir gut vorstellen konnte, dass er zu einem übermütigen Aufrührer heranwuchs. Er schwamm kreuz und quer, vorwärts und rückwärts über Nickys Gesicht, schrammte über ihre Schnauzenspitze und zappelte umher, als hätte er es noch nicht kapiert, dass die Flipper zum Steuern und die Fluke zum Antreiben da sind. Nicky sah es ihm nach und achtete mit einem Auge auf die Leute. Holeyfin, Puck und Surprise waren in der Nähe und schwammen im flachen Wasser ziellos umher. Sie warteten, ob es noch weitere Köderfische geben würde. Da drehte sich Nicky ohne Vorwarnung herum und stürzte, aggressiv schreiend, auf Surprise zu. Sie öffnete die Schnauze und kratzte mit ihren Zähnen auf der Schwanzwurzel von Surprise. Unverzüglich sausten Puck und Holeyfin herbei und tauchten zu beiden Seiten von Surprise auf. Rabble, der in dem Tumult die Orientierung verloren hatte, war von Nicky getrennt worden und fand nun, da seine Mutter von den anderen drei Weibchen wegschwamm, seinen Weg zurück an ihre Seite.

Surprise, ein junges, geschlechtsreifes Weibchen, das wahrscheinlich nur ein oder zwei Jahre jünger als Nicky war, kam seit einiger Zeit beinahe jeden Tag nach Monkey Mia, nahm Fische aus den Händen der Touristen an und spielte mit ihnen Seegrasspielchen. Sie war ein schöner, reizender Delfin mit einer kurzen Schnauze und einer makellosen dunklen Haut und ebenso schönen Augen. Sie war stets auf unser Boot zugeschwommen, wenn wir sie draußen in der Bucht trafen, und sie war eine vollendete Bugwellenreiterin. Ihren Namen verdankte sie der Tatsache, dass sie plötzlich, scheinbar aus dem Nichts, am Bug unseres Bootes aufzutauchen pflegte. In den vergangenen Jahren hatte sie Monkey Mia gelegentlich besucht, und sie interessierte sich besonders für Menschen. Jetzt gehörte sie zu den regelmäßigen Besuchern.

Nicky schien nicht erfreut zu sein. Wir hatten sie Surprise unlängst mehrmals angreifen gesehen. Vielleicht konnte sie sich nicht mit dem Gedanken anfreunden, mit noch einem weiteren Delfin um Futterfische zu konkurrieren, zumal jetzt, mit dem erhöhten Nahrungsbedarf in der Stillzeit. Möglicherweise wollte sie ihr Kalb auch nicht zu sehr den anderen Weibchen aussetzen, solange es nicht genau wusste, wer seine Mutter war. Oder sie war einfach gereizt, und Surprise war ihr Sündenbock. Jedenfalls war ihr Verhältnis offenkundig gespannt. Meistens schienen sich Holeyfin und Puck mit Surprise zu solidarisieren. Mir drängte sich der Verdacht auf, dass Nicky gerade deswegen mürrisch und unvernünftig war, während Holeyfin und

Puck, die Surprise wohlwollender gegenüberstanden, nicht wollten, dass Nickys schlechte Laune überhand nahm.

Sowohl Holeyfin als auch Puck hatten in den vergangenen Monaten Junge verloren. Die augenscheinlich hochschwangere Holeyfin war im Januar für einige Tage verschwunden und kehrte dann, abgemagert und völlig ausgehungert, allein zurück. Wir werden nie erfahren, was dem Kalb zugestoßen ist: ob es nun dem Angriff eines Hais zum Opfer gefallen oder ob es tot geboren worden oder ertrunken ist. Auch wussten wir nicht, wie sich Holeyfin daraufhin fühlte. Puck hatte im März ein gesundes Junges geboren, das sie sofort nach Monkey Mia mitbrachte. Doch sieben Tage später tauchte sie allein auf. Das Junge blieb für immer verschwunden.

Ihr Schicksal war nicht ungewöhnlich. Im Laufe der Jahre fanden wir heraus, dass zwischen einem Drittel und der Hälfte aller neugeborenen Delfine die ersten paar Jahre nicht überlebten. Wahrscheinlich gibt es zahlreiche Ursachen für diese hohe Kindersterblichkeit. Ohne Zweifel sind Haie eine nahezu permanente Bedrohung, aber es gibt auch andere Gefahren. Einige Kälber werden vermutlich von ihren Müttern getrennt und stranden schließlich auf Sandbänken oder ertrinken. Einige erliegen den Verletzungen, die sie beim Zusammentreffen mit giftigen Steinfischen, Drachenköpfen, Stachelrochen oder anderen unfreundlichen Geschöpfen davontragen.

Nachdem Puck und Holeyfin ihre Kälber verloren hatten, wurden sie wieder brünstig und waren in den vergangenen Wochen Objekte männlicher Begierde gewesen. Sie verbrachten viel Zeit miteinander. Beide mussten nun nicht mehr den erhöhten Energiebedarf decken, wie er mit Schwangerschaft und dem Stillen einhergeht, und selbst die alte Holeyfin, die für gewöhnlich gleichmütig und reserviert war und sich vor allem fürs Fressen interessierte, beobachteten wir dabei, wie sie mit Seegrasstücken im Maul umhersprang, mit Puck Verstecken spielte und mit den heranwachsenden Männchen herumtollte.

Der Gegensatz zur missmutigen, in sich gekehrten Nicky, die wie besessen nach Nahrung gierte, war schlagend und aufschlussreich. Vorbei waren die Tage, in denen sie als koketter Wildfang mit ihren jugendlichen Kameraden Snubnose, Bibi, Gamma, Wave, Shave, Lucky, Pointer und Lodent herumgetollt war. Als ich diesen Wandel wahrnahm, überkam mich ein Anflug von Trauer. Ihre sorglose, verspielte Natur war mit einem Mal dahin. Sie übte nicht länger für das Erwachsensein, und sie genoss nicht länger die Freiheiten der Jugend; sie war jetzt selbst erwachsen. Sie musste sich an die Regeln halten, egal, wie streng sie waren. Ihr Verhältnis zu Wave, Shave, Snubnose, Bibi und Sicklefin sollte sich durch die Spannungen, Einschränkungen und Normen, die mit der Sexualität und dem Taktieren der Erwachsenen verbunden sind, grundlegend verändern. Mit den Anforderungen der Mutterschaft konfrontiert, musste sie sich ganz auf die lebenswichtige Aufgabe beschränken, ausreichend Nahrung für sich und Rabble zu beschaffen.

Ich kann mich in Nicky hineinversetzen, da ich vor kurzem eine ähnliche Veränderung in meinem Leben durchgemacht habe. Vor einigen Jahren noch gab es verschiedene Männer, von denen ich mich angezogen fühlte, und nichts machte mir so viel Spaß wie ein schöner Flirt. Ich verbrachte immer wieder längere Zeit in Australien, um Delfine zu beobachten, und ließ mich in meinen Plänen, meine Arbeit erfolgreich abzuschließen, mich zu vergnügen und das zu tun, wozu ich Lust hatte, durch nichts, auch nicht durch diese Flirts, beirren.

Doch in dem Maße, wie der Zeiger auf meiner biologischen Uhr vorrückte, änderte sich auf einmal meine Einstellung. Meine Wünsche an einen Partner wandelten sich. Dann lernte ich meinen jetzigen Ehemann kennen, der genau der Richtige war. Wir heirateten wenig später, und ich wurde schwanger. So endeten die Tage meiner unbeschwerten Reisen, die voller Verheißungen und vereinzelter romantischer Abenteuer gewesen waren. Sogar meine Forschungsaufenthalte in Australien sind in letzter Zeit auf der Strecke geblieben. Ich vermute, dass mich einige meiner alten Freunde nicht mehr so amüsant finden, und mit Sicherheit hat sich mein Verhalten anderen Männern gegenüber verändert. Heute geht es mir vor allem darum, dass meine Kinder wohl behütet, gesund, glücklich und gut genährt sind. Trotz all dieser Veränderungen und einem chronischen Schlafmangel füllt mich das neu entdeckte Familienleben in einer Weise aus, wie ich es nie für möglich gehalten hätte.

Ein weiblicher Delfin ist praktisch rund um die Uhr mit der Nahrungssuche beschäftigt. Fische sind nahrhaft, reich an Proteinen und Fett, aber oftmals ist es recht strapaziös, sie aufzustöbern und zu fangen. Einige Weibchen sind damit schlechterdings überfordert.

Yan, ein großes Weibchen, das wir von Anfang an aus der küstenfernen Zone kannten, gebar 1991 ein Junges, das wir »Yoda« nannten. Als wir sie in jenem Jahr zum ersten Mal sahen, war Yoda schon mehrere Monate alt, und Yan sah ganz gut aus, vielleicht etwas dürr. Im Laufe unseres damaligen Forschungsaufenthalts verschlechterte sich ihr Aussehen jedoch zusehends. Zuerst magerte sie am Rücken und an der Schwanzwurzel ab, dann fiel ihr Nacken ein. Später konnte man ihre Rippen sehen, und ihr Atem roch übel.

Yoda magerte ebenfalls ab und wich, anders als andere Kälber, keine Minute von Yans Seite, als wäre sie an ihr festgeklebt. Yan suchte mit einer Gewissenhaftigkeit nach Nahrung, die beeindruckend war. Unermüdlich war sie in Bewegung, stets auf der Suche, stets hart arbeitend. Wenn wir auf sie trafen, näherte sie sich dem Boot für eine kurze Begrüßung, setzte dann aber gleich wieder ihre Nahrungssuche fort. Letzten Endes reichte es aber nicht. Vielleicht versiegte ihr Milchvorrat, vielleicht hatte sie sich aber auch von Anfang an nicht wohl gefühlt. Einen Tag später sahen wir Yan ohne Yoda. Yoda war tot. In den folgenden Monaten erholte sich Yan und erlangte wieder das gesamte Gewicht zurück, das sie verloren hatte.

Wenn ihre Kälber überleben, stillen Delfinweibchen mindestens vier Jahre lang. Danach werden sie wieder brünstig. Ihr Hormonhaushalt verändert sich, der Eisprung setzt ein, und sie durchlaufen Perioden, in denen sie für Männchen ausgesprochen attraktiv sind. Wenn ihre Kälber nicht überleben, wie es bei Puck und Holeyfin der Fall war, werden sie, kurz nachdem sie ihre Jungen verloren haben, wieder brünstig. Und wieder werden sie gejagt, bedrängt, gestoßen und von den Männchen, die sie entführen, gezwungen, bei ihnen zu bleiben und sich mit ihnen zu paaren.

Es ist schwer zu sagen, wie weibliche Delfine das aggressive Balzverhalten der Männchen empfinden. Ich kann leicht die eigenen Gefühle auf sie projizieren und mir ausmalen, dass sie wütend, aufsässig und ungemein erfinderisch in ihren Sabotagetechniken sind. Aber offen gesagt, treten derartige Gefühle nicht offen zu Tage.

Bei einigen Tierarten suchen sich die Weibchen ihre Paarungspartner gezielt aus. Sie wählen jene Männchen aus, die mit hoher Wahrscheinlichkeit nützliche Merkmale wie Gesundheit, Kraft, Größe und Intelligenz an ihre Nachkommen weitergeben. Bei Arten, bei denen die Männchen an der Aufzucht der Jungen beteiligt sind, suchen sich Weibchen die Männchen aus, die vermutlich treu sorgende Väter sein werden.

Wie bei den meisten Säugetierarten haben auch weibliche Delfine wahrscheinlich gewisse Vorstellungen davon, mit wem sie sich bevorzugt paaren möchten. Die Männchen beteiligen sich nicht an der Aufzucht der Jungen. Daher halten Weibchen wohl nicht nach »guten Vätern« Ausschau, sondern bevorzugen Männchen, die groß, gesund und intelligent sowie gute Jäger und gute Echopeiler sind beziehungsweise sonstige Merkmale besitzen, die ein Männchen für ein Weibchen attraktiv machen.

Da ein Weibchen jedoch in der Regel von mindestens zwei kooperierenden Männchen gestellt wird, kann es seine Vorlieben wohl nur selten in die Tat umsetzen. Männliche Delfine bedrängen ein Weibchen manchmal derart aggressiv, dass es regelrecht »vergewaltigt« wird.

Von Männchen umworben zu werden kann für ein Weibchen und selbst für seinen Nachwuchs zu einer gefährlichen Tortur werden. Delfinmännchen bedrängen im Allgemeinen Weibchen, die trächtig werden können (von wenigen Ausnahmen abgesehen, keine Weibchen, die bereits trächtig sind oder Neugeborene haben). Wenn ein Kalb vier Jahre alt ist, durchläuft seine Mutter wieder Brunstzyklen und kann Männchen anlocken. Die Jungen verbringen in diesem Alter jedoch immer noch viel Zeit mit ihren Müttern, sodass sie oftmals durch die sexuelle Bedrängung ihrer Mütter in Mitleidenschaft gezogen werden. Ein Weibchen, das wir Munch nannten, verlor sogar ihr Kalb, während sie aggressiv umworben wurde. Snubnose, Bibi und Sicklefin hatten sie dazu gezwungen, mehrere Tage bei ihnen im Flachwasser von Monkey Mia zu bleiben. Sie behandelten sie besonders brutal: Das beständige Rempeln eskalierte mehrfach zu aggressiven Kopfstößen, worauf sie schreiend über sie herfielen, sie jagten und schlugen. In der Nähe der Menschen fühlte sich Munch offensichtlich unbehaglich und verängstigt. Ihr Kalb, das für sein Alter ziemlich klein und dünn war, hatte offenbar so viel Angst, dass es, getrennt von ihr, vor der Küste blieb. Ich konnte hören, wie es unablässig nach seiner Mutter schrie. Manchmal konnte ich einen Blick auf seine kleine Rückenfinne erhaschen, wenn es in einiger Entfernung vom Ufer selbstständig auftauchte. Doch Munch konnte nicht zu ihrem Jungen hinausschwimmen, und danach sahen wir es nie mehr.

Ein anderes Weibchen, das wir Chiclet nannten, wurde 1987 und 1988 zum bevorzugten Ziel von Snubnose, Bibi und Sicklefin. Als sie das erste Mal nach Monkey Mia mitgebracht wurde, sah sie erbärmlich aus – man konnte ihre Rippen sehen, und sie war mit Narben, offenen Wunden und Beulen übersät. An der Art, wie sie sich bewegte – stets schnell, ruckartig und mit weit geöffneten Augen –, ließ sich eindeutig eine gewisse Verzweiflung ablesen. Sie tat uns Leid, da sie es kaum zu ertragen schien, in Monkey Mia als Geisel gehalten zu werden, wo sie mehrere Tage hintereinander nicht auf Nahrungssuche gehen konnte. So begannen wir, sie mit Futterfisch zu versorgen. Als ich sie fütterte, schlang sie alles, was ihr angeboten wurde, ungeschickt, aber erfolgreich und ohne das geringste Zögern hinunter. Dann fuhr sie mit geöffneter Schnauze auf meine Hand zu und schubste und stieß mich hartnäckig. Sie war offensichtlich so hungrig, dass sie jegliche Angst verlor und gierig weitere Nahrung begehrte. Wir fütterten sie an diesem Tage und auch die nächsten Male, als sie ins Flachwasser von Monkey Mia verschleppt wurde.

Holeyfin selbst wurde einmal schwer verletzt, als Snubnose, Bibi und Sicklefin sie bedrängten. Es geschah zu einer Zeit, in der ich mich in den Vereinigten Staaten aufhielt. Niemand weiß genau, was geschah, doch eines Morgens ließen sie sich nicht wie gewöhnlich im seichten Wasser Monkey Mias blicken. Die Männchen hatten Holeyfin aufgebracht, die immer noch von ihrer vierjährigen Tochter Holly begleitet wurde. Als sie später auftauchten, sahen sie schrecklich aus. Alle hatten Verbrennungen, offenbar an den Stellen, an denen ihre Körper den sengenden Strahlen der Sonne ausgesetzt gewesen waren. Wir können nur mutmaßen, dass die Männchen Holeyfin umherjagten und sie alle irgendwann auf einer Sandbank strandeten. Holeyfin sah mit Abstand am schlimmsten aus. Ungefähr ein Drittel ihres Rückens und ihrer Schultern war mit Blasen bedeckt, und die Haut hatte sich abgeschält. Aus dem darunter liegenden Gewebe sickerte eine dickflüssige, klebrige, weißliche Substanz, die mit Blut durchsetzt war. Offensichtlich war sie beim Stranden am weitesten aus dem Wasser geraten. Holly wies einen sich über ihren Rücken hinziehenden Streifen verbrannter Haut auf. Sie war wahrscheinlich neben Holeyfin gestrandet, doch aufgrund ihrer geringeren Körpergröße hatte sie nicht so viel Sonnenbestrahlung abbekommen. Die Männchen zeigten dünne Streifen verbrannter Haut; augenscheinlich hatte nur ein kleiner Teil ihres Rückens aus dem Wasser geragt. Offenbar waren sie hinter Holeyfin in tieferem Wasser gestrandet. Es sollte mehrere Monate dauern, bis sich Holeyfin von diesen Verbrennungen erholte, und die abstehenden Narben behielt sie für den Rest ihres Lebens.

Manchmal leisteten Weibchen heftige Gegenwehr, wenn sie von Männchen sexuell bedrängt wurden. Offenbar waren sie entschlossen, ihren Freiern zu entkommen. Dann wieder schienen sie sich in ihr Schicksal zu fügen und die Sache gelassen zu nehmen. Mitunter sind die Männchen besonders gewalttätig, sie rempeln das Weibchen unaufhörlich, jagen ihm nach, stoßen es und schreien. Dann wieder folgen sie ihrem Objekt der

Begierde lediglich, während dieses mit der Nahrungssuche beschäftigt ist. Es konnte zu kleineren Geplänkeln, Rempeleien und Verfolgungsjagden kommen, aber die Männchen hielten sich zurück und ließen das Weibchen unbehelligt seiner Aktivität nachgehen.

Die Ursachen dieser unterschiedlichen Verhaltensweisen liegen weitgehend im Dunkeln. Es könnte etwas mit dem jeweiligen Stadium des weiblichen Brunstzyklus und folglich ihrem Paarungsinteresse zu tun haben. Es könnte sich aber auch um unterschiedliche Präferenzen der Weibchen handeln, je nachdem, ob eine sich mit gerade diesen Männchen paaren will. Die Männchen von Monkey Mia, Snubnose, Bibi und Sicklefin, waren durchweg sehr aggressive Werber. Die betroffenen Weibchen, die in die seichte Uferzone von Monkey Mia getrieben wurden, hatten eine besonders starke Tendenz, zu fliehen. Sie mussten sich nicht nur wider ihren Willen in der Nähe von Menschen aufhalten, sondern sie konnten auch nicht nach Nahrung suchen, solange sie sich dort aufhielten. Die Männchen schlugen sich den Wanst mit Futterfischen voll, während das durch die Bedrängung schon gestresste Weibchen auch noch hungerte. Eine interessante Beobachtung lässt vermuten, dass sich die Männchen dieser Dynamik womöglich sogar bewusst waren.

Es war März 1988, und die Männchen hatten Jag entführt. Bibi war besonders leidenschaftlich gewesen, er blieb dicht neben ihr und schubste sie unsanft, sobald sie sich zu weit entfernte. Holeyfin, Puck und Nicky sowie Snubnose und Sicklefin wurden von den Touristen eimerweise mit Fisch gefüttert. Bibi preschte gelegentlich dazwischen, um sich einen Fisch zu schnappen und kehrte zu Jag zurück, die sich etwas weiter weg vom Strand aufhielt. Dann tat er etwas sehr Überraschendes. Er stürzte vor, schnappte sich einen Fisch und kehrte, den Fisch immer noch im Maul, zu Jag zurück. Er pfiff und gab eine Reihe hoher Quietschtöne von sich, die wir als »Futterrufe« bezeichneten (die Delfine stießen fast immer diese Laute aus, wenn ihnen Fisch angeboten wurde). Bibi kaute auf dem Fisch herum, und ich dachte schon, er würde ihn hinunterschlingen, aber dann ließ er ihn fallen und stieß ihn mit seiner Schnauze sogar zu Jag hin, die ihn schnappte und fraß. Er fütterte sie! Wusste er etwa, dass sie hungrig war? Wollte er auf diese Weise ihre Zuneigung gewinnen? Es war eine überraschend freundliche Geste, die in scharfem Kontrast zu dem ansonsten rüden Betragen der Männchen stand.

Angesichts der Übermacht kooperierender Männchen stellt sich die Frage, warum die Weibchen den Männchen nicht dadurch Widerstand leisten, dass sie ihrerseits Bündnisse schließen. Das ist eine zentrale und verwickelte Frage. Es gibt einige spärliche Hinweise, die vermuten lassen, dass sich Weibchen gelegentlich helfen, wenn sie von aggressiv werbenden Männchen bedrängt werden.

Eines Tages hatten Snubnose, Bibi und Sicklefin Poindexter (die wir im vorigen Kapitel kennen gelernt haben) nach Monkey Mia entführt. Nicky, Puck und Holeyfin hielten sich ebenfalls in der Nähe auf. Wir wateten ins knietiefe Wasser, um sie zu beobachten und ihre Lautäußerungen aufzunehmen. Als die Fischeimer eintrafen, waren die Männchen abgelenkt, und Poindexter nutzte die Verwirrung, um durchzubrennen. Alles, was wir von ihrer Flucht sahen, war eine Spur von Flukenabdrücken, die geradewegs nach Norden führten.

Einige Sekunden später drehte sich Snubnose um, um nachzusehen, und merkte, dass sie weg war. Er geriet in Panik, und kurz darauf auch Bibi und Sicklefin. Alle drei begannen, hin und her zu rasen und wie verrückt nach Poindexter zu suchen. Nachdem sie festgestellt hatten, dass sie nicht in der Nähe war, schwammen sie springend nach Norden, in die Richtung, in die sie vor rund einer Minute weggeschwommen war. Wir sahen sie eine halbe Meile von der Küste entfernt immer noch hin und her springen. Sie hatten sie offensichtlich nicht gefunden, wollten jedoch noch nicht aufgeben.

Dann geschah etwas Unerwartetes. Poindexter kam von selbst nach Monkey Mia zurück. Sie war ein wilder Delfin, der sich normalerweise fern der Küste aufhielt, und folglich noch nie freiwillig nach Monkey Mia gekommen. Aber sie war hier. Sie schwamm geradewegs in die seichte Uferzone und gesellte sich zu Nicky und Puck, die sich neben ihr platzierten. Die drei Weibchen glitten mit dicht aneinander gepressten Körpern, als ob sie »Händchen hielten«, gemächlich Richtung Nordosten. Poindexter war selten östlich von Monkey Mia gesichtet worden; man traf sie für gewöhnlich eher im Nordwesten. Sie schwammen in eine Richtung, in der sie die Männchen nicht vermuten würden. Nicky und Puck eskortierten sie durch den engen Kanal tiefen Wassers, der bei Ebbe den einzigen Weg nach draußen darstellte. Nach einer Weile kehrten die Männchen ins Flachwasser von Monkey Mia zurück; sie hatten die Suche aufgegeben.

Einmal beobachtete Richard ein Bündnis von Männchen, die ein Weibchen (das wir nicht identifizierten) von seiner Gruppe trennten und über eine gewisse Distanz verfolgten, als plötzlich eine Gruppe von sechs Delfinen sich an die Verfolgung der Männchen machte. Es waren allesamt Weibchen, und als sie die Männchen einholten, gaben diese die Verfolgung des Weibchens, das sie gejagt hatten, auf. Vielleicht waren sie eingeschüchtert.

Andrew sah immer wieder, wie sich Weibchen zu einem Paar zusammenschlossen, das heißt, sie schwammen synchron und parallel nebeneinander, das eine Weibchen in geringem Abstand vor dem anderen. Dabei presste der hintere Delfin einen Flipper an die Flanke des vorderen. In einigen Fällen schlossen sie sich in Situationen, in denen sie von Männchen bedrängt wurden, zu Paaren zusammen. Einmal taten sich zwei Weibchen zusammen, als sich ihnen einige Männchen anschlossen, trennten sich aber wieder, als die Männchen davonschwammen. Auch stellte sich einmal ein Weibchen zwischen eine Gruppe Männchen und das Weibchen, das diese bedrängten, und schloss sich mit ihm zu einem Paar zusammen. Sie wurde später von den werbenden Männchen verjagt. Ein anderes Mal schwammen zwei Weibchen einfach von der Gruppe von Männchen weg, die ein Mitglied des Paares bedrängt hatten. Diese Beobachtungen deuten darauf hin, dass Männchen durch Weibchen, die sich zu Paaren zusammenschließen, ein wenig eingeschüchtert werden. Hingegen sind dies kaum schlüssige Belege für eine Kooperation von Weibchen zu dem Zweck, zudringliche Männchen abzuwehren, zumal Weibchen sich oft in Situationen zusammentaten, in denen kein offensichtlicher Zusammenhang mit dem Verhalten von Männchen festzustellen war.

Die Bündnisse von Delfinmännchen sind so auffällig, dass sie einem nicht entgehen können. Sie verbringen praktisch ihre ganze Zeit miteinander und beteiligen sich an allen erdenklichen Arten von Petting und an sozialen Interaktionen, um ihre freundschaftlichen Beziehungen zu pflegen. Weibchen scheinen einfach kein großes Interesse an Kooperation zu haben. Das mag vielleicht daran liegen, dass sie vorwiegend mit der Nahrungssuche beschäftigt sind oder dass die Gelegenheiten, effizient zu kooperieren, um zudringliche Männchen erfolgreich abzuwehren, einfach zu selten oder zu gefährlich sind.

Barb Smuts, meine Doktormutter an der Universität von Michigan, erforschte Paviane und Schimpansen, ehe sie sich dem Delfinteam anschloss. Nachdem sie Informationen über zahlreiche Säugerspezies ausgewertet hatte, fand sie ein allgemeines Muster. Einzelne Männchen oder Männchen, die sich mit anderen Männchen zusammengeschlossen haben, verhalten sich gegen Weibchen oft aggressiv, um sie dazu zu bringen, sich mit ihnen zu paaren. In einigen Fällen nötigen sie die Weibchen sogar zur Paarung, doch meistens belassen sie es bei Drohungen und Attacken. Bei einigen Primatenarten kooperieren Weibchen gelegentlich, um sich gegen die Aggression der Männchen zu wehren, aber eine solche Kooperation zwischen Weibchen ist bei anderen Säugetierarten praktisch nicht anzutreffen.

Dies ist rätselhaft, und ich nehme es mit einem gewissen Widerwillen und Bedauern zur Kenntnis, läuft es doch all meinen feministischen Vorstellungen, wie die Welt funktionieren sollte, zuwider. Es lässt sich aber nicht leugnen. Obwohl es den Anschein hat, als könnten sie von gegenseitiger Hilfe profitieren, verzichten weibliche Delfine einfach darauf. Ich würde am liebsten aufstehen und brüllen: »Tut euch zusammen, Schwestern und lasst euch nichts bieten. Vereint seid ihr stark.« Doch sie sind Delfine, und ich bin ein Mensch und kann nicht von ihnen erwarten, dass sie nach meinen moralischen Maßstäben leben.

Selbst wenn sie sich nicht regelmäßig gegenseitig helfen, so verbringen doch alle weiblichen Delfine der Shark Bay den größten Teil ihrer sozialen Aktivitäten mit anderen Weibchen. Einige pflegen lange Freundschaften und verbringen viel Zeit in Gesellschaft bestimmter anderer Weibchen. In wenigstens einigen Fällen wissen wir, dass sich diese Freundschaften auf Mütter, Töchter und Schwestern erstrecken. Andere Weibchen gesellen sich zu den Individuen, die gerade in der Nähe sind; es sind die sozialen »Schmetterlinge«, die sich mit jedem gleich gut vertragen. Dann gibt es ein paar Einzelgängerinnen, die sich in der Regel nur mit ihrem Nachwuchs zusammentun. Vielleicht haben sie den Kontakt zu ihrer Sippe verloren oder sich von ihr getrennt. Sie tun mir ein wenig Leid. Auch für einen geselligen weiblichen Delfin ist das Leben schwer genug. Ich habe den Eindruck, dass für ein Delfinweibchen die größte Freude darin besteht, Matriarchin zu sein, die zentrale Figur einer großen und gesunden Familie. Dieses Ziel lässt sich jedoch nur schwer erreichen.

Es ist September 1992, der Beginn einer weiteren Geburts- und Paarungszeit. Holeyfin zieht mal wieder die Aufmerksamkeit der Männchen auf sich. Trotz ihrer abgenutzten Zähne, ihrer fehlenden halben Fluke und den durch den Sonnenbrand entstandenen Narben auf ihrem Rücken, ganz zu schweigen von dem, was mir als leichter Anflug von Delfinsenilität vorkommt, entflammt sie noch immer die Herzen vieler Männchen in der Shark Bay. Sie ist das Gegenstück zu Jane Goodalls hässlichem altem Schimpansenweibchen Flo, dessen äußerst aktives und (für einen Schimpansen) romantisches Sexualleben mit dem Alter noch zuzunehmen schien.

In den vergangenen Tagen ist Holeyfin nicht, wie üblich, in Monkey Mia aufgetaucht. Obgleich ihre Abwesenheit zunächst die übliche Besorgnis im Camp auslöste, überraschte es uns nicht sonderlich, sie in Begleitung von Realnotch, Hi und Bottomhook zu finden. Sie folgten ihr dicht auf den Fersen, und einmal hörte ich, wie Realnotch sie mit Klopflauten beschallte, als er nahe der Wasseroberfläche ruhte. Sie schien wohlauf zu sein und suchte im Flachwasser vor Cape Rose neben den Männchen nach Nahrung. Dennoch frage ich mich, ob sie angesichts all der Zeit, die sie in Monkey Mia damit verbringt, sich füttern zu lassen, überhaupt weiß, wie man nach Nahrung sucht.

Als ich Holeyfin so beobachte, wie sie wieder einmal die Tortur der Begattung über sich ergehen lässt, erscheint mir dies mit einem Mal so sinnlos. Nicky und Joy sind ihre einzigen Nachkommen, die überlebt haben. Seit sie Holly verloren hat, hat sie drei Schwangerschaften durchgemacht, die letztlich allesamt umsonst waren. Angesichts ihres Alters und ihres Misserfolgs in der Vergangenheit scheint es unwahrscheinlich, dass sie es diesmal schaffen wird.

Obendrein hatte sie ihren zweiten Enkel, Nickys Sohn Rabble, verloren. Er machte einen rundum gesunden Eindruck und hatte großen Gefallen daran gefunden, in Monkey Mia mit Touristen zu interagieren. Eines Tages kam er mit einer scheußlichen Wunde nach Monkey Mia. Man sah mehrere parallele Linien, wo die rasiermesserscharfen Zähne eines Haies das Fleisch aufgerissen hatten. Wir dachten schon, er würde daran eingehen, doch wider Erwarten erholte er sich. Sein Tod ereignete sich später, ungefähr zu der Zeit, zu der er entwöhnt wurde. Er wurde vollkommen von den Fütterungen der Touristen abhängig und verbrachte nur wenig Zeit außerhalb der Uferzone. Wir waren in Sorge, er lerne auf diese Weise nicht, ein »richtiger« Delfin zu werden, eigenständig zu jagen und Beziehungen zu anderen Delfinen aufzubauen. Dann tauchte er nicht mehr in Monkey Mia auf und ward nie mehr wieder gesehen. Ein weiterer statistischer Eintrag in unseren Aufzeichnungen und eine weitere Tragödie in der Abstammungslinie von Holeyfin.

Pfeiftöne und Klicklaute

Im Sommer 1992 wurde Holeyfin von mehreren Bündnissen von Männchen entführt. Ein Jahr später gebar sie ein weiteres männliches Kalb mit Namen Hobbit. Zuerst lief alles gut, bis zu einem Tag im Januar 1994. Holeyfin brachte Hobbit wie gewöhnlich ins seichte Wasser von Monkey Mia mit. Aber dann, als sie gerade damit beschäftigt war, sich von den Touristen füttern zu lassen, und Hobbit ein bisschen weiter vom Ufer entfernt zurückgelassen hatte, glitt ein großer Hai aus dem tieferen Wasser heran und packte Hobbit. Die Touristen sahen voller Entsetzen, wie sich das Wasser rot färbte und der Hai zurückkam, um sein grausiges Werk zu vollenden. Als Holeyfin an den Schauplatz des Angriffs gelangte, war es zu spät. Sie hatte noch ein Junges verloren. Es war ihr fünfter Verlust in Folge.

Holeyfin und die anderen Delfine von Monkey Mia waren besonders vom Pech verfolgt und verloren die meisten ihrer Jungen auf die eine oder andere Weise. Aber selbst die Kälber der Weibchen, die in einiger Entfernung von der Küste lebten, hatten eine Besorgnis erregend hohe Todesrate. Üblicherweise verschwanden sie einfach und hinterließen keine Spur, die Aufschluss über die Todesursache gegeben hätte.

Nicht viel anders als menschliche Säuglinge müssen auch Delfinbabys viele Male am Tag gesäugt werden, und sie werden frühestens mit vier Jahren entwöhnt. Während der ersten zwei Wochen nach ihrer Geburt weichen sie praktisch keinen

Moment von der Seite ihrer Mütter. Während der nächsten Jahre verbringen sie weiterhin viel Zeit mit ihnen. Solange profitieren sie nicht nur vom Schutz ihrer Mütter, sondern auch von der Gelegenheit, von ihren Müttern die Fertigkeiten zu lernen, die sie zum Überleben brauchen. Janet und Barb machten jedoch, nachdem sie einige Mutter-Kalb-Paare eine Zeit lang beobachtet hatten, eine rätselhafte Entdeckung: Wenn die Kälber gerade mal wenige Wochen alt sind, beginnen sie umherzuschwimmen, und weder sie noch ihre Mütter scheint das sonderlich zu beunruhigen, selbst wenn das Junge hundert oder gar dreihundert Meter entfernt ist. Welche menschliche Mutter ließe ihr Neugeborenes unbeaufsichtigt in der Gegend herumkrabbeln? Es schien äußerst riskant zu sein. Vermutlich boten die Delfinmütter ein gewisses Maß an Schutz, wenn sich die Jungen in unmittelbarer Nähe aufhielten. Weilten sie jedoch mehrere hundert Meter weit weg, konnte ihre Hilfe bei einem Haiangriff oder einer anderen gefährlichen Situation leicht zu spät kommen, wie es bei Holeyfin und Hobbit der Fall gewesen war.

Diese Trennungen mussten daher für die Kälber oder für die Mütter oder aber für beide einen wesentlichen Vorteil mit sich bringen. Da die Jungen, während sie von ihren Müttern getrennt sind, die meiste Zeit damit verbringen, soziale Kontakte mit anderen Kälbern zu pflegen, folgerten Janet und Barb, dass es für die Kälber von großer Bedeutung sein müsse, mit ihresgleichen umzugehen, damit sie die Beziehungen aufbauten, die in ihrem Erwachsenenleben eine zentrale Rolle spielten.

Ein weiterer Faktor ist die Ökologie und der Energiebedarf der Mutterschaft. Mütter müssen jede Chance nützen, um genügend Kalorien aufzunehmen, damit sie ihre Kinder erfolgreich aufziehen können. Ist der Nahrungserwerb mit einem Kalb im Schlepptau möglicherweise so beschwerlich, dass es sich lohnt, die Risiken einer Trennung in Kauf zu nehmen? Verschafft sich eine Mutter genügend Nahrung, um reichlich Milch zu produzieren, kann ihr Junges rascher heranwachsen, sodass es früher gegen Haiangriffe gefeit ist. Wenn Mami ihr

Baby am Rockzipfel hat, mag sie es zwar besser beschützen können, erzeugt dann jedoch vielleicht nicht genug Milch, um das rasche Wachstum des Babys zu gewährleisten, und ihr Junges bleibt noch längere Zeit verwundbar. Es geht also um ein Abwägen von Vor- und Nachteilen.

Was auch immer die Vor- und Nachteile sind, die Tatsache dieser verblüffenden Trennungen von Mutter und Kind bleibt bestehen. Da sie sich nur auf eine Entfernung von wenigen Fuß sehen können, nahmen wir an, dass Mütter und ihre Kälber sich mittels einer anderen wirksamen Methode über ihren jeweiligen Aufenthaltsort auf dem Laufenden halten, die sie schnell und leicht zueinander finden lässt. Wir vermuteten, dass sie eine Art Lautsignal verwendeten.

Robben, Fledermäuse, Vögel, Rentiere, Mütter und Junge verschiedenster Arten benutzen individuelle, unverwechselbare Rufe, um miteinander in Fühlung zu bleiben. Dies gilt in besonderem Maße für Tiere, die in Kolonien leben und sich inmitten vieler anderer Einzeltiere trennen und wieder zueinander finden müssen. Einige Fledermausarten beispielsweise leben in Kolonien, bei denen sich mehrere Hundert Einzeltiere eine Höhlenwand teilen. Muttertiere lassen ihre Jungen in der Menge zurück, wenn sie auf Nahrungssuche gehen, und müssen sie bei ihrer Rückkehr wieder ausfindig machen. Es liegt im Interesse der Mütter und der Jungen, sich wieder zu finden. Dasselbe gilt für einige Robben, die sich in großen Kolonien an Land fortpflanzen und dort auch ihre Jungen zur Welt bringen. Die Mütter schwimmen hinaus aufs Meer, um dort Beute zu jagen, und lassen ihren Nachwuchs in der Menge zurück. Später müssen sie sich wieder finden. Was wäre hierfür besser geeignet als unverwechselbare Laute, die Mutter, Junges oder beide erzeugen, um in der Masse zueinander zu finden?

Delfinkälber in der Shark Bay müssen sich in einer ähnlichen Situation befinden. Obgleich sie nicht in gleicher Weise wie Fledermäuse oder Robben in Kolonien leben, ist das Risiko, dass sie sich nicht mehr wieder finden, ähnlich hoch. Schall breitet sich unter Wasser weit und schnell aus. Ein Delfin kann vermutlich jederzeit die von anderen Delfinen erzeugten Schallwellen hören, selbst wenn seine Artgenossen nicht in unmittelbarer Nähe sind. Es ist von entscheidender Bedeutung, dass sich Mütter und Junge in diesem Meer von Lauten gegenseitig erkennen. Und angesichts der Gefahren, mit denen sie konfrontiert sind, muss dies rasch und zuverlässig geschehen.

Delfine erzeugen eine riesige Bandbreite verschiedener Laute. Wir gelangten jedoch zu der Überzeugung, dass sich Mütter und Kälber vermutlich am ehesten über einen Pfeifton identifizierten. Pfiffe sind Töne, die ungefähr ein bis drei Sekunden lang dauern. In dieser Zeit verändert sich für gewöhnlich die Frequenz (Tonhöhe) der Pfiffe. So kann die Frequenz eines Pfeiftons ansteigen und dann wieder abfallen, oder er beginnt mit einer hohen Frequenz, fällt ab und steigt wieder an, oder es beginnt mit einem Anstieg und flacht dann ab. Tatsächlich gibt es eine unendliche Vielfalt an Möglichkeiten, die Frequenz zu modulieren, die zu verschiedenen Lautprofilen führen.

David und Melba Caldwell gehörten zu den Ersten, die die Pfeiflaute der Delfine wissenschaftlich untersuchten. Das Ehepaar verbrachte viele Jahre damit, Delfine in verschiedenen Ozeanarien und Meeren zu beobachten und ihre Laute aufzunehmen. Das Aufzeichnen von Delfinlauten ist mit gewissen Schwierigkeiten verbunden; ein Hauptproblem besteht darin, herauszufinden, welcher Delfin in einer Gruppe einen bestimmten Laut erzeugt hat. Ein Hund bellt mit rhythmisch geöffnetem Maul. Ein Mensch, der spricht, bewegt seine Lippen und seine Zunge. Da Delfine all ihre Laute im Innern ihres Körpers erzeugen, hat ein Beobachter keine sichtbaren Hinweise, aus denen er schließen könnte, wer welche Töne ausgestoßen hat.

Die Caldwells umgingen dieses Problem, indem sie die Laute von Delfinen aufzeichneten, die wegen tierärztlicher Behandlungen an Land gebracht worden waren. In der Luft konnten Melba und David die Pfeiflaute der Delfine hören, sicher sein, von wem sie stammten, und sie mit einem Mikrofon aufzeichnen, das sie unmittelbar über die Stirn des Tieres hielten.

Sie fanden heraus, dass jeder Delfin einen einzigartigen Pfeifton erzeugt. Einige Delfine produzierten mehr als eine Art Pfeifton, aber alle hatten einen einzigartigen Ton, aus dem die meisten ihrer Pfeiftöne bestanden. Die Caldwells nannten diese delfinspezifischen Pfeiftöne »Kennpfiffe«. Sie vermuteten, dass sich Delfine mit ihren Kennpfiffen gegenseitig über ihren Aufenthaltsort auf dem Laufenden hielten, indem sie anderen Delfinen ihre Gegenwart ankündigten: »He, hier ist Puck«, »Nicky ist hier«, »Hier draußen sind Haie«, »Mondkrater hier am Meeresboden.«

Aus der Sicht eines Delfins ist die Kennlaut-Hypothese sehr plausibel. Delfine sehen einander nur dann, wenn sie sich direkt nebeneinander befinden. Außerdem haben sie starke Präferenzen im Hinblick darauf, mit wem sie sich zusammentun. Andernfalls genügte schon ein allgemeines »Delfin-hier«-Signal. Damit andere Delfine jedoch mit Bestimmtheit wissen, dass sie beispielsweise Puck hören, muss er ein »Hier-ist-Puck«-Signal aussenden können. Wenn ein anderer Delfin Pucks Pfiff hört, so muss er diesen Pfeiflaut von anderen unterscheiden können und ihn außerdem mit dem Delfin Puck in Verbindung bringen.

Besonders interessant ist, dass Delfinkälber weder mit einem spezifischen Kennpfiff geboren werden, noch erben sie den Pfiff von ihrer Mutter oder ihrem Vater. Anfangs geben sie glucksende, unregelmäßige, chaotische Laute von sich. Ab einem Alter von ungefähr sechs Monaten bis zu einem Jahr verfeinern sie dann ihr Pfeifen allmählich zu einem sauberen, einzigartigen Pfeifton.

Das mag uns nicht sonderlich bemerkenswert erscheinen, da wir es gewohnt sind, die komplexen Strukturen der menschlichen Sprache zu erlernen, aber wir stellen tatsächlich eine ziemliche Ausnahme dar. Nur wenige Tiere außer dem Menschen und den Singvögeln erlernen die Laute, mit denen sie als Erwachsene miteinander kommunizieren. Selbst bei unseren Verwandten, den Primaten, scheinen die Jungen keine besonderen Lernleistungen vollbringen zu müssen, um als Erwachsene die richtigen Lauttypen zu erzeugen. So erzeugen isoliert aufgezogene junge Kleinaffen beispielsweise trotzdem die für ihre Art charakteristischen Lauttypen. Sie mögen sie zwar nicht richtig gebrauchen, aber sie können sie hervorbringen.

Die Tatsache, dass Delfine ihre Kennpfiffe *erlernen,* deutet darauf hin, dass die Kommunikation zwischen Delfinen etwas Ungewöhnliches hat, und wirft eine Reihe faszinierender Fragen auf: Welche Eigentümlichkeit ihrer Lebensweise macht es erforderlich, dass sie ihre Pfiffe erlernen? Wie erlernen sie ihre Kennlaute? Geben ihnen ihre Mütter »Namen«? Erfinden sie schlicht als Kälber einen Pfeiflaut? Übernehmen sie den Pfeifton eines anderen Delfins? Behalten sie lebenslang denselben Kennpfiff?

Delfine verfügen noch über eine weitere bemerkenswerte Fähigkeit: Sie können Stimmen hervorragend imitieren. Trainer, die in Aquarien mit Delfinen arbeiten, verwenden Pfiffe, um ihre Schüler zu instruieren, wie es auch Hundetrainer tun. Einige dieser Trainer entdeckten zu ihrem großen Erstaunen, dass Delfine ihre Pfeifsignale geradewegs an sie zurückgaben. Sie imitierten die Pfiffe ihrer Trainer.

Sam Ridgway, ein bekannter Delfinveterinär, hatte einmal Glattwale in seiner Obhut (Glattwale sind mit dem Großen Tümmler verwandt). Er und die Trainer hörten immer wieder ein Geräusch, das sich nach fernen Stimmen anhörte, nach einer kaum wahrnehmbaren Unterhaltung. Einige Zeit lang nahmen sie an, es handele sich um Leute, die sich etwa fünfundsiebzig Meter entfernt auf einer Pier unterhielten. Dann stellten sie fest, dass die Laute in Wirklichkeit von einem der Wale stammten, der die Tonhöhe und den Rhythmus einer menschlichen Unterhaltung nachahmte.

Im Rahmen einer Studie brachte man Delfinen bei, eine Vielzahl computergenerierter Pfeiftöne nachzuahmen. In einigen Fällen gaben die Delfine das entsprechende Lautprofil auf Anhieb originalgetreu wieder. Selbst wenn die computergenerierten Pfeiftöne ziemlich seltsam klangen, unternahmen die Delfine erkennbar den Versuch, diese Laute zu imitieren.

Auch dies mag einem Menschen nicht sonderlich bemerkenswert erscheinen, da wir uns selbst so gut auf die Imitation von Lauten verstehen. Die Lautnachahmung ist ein maßgeblicher Teil dessen, wie wir sprechen lernen. Abgesehen von einigen wenigen Vogelarten besitzen jedoch nur sehr wenige Tierarten die Fähigkeit, Laute zu imitieren. Papageien und Mainas können die menschliche Sprache nachahmen. Spottdrosseln, Stare und einige andere imitieren die Gesänge und die Laute anderer Vögel.

Die Fähigkeiten der Delfine, Laute zu erlernen und nachzuahmen, hängen vermutlich miteinander zusammen, und sie dürften auf ein allgemein flexibles und hoch entwickeltes Kommunikationssystem hindeuten. Einen möglichen Grund für eine solche Flexibilität führte Peter Tyack an. Er zeichnete die Pfeiflaute zweier gefangener Delfine auf, die im selben Becken gehalten wurden und Scotty und Spray hießen. Er fand heraus, dass jeder Delfin einen bevorzugten Pfiff und einen sekundären Pfiff hatte. Die Schwierigkeit bestand darin, dass Scottys sekundärer Pfiff der Kennpfiff von Spray war und umgekehrt. Offenbar imitierte jeder Delfin häufig den Kennlaut des anderen. Peter folgerte daraus, dass die Delfine dies taten, um Kontakt zueinander herzustellen; wobei sie im Wesentlichen sagten: »He, Scotty, bist du da?«, statt einfach nur »Hier ist Spray, hier ist Spray, hier ist Spray«. Ein solcher Gebrauch von Kennlauten weist augenscheinliche Parallelen zum unter Menschen üblichen Gebrauch von Namen auf. Da dies von einem Delfin sowohl die Entwicklung eines einzigartigen Kennlautes als auch die Fähigkeit, andere Kennlaute zu imitieren, erfordert, könnte es zumindest teilweise erklären, weshalb Delfine Laute erlernen und imitieren können müssen.

Bis vor kurzem stammten sämtliche Erkenntnisse über die Kennpfiffe der Delfine, das Erlernen und Imitieren von Lauten aus Untersuchungen an in Gefangenschaft gehaltenen Delfinen. Dies warf jedoch die Frage auf: Ist dieses Verhalten für einen Delfin »normal«? Schließlich könnte sich ein Delfin, der einige Zeit in Gefangenschaft lebte oder gestrandet war und von Tierärzten versorgt wurde, durchaus etwas seltsam verhalten. Selbst wenn die Delfine nicht gestrandet und abgerichtet worden wären, hätte das Leben in einem Wasserbecken allemal ein Abstumpfen ihres Wortschatzes und ihres Verstandes bewirken können.

Um zu verstehen, wie Delfine unter natürlichen Bedingungen

miteinander kommunizieren, müsste man eine Population frei lebender Delfine beobachten und ihre Lautäußerungen aufzeichnen. Die Delfine der Shark Bay schienen sich dafür anzubieten, und das Rätsel der Trennungen von Mutter und Kalb gab uns einen Hinweis, der sich womöglich bei der Aufklärung der Frage, wie Pfeiftöne in freier Wildbahn eingesetzt werden, als nützlich erweisen könnte. Doch zunächst mussten wir einige größere logistische Probleme lösen.

Als Janet, Barb und ich 1990 Seminare an der Universität von Michigan vorbereiteten, beschlossen wir, gemeinsam zu untersuchen, wie Delfinmütter und -kälber während Trennungen in Verbindung blieben. Wir heuerten Julie Gros-Louis als unsere Forschungsassistentin an. Und im April dieses Jahres machten wir uns auf den Weg nach Monkey Mia, um Müttern mit ihren Kälbern zu folgen und ihre Laute aufzunehmen.

Cookie war zwei Jahre alt. Ihre Mutter, Crookedfin, gehörte zu den regelmäßigen Besuchern am Strand von Monkey Mia, und zu unserem Glück verbrachte sie viel Zeit in den küstennahen Gewässern. Cookie, ein geschmeidiger, dunkler Delfin mit einer sichelförmigen Rückenfinne, war mit einem anderen zweijährigen Delfin dick befreundet. Smoky, ein stämmiger, leicht gräulicher Delfin, hatte eine Finne mit stumpfer Spitze und einer charakteristisch geschwungenen Hinterkante. Seine Mutter Yogi kam ebenfalls häufig in die Gewässer unweit der Küste von Monkey Mia.

Cookie und Smoky ergriffen jede Gelegenheit, sich gegenseitig aufzutreiben und miteinander zu spielen. Sie plantschten und jagten sich, berührten sich mit ihren Schnauzen an der Genitalregion, beschnäbelten und rempelten sich, sprangen übereinander und streichelten einander mit ihren Flippern. Sie spielten mit Seegrasstücken, die sie sich gegenseitig wegnahmen, und unterbrachen ihr Spiel gelegentlich, um nach kleinen Fischen zu jagen. Sie quollen über von dieser überschwänglichen, sorglosen Energie kleiner Jungen, die auf dem Boden von Freiheit und Spaß gedeiht. Sie waren fast immer beisammen, außer wenn sie hungrig oder müde wurden; dann machten sie sich auf die Suche nach ihren Müttern.

Wir hofften, durch die Beobachtung von Cookie und Smoky und einigen anderen Kälbern in Erfahrung zu bringen, auf welche Weise sie sich gegenseitig ausfindig machten, wenn sie spielen wollten, und wie sie ihre Mütter wieder fanden, wenn es sie »nach Hause« zog. Es gab eine gute Chance, dass wir den exakten Ursprung der von uns aufgezeichneten Pfeiftöne herausfinden konnten, da die beiden häufig allein unterwegs waren. Wir mussten aber auch ununterbrochen lauschen und aufnehmen, was in Anbetracht der Tatsache, dass Delfine fast ständig in Bewegung sind, ein Problem darstellte. Um mit ihnen mitzuhalten, brauchten wir einen Motor, aber Motoren machen gehörigen Lärm, der die Delfinlaute übertönte.

Wir saßen in einer Zwickmühle. Entweder könnten wir sie hören, oder wir könnten sie sehen, aber nicht beides.

Wenn wir früher die Laute von Delfinen fern der Küste aufzeichnen wollten, positionierten wir uns direkt neben ihnen, stellten den Motor ab, ließen das Unterwasserhorchgerät ins Wasser und zeichneten ihre Laute auf, bis sie außer Sichtweite waren, was recht schnell geschah. Dann unterbrachen wir die Aufnahme, zogen das Unterwasserhorchgerät an Bord und deckten alles zu, um es während der Fahrt vor dem Spritzwasser zu schützen. Wir warfen den lärmenden Motor an und mussten uns beeilen, um sie einzuholen und uns erneut neben ihnen in Position zu bringen; dann ließen wir das Unterwasserhorchgerät wieder ins Wasser und setzten die Aufzeichnung fort. Wir wurden so von unseren Ausrüstungsgegenständen in Beschlag genommen, dass wir kaum die Zeit fanden, die Delfine zu beobachten. Wir benötigten eine Methode, die uns erlaubte, die Delfine zu verfolgen und gleichzeitig ihre Laute zu hören und aufzuzeichnen.

Wir griffen eine Idee von Laela Sayigh und Peter Tyack, Delfinforschern aus Woods Hole, auf, die bei ihren Studien in Florida mit denselben Problemen konfrontiert gewesen waren. Sie benutzten ein Boot mit einem Elektromotor, der unter Wasser weitaus leiser ist. Neben dem Boot zogen sie ein Unterwasserhorchgerät her, an dessen Kabel sie Bleigewichte angebracht hatten, damit das Gerät nicht an die Wasseroberfläche getrieben wurde, von der es dann immer wieder mit ohrenbetäubendem Lärm abprallen würde. Obwohl keineswegs eine perfekte Methode, waren wir zuversichtlich und kamen mit dem leistungsstärksten Elektromotor, den wir auftreiben konnten, und einem neuen Unterwasserhorchgerät im Gepäck nach Monkey Mia.

Eines Tages Anfang April näherte sich Crookedfin, mit Cookie in typischer Kalbstellung dicht an sie angeschmiegt, dem Flachwasser von Monkey Mia. Doch sobald sie nahe am Ufer waren, brach Cookie aus, drehte der Küste und den Menschen den Rücken zu und ruhte, wobei er deprimiert wirkte. Unter Wasser konnte ich ihn unaufhörlich pfeifen hören. Sein unverwechselbarer Pfiff schwoll rasch an und wurde dann langsam tiefer. Er schien nach seiner Mutter zu greinen. Ich konnte mir leicht vorstellen, wie er sagte: »Komm schon, mir gefällt es hier nicht, ich will gehen, lass uns JETZT gehen, ich bin hungrig, komm schon Mami, komm.«

Andere Kälber, etwa Holly, haben von Anfang an Gefallen an den Leuten gefunden, nicht aber Cookie. Vielleicht hatte er früh eine schlechte Erfahrung gemacht, oder vielleicht findet er uns einfach langweilig. Nachdem ich seine sozialen Kontakte mit Smoky und den anderen Delfinen vor der Küste beobachtet habe, kann ich mir vorstellen, dass er Scharen von Menschen, die allesamt bis zu den Knien im Wasser stehen und mit zuckenden Händen von oben nach ihm grabschen, ihn berühren und ihn dazu bringen wollen, Tag für Tag toten Fisch anzunehmen, nicht gerade als erholsam empfindet.

Während er so mit dem Rücken zu den Leuten in etwas tieferem Wasser dahintrieb, spürte ich regelrecht seinen Widerwillen. Dreißig Meter weiter von der Küste entfernt tauchte Surprise auf und schwamm auf uns zu. Als sie näher kam, bewegte sich Cookie mit einem Schlag seiner Fluke auf sie zu. Kaum hatte er sie erreicht, neigte er ihr seinen Bauch zu und tauchte direkt unter sie. Sie tauchte ebenfalls, und einen Moment später kamen beide, sich hin und her wälzend und spritzend, wieder an die Wasseroberfläche. Cookie drehte sich auf den Rücken, sodass sein rosafarbener, erigierter Penis zum Vorschein kam. Er und Surprise drehten sich an der Wasseroberfläche. Körperteile ragten aus dem Wasser, während sie sich wälzten und umherspritzten. Einmal jagte Surprise Cookie, wobei sie ihn mit offenem Maul an der Flanke berührte und nach ihm schnappte, vielleicht, um ihn mit den Zähnen zu kratzen.

Sie trieben immer weiter von der Küste weg, bis sie fast zweihundert Meter von Crookedfin und der seichten Uferzone von Monkey Mia entfernt waren. Ich konnte sie gerade noch erkennen, aber nicht viel von dem, was sie taten. Am Küstenstreifen schwamm Crookedfin noch immer vor den Touristen auf und ab, wobei sie gelegentlich vor jemandem anhielt und mit offenem Maul um einen Fisch bettelte. Im Zeitraum einer halben Stunde war sie mit drei großen Meeräschen und fünf Heringen gefüttert worden. Es war eine leichte Beute für sie. Ich hörte einige Pieps-, Knurr-, Knirsch- und Quietschlaute, die von Cookie und Surprise vor der Küste stammten, und die von Crookedfin ausgestoßenen Klicklaute ihrer Echoortung. Dann hörten die küstenfernen Laute plötzlich auf, und ich hörte Cookies Pfiffe. Sie waren etwas schwach, dennoch war es unverwechselbar sein Pfeifen, immer und immer wieder. Ich sah ihn kurz auftauchen, etwa fünfzehn Meter näher. Surprise hatte er weiter draußen zurückgelassen. Je näher er kam, desto lauter wurde das Pfeifen; er kam geradewegs auf Crookedfin und mich zu. Keine drei Meter von Crookedfin und den Touristen entfernt, hielt er inne, drehte sich um, ruhte eine Minute und verharrte dann mit dem Rücken zu den Leuten und Crookedfin. Er hatte aufgehört zu pfeifen und wartete.

Cookie hatte insgesamt achtzehnmal gepfiffen, und zwar während er zu Crookedfin hinschwamm. Pfiff er, um Crookedfin darüber zu informieren, dass er auf dem Heimweg war (»Ich komme«), oder um zu fragen, wo sie sich befand (»Bist du da?«)? Ich hatte erwartet, dass Crookedfin zurückpfiff, und daher hatte ich mich unmittelbar neben sie gestellt, als sich Cookie näherte, doch sie gab keinen Laut von sich. Tatsächlich zeigte sie keinerlei Interesse an Cookie. Nahm sie an, dass Cookie wusste, wo sie war? Warum antwortete sie ihm nicht wenigstens?

Einige Minuten später schwamm Crookedfin von der Küste weg und kam an Cookie vorbei, der sogleich neben ihr die typische Kalbstellung einnahm. Das Paar schwamm hinaus nach Nordwesten. Wir beluden das Boot und folgten ihnen. Cookie war noch immer dicht an Crookedfin geschmiegt, als wir sie einholten. Er schien schläfrig zu sein. Vielleicht hatte ihn das Herumtollen mit Surprise erschöpft. Er blieb dicht an Crookedfins Seite und bewegte sich so, als befände er sich in einem halb bewussten Zustand und hätte ihr die Kontrolle über seinen Körper übergeben. Doch wenige Minuten später wurde er plötzlich wieder munter und entfernte sich von Crookedfin, als wolle er etwas erkunden. Crookedfin tauchte mit aus dem Wasser gestreckter Fluke ab, um wieder nach Nahrung zu suchen. Wir folgten Cookie.

Unser leistungsschwacher Elektromotor hatte Mühe, mit ihm mitzuhalten. Wir hörten keinerlei Pfeifen. Dafür erzeugte das Unterwasserhorchgerät, das wir hinter uns herzogen, eine Menge lauter Töne. Cookie schwamm ungefähr fünfzig Meter, bevor wir eine weitere kleine Finne herannahen sahen: Es war Smoky. Die beiden Delfine bewegten sich aufeinander zu, beschleunigten und rasten ineinander, spritzten, drehten sich um die eigene Achse und tauchten. Spielstunde! Einen Augenblick später tauchten sie nebeneinander wieder auf, und Cookie strich mit seinem Flipper an Smokys Flanke entlang. Smoky rollte sich zunächst auf die Seite, sodass Cookies Flipper seinen Bauch berührte, dann drehte er sich langsam zurück, wobei Cookies Flipper unter seinem Kinn entlangstrich. Sie tauchten wieder ab und ließen uns wartend zurück.

Nachdem wir ihnen eine Zeit lang beim Spielen zugesehen hatten, vernahmen wir ein Pfeifen, das sich genauso anhörte wie die Klagelaute, die wir gehört hatten, als Cookie zuvor zur Küste geschwommen war. Dann wieder ein Pfeifen, das anders klang als das von Cookie. Es war Smokys kurzes, jäh ansteigendes Pfeifen. Beide pfiffen noch mehrere Male, und dann sahen wir sie an die Oberfläche kommen. Sie waren ungefähr zwölf Meter auseinander und bewegten sich in entgegengesetzte Richtungen. Sie schwammen zu ihren Müttern.

Diesmal folgten wir Smoky. Er pfiff weiterhin regelmäßig, legte an Geschwindigkeit zu und schwamm bald rasch und auf direktem Weg zu Yogi. Wir sahen nur noch die gelegentlich auftauchende Rückenfinne, wenn Smoky rasch Atem holte und dann wieder unter der Wasseroberfläche verschwand. Dreißig Meter weiter tauchte er erneut auf, um Luft zu holen. Weiter draußen auf seiner Bahn sichteten wir schließlich etwas, das wir für Yogi hielten. Als wir sie einholten, war Smoky bereits in Kalbstellung an Yogis Seite. Wir stellten den Motor ab und beobachteten Mutter und Kind, wie sie gemeinsam auf- und abtauchten. Mit Sicherheit dauerte es nicht lange, bis Smoky wieder zu Cookie zurückschwamm, um mit ihm zu spielen.

Wir hatten erwartet, dass Mütter ihren Kälbern antworteten, und fragten uns, ob sie dabei ihren Kennlaut benutzten oder den ihrer Kälber imitierten. Es hatte jedoch den Anschein, dass unsere früheren Erfahrungen mit Crookedfin in Monkey Mia typisch waren. Wir hörten kaum etwas von den Mamis; deshalb fragten wir uns, woher die Jungen wussten, wo sich ihre Mütter aufhielten. Mutmaßten sie jeweils, dass sie sich ungefähr an derselben Stelle wie vorher befanden? Ich stelle mir die Unterwasserwelt ziemlich gleichförmig vor, und für ein Delfinkalb muss es schwierig sein, zur selben Stelle zurückzufinden. Vielleicht hören die Jungen die von den nahrungssuchenden Müttern ausgesandten Echoortungsklicks, doch mutet es seltsam an, dass die Mütter ihren Kälbern nicht wenigstens etwas helfen, indem sie ihre Position eindeutig mitteilen. Da wir in der Regel den Kälbern, nicht den Müttern, folgten, war es durchaus möglich, dass wir die Pfiffe der Mütter nicht hörten, weil wir zu weit von ihnen entfernt waren. Hin und wieder waren wir aber nahe genug dran, und die Aufnahmebedingungen waren so gut, dass wir die Mütter eigentlich hätten hören müssen, wenn sie tatsächlich gepfiffen hätten.

Dennoch beschlossen wir, fortan den Müttern zu folgen. Eines Tages folgten wir Yogi, als sie sich von der Stelle entfernte, an der Smoky und Cookie spielten. Sie war ganz mit der Nahrungssuche beschäftigt. Smoky war seit ungefähr vierzig Minuten weg, als Yogi ihre Nahrungssuche unterbrach und rasch immer weiter von Smoky wegschwamm. Wir hielten das Boot vor ihr an und warteten. Als sie auf uns zukam, lauschten wir den Pfeiftönen. Plötzlich machte sie eine Kehrtwendung um hundertachtzig Grad, pfiff dreimal und schwamm aus der entgegengesetzten Richtung auf Smoky zu. Sie pfiff nicht mehrmals, sondern lediglich, als sie aus einer anderen Richtung auf Smoky zuschwamm.

Mütter pfeifen also, zumindest manchmal, nach ihren Jungen. Doch soweit wir es sagen konnten, pfiffen sie lediglich ein- bis zweimal – was leicht zu überhören war – und nicht in einem fort. Da Janet und ich nicht gleichzeitig den Müttern und den Kälbern folgen konnten, mussten wir die genauere Aufklärung der mütterlichen Seite der Lautsignalisierung aufschieben.

Ende August, am letzten Tag unseres diesjährigen Aufenthalts in Monkey Mia, beobachteten Janet, Julie und ich, wie Cookie und Smoky gemeinsam kleine Fische jagten. Beide sausten rücklings direkt unter der Wasseroberfläche umher. Sie surrten wie zwei Elektrorasierer, die kaputtgegangen waren, und wanden und drehten sich, als ihnen die Fische entkamen. Bei der gemeinsamen Verfolgung ein und desselben Fisches wären sie mehrmals beinah miteinander zusammengestoßen. Später tauchten sie im seichten Wasser zum Boden und schwammen über ein Seegrasbeet hinweg. Beide stöberten mit ihren Schnauzen im Seegras herum und gaben die seltsamen Laute von sich, die wir schon oft von anderen Delfinen bei der gleichen Aktivität gehört hatten. Plötzlich jagte Smoky davon und stocherte mit der Schnauze in einem anderen Seegrasbüschel. Cookie folgte ihm. Gemeinsam stöberten sie auf dem Meeresboden nach Fischen, die sich im Seegras versteckt hatten. Gelegentlich unterbrachen sie ihre Tätigkeit, um herumzutollen, wobei sie wild durchs Wasser wirbelten. Sie kehrten mehrmals pfeifend zu ihren Müttern zurück, wo sie sich ausruhten.

Wir hatten in den letzten Monaten den größten Teil der Tage damit verbracht, diese beiden Kälber und einige andere, Quasi, Winnie und Peglet, zu beobachten. Jeder Tag ihres jungen Lebens war so voller Ausgelassenheit und Abenteuer, dass wir uns nur schwer mit dem Gedanken abfinden konnten, sie jetzt verlassen zu müssen und die nächsten Monate zu verpassen. Noch herzzerreißender war der Gedanke, dass sie wie alle Delfinkälber in der Shark Bay mit hoher Wahrscheinlichkeit noch vor der Geschlechtsreife umkommen würden. Wir trösteten uns damit, dass wir im nächsten Jahr zurückkehren würden und sie dann hoffentlich da wären, damit wir ihre Fortschritte verfolgen könnten.

Obgleich wir vermutlich mehr Fragen aufgeworfen als beantwortet hatten, verfügten wir nun über schlüssige Belege dafür, dass die Delfine der Shark Bay Kennlaute erzeugten. Außerdem hatten wir genauer beobachten können, wie Kälber ihre Kennlaute einsetzten, wenn sie zwischen ihren Müttern und Spielkameraden hin und her navigierten. Praktisch alle vorherigen Untersuchungen über Delfinpfiffe waren an gefangenen Delfinen außerhalb des Wassers durchgeführt worden. Wir hatten als Erste beobachtet, wie Delfine ihre Pfeiftöne unter natürlichen Bedingungen in freier Wildbahn einsetzten.

Mehrere Jahre vor und nach unseren Feldstudien an Cookie und Smoky hatten wir praktisch jeden Morgen die Pfeiftöne und andere Laute, die Delfine im Flachwasser von Monkey Mia ausstießen, aufgezeichnet. Andrew und ich hatten eine Methode der Lautaufzeichnung entwickelt, mit der wir ermitteln konnten, welcher Delfin welchen Pfiff erzeugte. Einer von uns, der »Aufzeichner«, trug für gewöhnlich das Tonbandgerät in einem Rucksack und ließ, im Wasser stehend, das Unterwasserhorchgerät in die Dünung baumeln. Dieses Hydrophon war an einen Kanal des Tonbandgeräts angeschlossen, während ein normales Mikrofon über der Wasseroberfläche an den zweiten Kanal angeschlossen war. Der Aufzeichner musste sich vollkommen ruhig verhalten, andernfalls hörte man nur das Knirschen des Sandes unter seinen Füßen.

Die andere Person, der »Identifizierer«, konnte sich frei bewegen und versuchte, so nahe wie möglich an einem Delfin dranzubleiben, um seinen Pfeiftönen zu lauschen, die zu hören waren, solange der Kopf des Delfins an der Wasseroberfläche war. Wenn ein Delfin pfiff, deutete der Identifizierer auf den betreffenden Delfin, und der Aufzeichner sprach den Namen des Pfeifenden auf den zweiten Kanal des Tonbands.

Wir hatten Snubnose, Bibi und Sicklefin fast jeden Tag beobachtet und wussten wahrscheinlich mehr über sie als über jeden anderen Delfin in der Bucht. Nach dem gründlichen Lauschen auf ihre Pfiffe war ich mir sicher, dass sie keine charakteristischen Kennlaute wie die Kälber erzeugten. Irgendetwas Merkwürdiges ging mit ihnen vor. In Michigan begann ich die Pfeiftöne dreier Männchen, die wir über einen Zeitraum von mehreren Jahren aufgezeichnet hatten, auszuwerten.

Als Erstes sicherte ich mir die Unterstützung meines Freundes und Kollegen John Pepper. John hatte uns in Monkey Mia besucht (und seine Frau, Gillian, auf dem Flug dorthin kennen gelernt) und war daher einigermaßen mit den Delfinen vertraut. Er ist brillant und dabei äußerst bescheiden. Außerdem ist John mit einem Talent für Zahlen und Computer gesegnet. Wir verbrachten buchstäblich hunderte von Stunden damit, die zweihundertfünfzig Bänder auszuwerten; mit gespannter Aufmerksamkeit lauschten wir auf identifizierbare Pfeiftöne, die wir dann auf einem Computer digitalisierten, nach Delfin und Datum ordneten; wir druckten Spektrografen jedes Einzelnen aus und mühten uns schließlich, den Sinn des Ganzen zu entschlüsseln. Dieser kleine Abschnitt fasst die Frucht intensiver mehrjähriger Forschungsarbeit zusammen.

Als wir in den Jahren 1984 und 1985 mit den Aufzeichnungen begannen, wiesen die Männchen ein reiches Repertoire an Pfeiftönen auf. Sie schienen überhaupt keine Kennpfiffe zu besitzen. Einige der von uns aufgenommenen Pfeiftöne gehörten offenbar zu unterschiedlichen Typen; sie besaßen Profile, die sich von Zeit zu Zeit wiederholten und ihrer Form nach irgendwie absichtlich aussahen. Doch viele andere waren vage und unregelmäßig. Sie wirkten wie ein beliebiges Gepfeife, als hätte der Delfin keinen bestimmten Pfeifton im Sinn gehabt. Das entsprach weder unseren Erwartungen noch der herrschenden wissenschaftlichen Meinung über Kennpfiffe. Wir erwarteten, dass jeder Delfin einen Kennlaut produzierte und die meisten seiner Pfiffe dem Kenntypus entsprachen.

Als wir uns jedoch die Pfeiflaute der letzten Jahre anhörten, stellten wir fest, dass ein Pfiff, den wir als »anschwellend« bezeichneten, von Snubnose, Bibi und Sicklefin immer öfter verwendet wurde. Nicht jedes aufwallende Pfeifen war gleich. Es gab noch immer eine Menge Rauschen, aber sie waren eindeutig ähnlich. In der Tat wurde dieses anschwellende Pfeifen allmählich bei den drei Männchen zum beliebtesten Typus. Wenn der häufigste Pfeifton eines Delfins sein Kennpfiff war, dann hatten Snubnose, Bibi und Sicklefin dieses anschwellende Pfeifen als ihren gemeinsamen Kennpfiff übernommen.

Wir sahen uns wieder unsere Aufzeichnungen an und versuchten zu verstehen, wie es dazu gekommen sein könnte. In den ersten Jahren unserer akustischen Aufzeichnungen besuchten nur Snubnose und Bibi Monkey Mia. Sie verbrachten einige Zeit miteinander, sogar vor der Küste, außerhalb des Fütterungsbereichs, aber häufig sahen wir sie auch getrennt voneinander mit verschiedenen anderen Delfinen. Im Laufe der Zeit verbrachten sie immer mehr Zeit zusammen und bildeten schließlich ein festes Bündnis. Während des zweiten Jahres, in dem wir ihre Laute aufzeichneten, beobachteten wir sie zum ersten Mal beim gemeinsamen Aufbringen von Weibchen. In unserem dritten Aufnahmejahr hatte sich Sicklefin dem Bündnis angeschlossen, und das Dreigespann entführte fast jeden Tag Weibchen.

Der gemeinsame Kennpfiff hatte sich gleichzeitig mit dem Zusammenschluss zu einem Bündnis herausgebildet. Je mehr Zeit sie miteinander verbrachten und je mehr sie beim Entführen von Weibchen und der Vertreibung rivalisierender Bündnisse kooperierten, desto häufiger benutzten sie den »anschwellenden Pfeifton«. War dies ein Kennpfiff für ihr Bündnis? Sich selbst als Bündnis statt als Einzeltiere zu erkennen zu geben könnte für männliche Delfine dann sinnvoll sein, wenn sie sich dadurch gegenseitig ihrer »Bündnistreue« versichern (»Ich bin nicht länger ich. Wir sind jetzt wir.«). Ein »solidarisches« Pfeifen könnte andere Männchen (»He, wir gehören zusammen, also leg dich nicht mit uns an!«) oder Weibchen (»Wir sind ein unschlagbares Bündnis. Wenn du dich mit uns paarst, werden deine Söhne richtige Kerle.«) informieren. Alles Möglichkeiten, die sich zudem nicht gegenseitig ausschließen.

Wir waren zufällig auf eine natürliche Situation gestoßen, in der die ungewöhnliche Fähigkeit der Delfine, Pfeiftöne zu erlernen und zu modifizieren, die zuerst bei in Gefangenschaft lebenden Delfinen festgestellt worden war, in freier Wildbahn in Erscheinung trat. So war es auch nicht sonderlich überraschend, dass sie sich im Kontext ihrer phänomenalsten sozialen Verhaltensweise zeigte – nämlich bei der Bildung komplexer, kooperativer Bündnisse.

Noch heute, nachdem ich seit über fünfzehn Jahren den Lauten von Delfinen lausche, erstaunt mich ihre Vielfalt. Ich höre immer wieder neue Laute, weil meine akustische Wahrnehmung zweifellos sensibler geworden ist, aber wohl auch deswegen weil die Delfine stets mit neuen Tönen aufwarten.

Ich war nicht die Erste, die von der Lautwelt der Delfine beeindruckt war. Frühere Forscher, wie John Lilly, mutmaßten, dass Delfine eine Sprache besäßen, die der unseren ähnele. Schließlich sind sie intelligente und soziale Tiere. Falls wir annehmen, jeder der von ihnen erzeugten unterschiedlichen Laute habe eine andere Bedeutung, muss ihre Kommunikation äußerst komplex sein.

Eine kurze Überlegung offenbart, dass die nahe liegende Frage, ob Delfine eine Sprache besitzen, zu verneinen ist. Wir gebrauchen den Begriff Sprache in erster Linie mit Bezug auf die menschliche Kommunikation. Diese grenzt wirklich an ein Wunder, auch wenn wir dazu neigen, sie für selbstverständlich zu erachten. Steven Pinker rückt dies in die richtige Perspektive, wenn er in seinem Buch *Der Sprachinstinkt* schreibt: »Indem wir nichts weiter tun, als mit dem Mund Geräusche zu produzieren, können wir im Gehirn anderer Personen neue und präzise Gedankenkombinationen erzeugen.« (S. 17).

Dieses Wunder bringen wir dadurch zu Stande, dass wir diskontinuierliche Einheiten (Wörter) benutzen, die jeweils eine vollkommen willkürliche, konventionelle Beziehung zu ihrer Bedeutung haben. »Das Wort ›Hund‹ sieht nicht aus wie ein

Hund, geht nicht wie ein Hund und knurrt nicht wie ein Hund, und trotzdem bedeutet es ›Hund‹. Warum? Weil alle Sprecher des Deutschen in ihrer Kindheit denselben automatischen Lernprozess durchlaufen haben, der das Lautgebilde mit der Bedeutung verknüpft.« (Pinker, S. 97).

Das enorme Potenzial der Sprache verdankt sich nicht den vielen, willkürlichen Bezeichnungen für Objekte, sondern der Tatsache, dass wir diese Wörter in unendlich vielfältiger Weise kombinieren und rekombinieren können, sodass jede anders lautende Wortfolge eine andere Bedeutung hat. Da wir über eine generative Grammatik verfügen – ein Corpus von Regeln, die angeben, wie sich die Bedeutung bei verschiedenen Wortfolgen verändert –, können wir aus all diesen verschiedenen Wortkombinationen Bedeutungen ableiten. Wir wissen, dass »Delfin beißt Mensch« nicht dasselbe ist wie »Mensch beißt Delfin«. Obwohl manche Menschen angeblich »in Bildern denken«, sind wir derart sprachlich geprägte Wesen, dass die meisten von uns »in Wörtern denken«. Es gibt im menschlichen Gehirn sogar spezielle Areale, das Broca-Zentrum und das Wernicke-Zentrum, die für die Sprachverarbeitung zuständig sind.

Die Erforschung der Tierkommunikation steckt noch immer in den Kinderschuhen, doch bislang haben wir in den Gehirnen und im Verhalten anderer Tiere – einschließlich unserer nächsten Verwandten, der Primaten – nichts gefunden, was an das unendliche kommunikative Potenzial der menschlichen Sprache heranreicht. Wir haben lediglich sprachähnliche Merkmale in den Kommunikationssystemen einiger anderer Arten gefunden. So haben beispielsweise Robert Seyfarth und Dorothy Cheney bei ihren Studien über die Alarmrufe ostafrikanischer Grüner Meerkatzen herausgefunden, dass diese Affen über unterschiedliche Alarmrufe für verschiedene Arten von Fressfeinden verfügen: Wenn sie von einem Adler überflogen wurden, stießen sie ein tiefes, stakkatoartiges Grunzen aus; strich ein Leopard in der Nähe umher, stießen sie einen kurzen tonalen Ruf aus; glitt eine Schlange durchs Gras, »schnatterten« sie. Sobald die Forscher Aufnahmen verschiedener Typen von

Alarmrufen abspielten, reagierten die Meerkatzen für gewöhnlich in einer dem Typ des Fressfeindes, den der Ruf bezeichnete, angemessenen Weise. Spielten die Forscher einen Adler-Alarmruf ab, schauten die Meerkatzen zum Himmel und duckten sich nieder; bei einem Leoparden-Alarmruf sausten die Affen auf Bäume und bei einem Schlangen-Alarmruf stellten sie sich auf die Hinterbeine und suchten mit den Augen den Boden ab. Alles deutete darauf hin, dass die Rufe für die Affen verschiedene Bedeutungen besaßen, und wie bei Wörtern basiert die Verknüpfung von Klang und Bedeutung auf einer willkürlichen Konvention, die junge Meerkatzen erst lernen müssen. Dies reicht jedoch nicht annähernd an das unendliche schöpferische Potenzial heran, das auf einer generativen Grammatik beruht.

Untersuchungen der Gehirnaktivität von Tieren, die Laute äußern, haben die Unterschiede zwischen menschlichen und anderen Kommunikationssystemen bestätigt. Bei nichtmenschlichen Primaten und anderen Lebewesen scheint die Lautgebung überwiegend von subkortikalen Strukturen wie dem limbischen System gesteuert zu werden. Das deutet darauf hin, dass die Laute unwillkürliche Reaktionen auf emotionale Zustände darstellen. Es sind nicht die kortikal gesteuerten, wohl durchdachten, sorgfältig artikulierten, logischen Äußerungen, wie sie bekanntlich für die menschliche Kommunikation typisch sind.

Zum gegenwärtigen Zeitpunkt lässt sich nicht sagen, ob Delfine in dieser Hinsicht aus dem Rahmen fallen. Lou Herman und seine Mitarbeiter haben auf Hawaii einen interessanten Ansatz verfolgt, um der Beantwortung dieser Frage näher zu kommen. Sie haben zwei Delfinen, Phoenix und Akeakamai, beigebracht, eine künstliche Sprache zu benutzen (ähnlich wie andere Wissenschaftler Schimpansen). Die Delfine haben gezeigt, dass sie lernen können, Laute (im Fall von Phoenix) oder Gesten (im Fall von Akeakamai) willkürlich mit Gegenständen (Reifen, Ring, Ball, Surfbrett, Person usw.) in ihrem Becken zu assoziieren. Darüber hinaus haben sie die Bedeutung verschiedener Wortfolgen zu verstehen gelernt (»Bring den Ball zum Surfbrett« bedeutet etwas anderes als »Bring das Surfbrett zum Ball«). Dies ist zweifellos eindrucksvoll und verdeutlicht das kognitive Potenzial von Delfinen, sofern sie angemessen dressiert werden. Es ist aber eine Sache, ein Tier so abzurichten, dass es auf menschliche Kommandos in einer künstlichen, vom Menschen erdachten Sprache reagiert, und eine andere, ob ein Tier sich spontan in der eigenen Sprache äußert.

Unabhängig davon, ob Delfine nun über eine Sprache verfügen oder nicht, zeigen sie meines Erachtens eindeutig ein ungewöhnlich reiches Ausdrucksverhalten. Als ich das erste Mal den Kommunikationslauten einer Gruppe wild lebender Delfine lauschte, war ich wie gebannt. Ein- oder zweimal hatte ich am Strand von Monkey Mia Delfinen zugehört, die sich von Touristen füttern ließen, und dabei einige Pfiffe und Echoortungsklicks vernommen, die ich damals ziemlich aufregend fand. Doch der Lärm, den diese Gruppe geselliger Delfine machte, war für mich gleichermaßen ein Schock und eine Offenbarung. Es waren Pfiffe und Klicks, ein Kreischen und Heulen, ein Quietschen und Fiepen, ein Bellen und Blöken, ein Zirpen und »Schimpansengequieke«, ein Knurren, Grunzen und Krächzen, ein Mähen und Blöken, ein Knacken und Knallen. Ich hörte Töne, die ich weder beschreiben noch benennen kann und scheinbar endlose Variationen von allem und jedem. Alle diese Töne außer den Pfiffen werden Stoßimpulslaute genannt (da sie aus Stoßimpulsen bestehen, wobei Impuls ein anderer Terminus für Klick ist). Man weiß nahezu nichts über dieses gigantische Lautrepertoire der Delfine.

All diese verschiedenen Laute werden sie nicht ohne Grund äußern. Falls jeder einzelne Laut eine spezifische Botschaft übermittelt, dann müssen diese Tiere *eine Menge* Botschaften austauschen. Es ist jedoch äußerst schwierig, herauszufinden, worüber sie sich unterhalten und wie sie es tun. Stellen Sie sich vor, Sie wären ein Außerirdischer, der ein Gespräch zwischen zwei Menschen zu verstehen versucht. Sie sitzen bei jemandem in der Küche, der sich mit einem Freund unterhält, und hören, wie ein Strom von Lauten der einen Person entfährt, auf den ein Strom von Lauten der anderen Person folgt, und so weiter, hin und her. Sie haben keine Ahnung, was als »Wort« oder sonstige bedeutungtragende Einheit zählt. Mit Glück und Beharrlichkeit erkennen Sie vielleicht schließlich einige Laute, die Sie schon einmal gehört haben. Wahrscheinlich fällt Ihnen auf, dass sich die Gesprächspartner gegenseitig abwechseln. Sie könnten versuchen, etwas über die Bedeutung ihres Dialogs in Erfahrung zu bringen, indem Sie die Handlungen der beiden während ihrer Unterhaltung beobachten. Nehmen wir an, die eine Person kocht eine Kanne Kaffee und bietet der anderen eine Tasse an. Bedeutet dies, dass sie sich über Kaffee unterhalten? Nachdem sie sich Kaffee eingeschenkt haben, sitzen sie sich am Tisch gegenüber und fuchteln bei wechselndem Gesichtsausdruck ein wenig mit den Händen herum. Sie könnten über die intimen Details ihres Sexuallebens sprechen oder über das politische Tagesgeschehen, ohne dass Sie aus ihren gleichzeitigen Handlungen irgendwelche Rückschlüsse ziehen könnten. Wo wollten Sie überhaupt ansetzen? Als Außerirdischem würde es Ihnen schon äußerst schwer fallen, auch nur eine Vermutung darüber anzustellen, was ein für Menschen relevantes Gesprächsthema sein könnte.

Die Erforschung der Kommunikation zwischen wild lebenden Delfinen stellt eine noch größere Herausforderung dar. Man muss das oben beschriebene Szenario um die Tatsache ergänzen, dass man praktisch nicht erkennen kann, wer sich äußert, da die Laute im Körperinneren produziert werden. Und es ist noch ein weiteres Problem zu bewältigen. Delfine haben ihr Gehör auf Laute in Frequenzbereichen abgestimmt, die den menschlichen Hörbereich um ein Vielfaches übersteigen. Junge Menschen mit gutem Gehör können einen sehr hohen Ton mit einer Frequenz von etwa 20 Kilohertz gerade noch wahrnehmen. Für Delfine ist das erst der Anfang: Für einen Delfin liegt ein hoher Ton eher im Bereich von 150 bis 200 Kilohertz; Töne im Bereich von etwa 60 Kilohertz sind für ihn angenehm. Der Bedarf an Tonbandgeräten, mit denen man Töne jenseits des menschlichen Hörbereichs aufzeichnen kann, ist verschwindend klein. Entsprechend teuer sind die wenigen Geräte, die für spezielle Anwendungen entwickelt wurden, und sie sind extrem empfindlich, sie vertragen weder Salzwasser noch Sand oder das Schlingern eines Bootes sonderlich gut. Ohne eine solche Spezialausrüstung ist es unmöglich, das gesamte Spektrum der Delfinlaute getreulich zu erfassen.

Kein Wunder, dass wir fast nichts über die Kommunikation der Delfine wissen. Während die meisten ihrer Pfeiftöne am unteren Ende des Frequenzspektrums liegen und hinlänglich mit normaler Ausrüstung aufgenommen werden können, liegt das übrige vokale Repertoire der Delfine zumindest teilweise außerhalb dieses Bereichs und lässt sich nur sehr schwer aufnehmen und analysieren.

Nachdem ich tausende von Stunden Delfinen zugehört habe, bin ich der Ansicht, dass sie sich, wenn sie ihre Stoßimpulslaute erzeugen, nicht mit hochintellektuellen Diskussionen befassen. Ich kann jedoch den Lauten, die ich höre, leichte emotionale Zustände zuordnen. Knurrlaute klingen wütend, gellende Schreie ausgeflippt, Quietschlaute freundlich, unterwürfig oder unsicher, Grunzen klingt überrascht oder drohend und Blöken gleichgültig. Stoßimpulslaute scheinen so etwas wie eine reine, primitive Emotion auszudrücken.

Dies wurde eines Tages sehr deutlich, als Snubnose unverkennbar einen regelrechten Wutanfall bekam. Er war den ganzen Morgen über schon außergewöhnlich gereizt gewesen und hatte nach Leuten geschnappt, die ihn berühren wollten. Gierig nach dem Fisch, den die Touristen hinhielten, schubste und drängelte er, um einen guten Platz zwischen seinen Artgenossen zu ergattern; er schlug mit der Fluke um sich und lehnte Aufforderungen, mit Seegras zu spielen, ab. Dann watete ein argloser Tourist mit einem Eimer Fische ins Wasser. Nicky befand sich direkt neben dieser Person, doch Snubnose platzte dazwischen und ließ sich bei dem Versuch, sich zwischen den Touristen und Nicky zu schieben, im flachen Wasser stranden. Der Fisch ging trotzdem an Nicky. Snubnose warf den Kopf herum. Ein weiterer Fisch ging an Nicky. Snubnose versuchte, sich zu dem Fisch zu wälzen, der ihm in Reichweite hingehalten wurde. Doch Nicky bekam auch den nächsten Fisch. Das reichte. Snubnose lies eine Tirade aus Qietschen, Schreien, Knurren und Stöhnen los, wie ich sie nie zuvor gehört hatte. Er wälzte sich auf die Seite, dann auf den Rücken, wobei seine Flipper steif in die Luft ragten, so wie ein Kind, das sich in einem Anfall trotziger Wut hin und her wirft. »Grrrrrrrrrrrrrr, Grrrrrrrrrrrrrr, Grrrrrrrr, Grrrrrrrr, Hehaaaaa, Hehaaaaa, Hehaaaaa, Bvvvvvvvvv, Bvvvvvvvvv, Bvvvvvvvvv, Umf, Umf, Umf, Umf, Umf« und so weiter. Sekunden später stürzte sich Snubnose auf Nicky, schnappte nach ihr und jagte sie vom Ufer weg. Kaum anzunehmen, dass er großartig seine Gefühle und Vorstellungen über die Verteilung von Fisch und das Verhalten der Touristen sowie Nickys Appetit darlegte, aber mit Sicherheit brachte er seine Gefühle zum Ausdruck.

Stoßimpulslaute übermitteln offenbar Information über den emotionalen Zustand eines Delfins. Es ist leicht, in diese Laute verschiedene Gemütszustände wie Wut und Ärger, Zuneigung und Interesse hineinzulesen. Wir können nicht sicher sein, ob unsere Deutungen zutreffen, doch ist es durchaus möglich, dass wir tatsächlich eine Vielzahl von Emotionen mit Delfinen teilen und wir unsere Gefühle auf annähernd ähnliche Weise ausdrücken. Wir murren empört, klagen vor Kummer, sprechen lauter und höher, je nervöser oder angespannter wir werden, und unsere Stimme wird tiefer, wenn wir wütend sind. Dies ist zwar kommunikativ und expressiv, aber noch immer keine Sprache im menschlichen Sinne.

Falls Delfine wirklich so etwas wie eine Sprache besitzen, kommt sie meines Erachtens eher in ihren Pfiffen als in den Stoßimpulslauten zum Ausdruck. Wenn ein Pfiff mit dem Profil »Ansteigen-Fallen-Ansteigen« »Puck« bedeutet, dann könnte ein Pfiff mit dem Profil »Ansteigen-Abflachen-Fallen« gewiss »Hai« bedeuten und ein Pfiff mit dem Profil »Ansteigen-Fallen-Abflachen« »Rosa Schnapper« bedeuten. Mit anderen Worten, wenn Delfine verschiedene Pfeifprofile verwenden, um sich untereinander zu verständigen, dürfte es nahe liegen, dass sie auch bestimmte Lautprofile verwenden, um Gegenstände in ihrer Umgebung zu bezeichnen. Mit Sicherheit ist in der von uns aufgezeichneten enormen Vielfalt an unterschiedlichen Pfeifprofilen Platz für ein solches Vokabular. Und falls sie

»Wörter« für Gegenstände haben, stellt sich die große Frage, ob sie eine Art von Grammatik besitzen, die es ihnen ermöglicht, aus verschiedenen Pfeiftonfolgen verschiedene Bedeutungen abzuleiten.

Delfine variieren ihre Pfiffe auf bestimmte Weise, fast so als ob es Regeln gäbe, die den Variationen Bedeutung verliehen. Das Profil kann zeitlich gerafft oder ausgedehnt werden, seine Frequenz kann erhöht oder verringert werden. Teile des Profils werden manchmal gestrichen, wiederholt oder um zusätzliche Teile erweitert. Wenn alle diese Modifikationen für Delfine eine bestimmte Bedeutung haben, dann scheint mir, dass das durch Rekombination entstehende und für die menschliche Sprache charakteristische unendliche Potenzial bis zu einem gewissen Grad auch im Kommunikationssystem der Delfine vorhanden ist. Es bedarf jedoch weit mehr als derartiger Spekulationen, um zweifelsfrei den Sprachgebrauch bei Delfinen nachzuweisen, wenngleich es Spaß macht, darüber zu spekulieren. Worüber würden sich Delfine unterhalten, wenn sie mit uns sprechen könnten? Würden sie sich über die neuesten reichen Fischgründe unterhalten oder uns Anekdoten über ihre Begegnungen mit Haien erzählen? Was wäre, wenn wir ihnen Fragen stellen könnten wie diese: Seid ihr wirklich so intelligent, wie wir denken? Könnt ihr mit euren Klicklauten Fische betäuben? Was stellt ihr mit diesen Schwämmen an? Was könnten sie uns über sich und ihre Meereswelt erzählen?

Einmal hatte ich einen aufwühlenden Traum, in dem ich mich mit einem Delfin unterhielt. Ich war in einer Bar; es war eine schäbige, verrauchte und versteckte Kaschemme, wie sie von richtigen Säufern frequentiert wird. Ich saß an der Theke und genoss meinen doppelten Malt-Whisky on the rocks und fühlte mich als einzige Frau unter lauter trinkenden Männern etwas unbehaglich.

Ein Typ saß neben mir an der Bar und knüpfte ein Gespräch an, an das ich mich nicht mehr erinnere. Ich blickte kurz von ihm weg, und als ich mich ihm wieder zuwandte, hatte er sich in einen Delfin verwandelt! Er saß immer noch auf seinem Barhocker und nippte mit seiner langen Schnauze cool an seinem

Drink, während seine Fluke auf der Fußsprosse des Barhockers ruhte. Mir blieb die Spucke weg. Ich sagte zu mir: »Mein Gott, das gibt's nicht. Ich kann mit diesem Typen/Delfin reden. Ich kann ihn alles fragen, was ich über Delfine wissen will, und er kann mir einfach die Antworten geben.«

Etwas sagte mir, dass ich nur eine Chance hätte und dass ich *die* Frage stellen müsste, die mir am meisten Aufschluss über Delfine bringen würde. Doch plötzlich fiel mir nichts mehr ein. Ich konnte nicht einmal mehr eine einfache Frage formulieren, geschweige denn eine, die das Wesen der Delfine grundlegend offenbarte.

Wenn Sie jemals einen Traum hatten, in dem Sie vor einem Monster wegzulaufen versuchten und sich Ihnen Ihr Körper einfach verweigerte, dann kennen Sie das Gefühl, das mich überkam. Ich war völlig frustriert, aber das machte es nur noch schlimmer, und dann war es auch schon zu spät. Der Delfin verwandelte sich wieder in einen Menschen zurück, und ich hatte meine Chance vertan.

Obgleich Snubnose, Bibi und Sicklefin unseren Forschungen zweifellos einen Rückschlag versetzt hatten, da sie die hohen Erwartungen an die Hypothese von den Kennlauten nicht erfüllten, lernten wir weitere Kennlaute einzelner Delfine in der Shark Bay. Ich konnte sogar einige Delfine an ihren Tönen erkennen. Ich ließ das Hydrophon ins Wasser und hörte Nicky in der Nähe pfeifen. Sie tauchte dann regelmäßig einen Augenblick später auf. Oder ich hörte Cookies wehmütiges Pfeifen in der Ferne und stellte mir vor, wie er zu seiner Mutter Crookedfin schwamm. An einem windigen Nachmittag – wir hatten beschlossen, nicht mit den Wellen zu kämpfen – gestattete ich mir den Luxus, an Bord der *Nortrek* friedlich meine Gitarre zu zupfen. Zunächst so schwach, dass ich kaum darauf achtete, hörte ich ein Pfeifen. Es wurde lauter und lauter, bis ich Smokys Kennpfiff erkannte. Ich hörte sein Pfeifen, das geradewegs durch den Rumpf der *Nortrek* übertragen wurde. Ich sprang auf und ging an Deck. Natürlich war Smoky da. Er umkreiste das Boot und jagte, auf dem Rücken schwimmend, einen kleinen Fisch. Dann pfiff er noch ein- oder zweimal und schwamm nach Nordosten, zweifellos zu Yogi.

Die Fähigkeit, die Delfine an ihren Pfeiftönen zu erkennen, weihte mich in eine gänzlich neue Dimension ihres Lebens ein. So wie sie konnte auch ich hören, wer da war. Zweifellos hören sie, wer sich wo aufhält, und wahrscheinlich können sie auch ganz gut abschätzen, was das Tier vorhat. Bis dahin war die Welt der Delfine in meiner visuellen Vorstellung in gewissem Sinne beschränkt und klaustrophobisch gewesen. Ich hatte mir vorgestellt, dass sie im trüben Wasser praktisch blind wären, die Luft anhielten und lediglich in einem schmalen Kegel unmittelbar vor sich ihre Echoortung einsetzen konnten, in der Finsternis stets auf der Suche nach Artgenossen. Weit gefehlt. Sie sind eine durch die Welt des Schalls verbundene Gemeinschaft.

Ich und andere Forscher haben viele Stunden damit verbracht, in mühsamer Kleinarbeit ihre Kommunikation zu analysieren, stets in der Hoffnung, den »Code zu knacken« oder eine Schlüsselentdeckung zu machen, die es uns endlich erlaubte, die Vorhänge beiseite zu ziehen und diese Tiere zu verstehen. Ich habe mich aber auch gefragt, was Delfine wohl über unsere Kommunikation denken. Sie hören uns in einem fort sprechen. Erkennen sie, dass es etwas Besonderes damit auf sich hat? Am nächsten kam ich der Antwort auf diese Frage, als ich eines Tages mit Nicky schwamm. Es war stets schwierig, beim Schwimmen ihre Aufmerksamkeit auf sich zu ziehen. Sie wusste vermutlich, dass ich keine Fische bei mir hatte, und ich hatte den Eindruck, das ungestüme Gefuchtel schwimmender Menschen irritierte sie. Während Puck in der Regel forsch war, sich oft näherte und mich pfeifend umkreiste oder es mir gestattete, meine Hand an ihre Seite zu legen, ignorierte mich Nicky durchweg. Doch diesmal gelang es mir, ihre Aufmerksamkeit auf mich zu lenken. Ich ging ins Wasser, und sie warf mir einen Blick zu, der so viel sagte wie: »Ach, nur du«, und schwamm weg. Ich suchte nach etwas, mit dem ich ihre Aufmerksamkeit auf mich ziehen könnte, etwas Ausgefallenes. Unmittelbar unter mir sah ich auf dem Grund einen ungefähr dreißig Zentimeter langen und kerzengeraden Stock. Ich tauchte hinunter und ergriff ihn, ohne noch zu wissen, was ich mit ihm anstellen wollte. Kaum hielt ich ihn in der Hand, kam mir eine Idee. Ich begann, damit »ICH LIEBE NICKY« in Großbuchstaben auf den sandigen Grund zu schreiben.

Nicky drehte sich um, umkreiste mich in einiger Entfernung und näherte sich mir dann. Sie kam direkt neben mich und richtete ihre Schnauze parallel zur Spitze des Stocks aus; ihr Kopf bewegte sich synchron mit meiner schreibenden Hand. Nun folgte sie wie gebannt jeder meiner Bewegungen. Ich schrieb meine Botschaft an sie, schwamm zu einer anderen Stelle und schrieb sie erneut und dann noch einmal. Sie folgte mir jedes Mal. Als ich mehrere Minuten später innehielt, verdrehte sie die Augen, um Blickkontakt zu mir aufzunehmen, dann schaute sie wieder auf den Schriftzug im Sand, machte eine Pause und erst dann schwamm sie weg. Niemals zuvor und nie mehr danach habe ich ihre Aufmerksamkeit derart fesseln können.

Ich war perplex. Nicht nur weil ich Nickys Aufmerksamkeit auf mich gezogen hatte, sondern auch weil sie zu erkennen schien, dass mein Verhalten, das Schreiben, etwas zu bedeuten hatte. Etwas, das ihre Aufmerksamkeit verdiente. Ich bilde mir nicht ein, dass sie die Bedeutung meiner Botschaft an sie verstand oder dass sie wirklich begriff, wie wichtig das Schreiben für das Leben, die Kultur und Kommunikation der Menschen ist. Doch ihre außergewöhnliche Aufmerksamkeit für mein Schreiben mit dem Stock bestärkte mich in der Überzeugung, dass sie zumindest erkannte, dass etwas wirklich Wichtiges vor sich ging. Genau dasselbe Gefühl hege ich in Bezug auf die Kommunikation der Delfine, und aus diesem Grund habe ich dieses schwierige Thema als Schwerpunkt meiner Forschungen gewählt; das Geheimnis ihrer Kommunikation zu ergründen ist schwer, wenn nicht unmöglich, aber zugleich außerordentlich faszinierend.

Das Leben in Monkey Mia

A ls wir 1990 nach Monkey Mia kamen, um unsere Forschungsarbeit über den Gebrauch von Pfeiftönen zwischen Müttern und Kälbern in Angriff zu nehmen, war der
Campingplatz praktisch geschlossen, und ein Haufen Bulldo-
zer grub lärmend das Terrain um. Monkey Mia, bis dahin ein
einfacher kleiner Campingplatz für Angler, wurde in einen
Ferienort mit Tennisplätzen, Schwimmbad, einer Tiki-Hütte,
in der Cappuccinos serviert werden würden, und einer Reihe
Chalets, die an Touristen vermietet werden sollten, umgewan-
delt. Ein wahrscheinlich unvermeidlicher Wandel, denn die
Delfine von Monkey Mia waren *die* Tourismusattraktion Westaustraliens geworden. Wir aber sahen dem Wandel bange entge-
gen. Mehr Touristen bedeuteten mehr Bautätigkeit und damit
zwangsläufig eine immer größere Bedrohung für die Delfine
und ihre Bucht.

In Anbetracht dieser neuen Entwicklung wusste ich, dass das
Leben in Monkey Mia nie mehr so sein würde wie früher. Ich
hatte nie etwas gegen das spartanische Leben in der Wildnis
gehabt. Das Leben in Monkey Mia war bei weitem bequemer
und luxuriöser als das Leben in meinem VW-Bus in Kaliforni-
en. Anfangs hatten wir in kleinen Schlafzelten gehaust und auf
offenem Feuer gekocht. Später leisteten wir uns größere Zelte,
in denen wir aufrecht stehen konnten, mit einem Tisch und
einem Feldbett. Nachdem wir in diesen großen Zelten, die sich
wie Klüver in starkem Rückenwind bauschten und ausnahms-

los undicht waren, einigen schweren Stürmen und Regenfällen getrotzt hatten, gönnten wir uns einen Caravan mit einem Vorzelt. Das war ein echter Luxus, hübsch eingerichtet, mit einem Propangaskocher und soliden Wänden, die Sand und Staub von unserer Ausrüstung fern hielten.

Ich habe mich in der Wildnis stets wohler gefühlt als in einer Stadt; daher machte mir die Abgeschiedenheit der Shark Bay nichts aus, und ich hatte auch nichts dagegen, mich mit Salzwasser zu waschen, in einem Zelt zu schlafen oder Geschirr in einem Eimer zu spülen. Das Einzige, was mir in Monkey Mia nicht ganz geheuer war, war das Wetter, es brannte mir am 21. Mai 1988 unauslöschlich eine Furcht in die Seele.

In den frühen Morgenstunden werde ich durch das Flattern der Zeltleinwand geweckt; der Wind zerrt heftig an der losen Türklappe unseres Vorzelts. Ich will nicht aufstehen, obgleich ich schlaftrunken spüre, dass der Wind immer stärker wird und ich alles dichtmachen und nach dem Boot sehen sollte. Ich weiß, dass ich es gestern Nachmittag fest verankert habe. Trotzdem male ich mir aus, wie es sich aus seiner Verankerung reißt, gegen den Strand geschleudert wird oder Richtung Madagaskar in die stürmische See hinaustreibt. Ich will nicht aufstehen und rausgehen, doch der Wind heult, und alles wackelt, rattert und flattert. Als ein Metallkochtopf vom Küchentisch geweht wird, bin ich hellwach. Der Stromgenerator des Campingplatzes ist ausgeschaltet, also taste ich nach der Taschenlampe, die ich neben meinem Bett aufbewahre. Zumindest war es nicht der Topf mit den übrig gebliebenen Spaghetti.

Ich trete ins Freie und sehe, dass andere Camper bereits auf den Beinen sind und über den Platz eilen, um nach ihren Booten zu sehen und ihre Zelte zu sichern. Die Lichtkegel von Taschenlampen bewegen sich kreuz und quer zum Strand und zurück und lassen gelegentlich die Silhouette einer menschlichen Gestalt, eines Wohnwagens oder Zeltes aufscheinen. Mein Gott, der Wind braust eindeutig aus Nordwest. Von dort, direkt vom Meer her, ziehen die wirklich schweren Stürme auf.

Wind und Meer toben und peitschen mir das Haar um die Ohren und in die Augen. Unten am Ufer schaukelt mein kleines Boot auf den Wellen; es bäumt sich gegen den bleigrauen Himmel auf, dann stürzt es wieder hinab. Ich hoffe, dass es nicht auf Grund schlägt.

Ein Windstoß weht mich beinah um und bläst stechenden Sand gegen meine Beine. Überall auf dem Campingplatz krachende Geräusche: Mülltonnendeckel und anderes loses Zeug wirbelt umher. Dem Vorzelt gilt meine größte Sorge. Es wird diesem Schlagen nicht mehr lange standhalten und weit aufreißen. Eine der Frontstangen ist aus der Verankerung gerissen und hat ihre Stützfunktion verloren. Ich ziehe sie hoch und versuche sie wieder zu befestigen, aber das Zelt flattert so heftig, dass ich die Stange nicht mehr an ihren Platz bekomme.

Das Vorzelt ist voll gepackt mit Tischen, Geschirr, Töpfen und Pfannen, Eimern, Bootswerkzeugen, Schreibtisch, Büchern, Papierbehältern, elektronischen Geräten, meiner Kleidung und meinem Bett. Ich nehme all meine Kräfte zusammen, um dem Toben der Natur standzuhalten, stemme mich gegen die Zeltstange und stelle mir vor, was passiert, wenn das Zelt aufgerissen und sein Inhalt den Elementen preisgegeben wird. Doch ich kann unmöglich hier bleiben und die Stange weiterhin aufrecht halten. Also gibt es keine Alternative. Ich lasse los und stürze wie wild vor, um Papiere, Kameras und alles andere, was ich in den Wohnwagen retten kann, zusammenzuraffen, während sich die Zeltleinwand losreißt und vollends zum Spielball des Windes wird.

Ich höre das gedämpfte Tuckern des anspringenden Generators, und dann beginnen die Lichter zu flackern. Für gewöhnlich ist der Generator nachts abgeschaltet, und der Campingplatz liegt im Dunkeln. Mein Herz pocht, und mir wird schlagartig übel, weil ich weiß, dass die Masons den Generator zu dieser Stunde nicht ohne triftigen Grund anlassen würden. Meine Ängste bestätigen sich.

Ein kalter Regen prasselt nieder, als ich nochmals zurückrenne, um nach dem Boot zu sehen. Es schlägt wild auf und ab und hat bereits Wasser aufgenommen, was es weitaus schwerer macht. Bei diesem Gewicht kann die Ankerleine, die jetzt wie ein Zwirnsfaden erscheint, jeden Moment reißen. Während ich noch zitternd in Wind und Regen stehend überlege, was ich tun soll, taucht Craig auf, der Schwiegersohn der Masons. Für gewöhnlich ist er ein außerordentlich ruhiger, umgänglicher und humorvoller Bursche, aber ich sehe sofort, dass selbst er sich Sorgen macht. Er brüllt durch den Wind und erbietet sich, mir beim Herausnehmen des Bootsmotors zu helfen. Das Boot ist aus widerstandsfähigem Aluminium und kann einen Aufprall aushalten. Der Motor dagegen geht kaputt, wenn er in Wasser eintaucht. Gemeinsam waten wir ins Wasser und wuchten den Motor aus seiner Verankerung. Craig schleppt ihn zum einzigen festen Gebäude der Gegend: dem aus Schlackenstein erbauten Toilettenhaus.

Auf dem Weg zurück zum Wohnwagen komme ich am Standplatz eines älteren Paares vorbei, dessen Gesellschaft ich in den letzten zwei Wochen genossen habe. Sie sind beide über achtzig und kommen seit vielen Jahren hin und wieder nach Monkey Mia. Ihr Zelt ist jetzt ein flatternder Haufen durchnässter Leinwand, der nur noch von einigen feststehenden Pfosten am Boden gehalten wird. Überall liegen Trümmer herum, und die beiden sitzen eng aneinander geschmiegt und mit weit aufgerissenen Augen in ihrem Auto.

Der Sturm drückt Wellen den Strand hinauf, und als ich zum Wohnwagen zurückkomme, ist das Vorzelt völlig zerfetzt; Töpfe, Pfannen und Geschirr liegen verstreut am Boden herum. Wellen brechen sich bedrohlich nur wenige Fuß vor der Vorderseite des Wohnwagens. Mir bleibt keine Wahl: Ich muss mit dem Auto herfahren, so viel darin verstauen, wie irgend geht, und den ungeschützten Strand verlassen. Den Wohnwagen, das Boot und alles andere werde ich zurücklassen müssen in der Hoffnung, dass es nicht allzu schlimm wird.

Nicki taucht auf, um mir dabei zu helfen, den Computer mit all unseren Datensätzen, Notizbücher, Kameras und Ferngläser, Videoausrüstung, einige Aktenordner mit wichtigen Aufzeichnungen und einige wenige Bücher ins Auto zu tragen. Inzwischen schlagen die Wellen gegen den Wohnwagen, und wir pendeln watend mit Stapeln von Zeug, die wir über unsere Köpfe halten, hin und her.

Nicki und ich springen in den Kombi und fahren zur windgeschützten Seite des Toilettengebäudes. Im Vergleich zur Strandseite ist es hier verhältnismäßig ruhig. Wie schalten den Motor ab und sitzen zusammengekauert, nass und verängstigt hinter der beschlagenen Windschutzscheibe des Autos, das im stürmischen Wind bebt. Debbie fährt mit ihrem kleinen Wohnmobil neben uns vor. Wir alle sitzen da und starren sprachlos auf die über uns hinwegfliegenden Gegenstände – Mülltonnendeckel, Teile von Zelten und Kleidungsstücke.

Bei Einbruch der Dämmerung hat der Himmel die Farbe von getrocknetem Blut; eine Stunde später lässt das Getöse nach, und plötzlich setzt eine unheimliche Stille ein. Vorsichtig öffnen wir die Türen des Autos und klettern hinaus. Auch andere Leute kommen aus ihren Verstecken hervor. Die Stille ist überwältigend, und der Strand ist kaum wiederzuerkennen.

Kein Boot ist an seinem Liegeplatz geblieben. Einige wurden gegen die Steinmauer geschmettert; die Einzelteile ihrer Motoren liegen verstreut um sie herum. Ein Boot haben die Wellen über die Mauer hinweg auf einen höher gelegenen Bereich des Campingplatzes geschleudert. Wo die Mole war, ragen einige abgebrochene Pfähle aus dem Wasser, und einige Planken liegen über den Strand verstreut. Überall zwischen großen Seegras- und Sandhügeln finden sich Trümmer. Das Wasser ist plötzlich zurückgegangen. Es ist, als habe ein gewaltiger Sog die Bucht geleert und die küstennahen Untiefen bloßgelegt. Unmittelbar vor der Küste treiben inmitten eines Gewirrs aus Tauen und Trümmern, das sie zusammenzuhalten scheint, mehrere Boote kieloben. Ich erkenne darunter auch mein Boot. Weiter draußen ist die See noch immer aufgewühlt und spuckt einen unheimlichen weißen Dunst aus.

Einige flüchtige Augenblicke während des Sturms hatte ich mich um die Delfine gesorgt. Doch war ich die meiste Zeit zu sehr abgelenkt. Jetzt finde ich die Muße, mir Sorgen zu machen. Wie konnten sie bei der aufgewühlten See überhaupt Atem holen? Würden sie an den Strand gespült werden?

Delfine halten es im Allgemeinen nicht lange an Land aus. Angepasst an das stets kühle Wasser, erleiden sie an Land schnell einen Hitzeschock, und ihre Haut trocknet in der Sonne rasch aus und wirft Brandblasen. Zudem ist der Körperbau der Delfine an die verminderte Schwerkraft im Wasser angepasst, sodass das bloße Gewicht ihres Körpers an Land innere Organe zerquetschen kann. Laut örtlichen Gerüchten hatte der letzte Hurrikan einige Delfine an den Strand von Denham gespült, wo sie unter Haufen von Seegras begraben wurden, die sie mit Feuchtigkeit versorgten und vor der Sonne schützten.

Ich schlendere den Strand hinunter, der sich unmittelbar an Monkey Mia anschließt. Ich finde alles – riesige Haufen von Seegras, Teile von Booten und Campingausrüstungen, tote Fische und die Überreste anderer Meereslebewesen –, nur keine Delfine. Es wird viel Mühe kosten, das alles aufzuräumen. Doch wir haben Glück. Die Gebäude stehen noch, und niemand wurde verletzt.

Während wir uns einen Überblick über die Schäden verschaffen, frischt der Wind erneut auf. Jetzt kommt er von Süden und bläst aufs offene Meer hinaus. Er frischt beunruhigend schnell auf, und ehe wir uns versehen, kommen all die Mülltonnendeckel und Bruchstücke, die zuvor über den Strand geschleudert worden waren, in entgegengesetzter Richtung, zum Meer zu, zurückgeflogen. Nicki und ich laufen zum Kombi und springen hinein. Die trügerische, vorübergehende Windstille war bloß das Auge des Hurrikans, und nun machen wir Bekanntschaft mit der anderen Seite dieser kolossalen, rotierenden Luftmassen.

Ein paar Stunden später kriechen wir wieder hervor. Der Himmel hellt sich auf, obgleich das Licht auf unheimliche Weise gedämpft wirkt. Alle sind hervorgekommen und wandern mit ungläubigem Blick umher. Eine Gruppe von Senioren hat sich versammelt und unterhält sich angeregt. Sie scheinen sich mit ihren Verlusten bereits abgefunden zu haben und lachen sogar, während sie sich ihr Missgeschick erzählen. Sie sind ein unverwüstlicher Schlag, der an die bizarren, elementaren Naturgewalten gewöhnt ist, mit denen Australien seine Einwohner immer wieder heimsucht. Dieser Sturm hatte sich von der Küste weg, weit in den Norden der Shark Bay bewegt, dann machte er plötzlich kehrt und zog mit voller Wucht zum Festland zurück, direkt auf uns zu. Der Wetterdienst hatte ihn übersehen, und deshalb war keine Sturmwarnung ergangen: schlechte Neuigkeiten für uns und die Fischer in Denham, deren Existenzgrundlage die Boote sind.

In den Tagen nach dem Sturm entwickelten die Menschen in Monkey Mia eine bemerkenswerte Solidarität. Wer sein Dach über dem Kopf behalten hatte, bot den »Obdachlosen« Betten an. Die Menschen teilten ihre Nahrungsmittel und halfen sich gegenseitig bei den Aufräumungsarbeiten. Die Kurzbesucher, also jene Touristen, die das Pech hatten, Monkey Mia genau zur falschen Zeit zu besuchen, zwängten sich in ihre Wohnmobile und verließen die Shark Bay wahrscheinlich auf Nimmerwiedersehen.

Nicki, Debbie und ich gehören zu den wenigen jungen Menschen, die verrückt genug sind, in diesen haiverseuchten Gewässern mit Schnorchel und Flossen zu schwimmen. Für die alten Fischer werden wir jetzt unentbehrlich, denn sie sind erpicht darauf, verloren gegangene Ausrüstungsgegenstände aus ihren Booten, die auf dem Grund der Bucht liegen, zurückzuerhalten. Wir verbringen Stunden damit, den Meeresboden abzusuchen; dabei finden wir Werkzeugkästen, Fischernetze, Teile von Außenbordmotoren und zerrissene Taue. Vieles davon hat das Salzwasser unbrauchbar gemacht, doch einiges lässt sich wieder verwenden. Mein Boot hat alles heil überstanden. Nach dem Sturm drehe ich es um, entwirre die Vertäuseile und bringe den Motor wieder an. Der einzige Verlust ist eine Werkzeugtasche.

Nach ungefähr einer Woche ist alles wieder wie vorher. Ich stehe früh auf und gehe zum Strand zu den Delfinen. Holly ist da und wirkt ziemlich lustlos. An diesem Morgen verspüre ich den Drang, zu ihr ins Wasser zu springen, also lege ich Schnorchel und Tauchermaske an. Sie verharrt unmittelbar vorm Ufer und sieht mir zu. Ihr geduldiges, aufmerksames Warten verrät mir, dass auch sie einen Schwimmpartner sucht. Holly pfeift, als ich neben ihr ins Wasser gleite. Ihr in ihrem Element zu begegnen ist eine vollkommen andere Erfahrung als der gewöhnliche Kontakt zwischen Mensch und Delfin in Monkey Mia. Statt sich im flachen Wasser plump stranden zu lassen und den Nacken zu verrenken, um zu den menschlichen Besuchern aufzusehen, wirkt sie hier anmutig, leicht und führt das Kommando. Sie gleitet sehr langsam neben mich. Ihr zur Hälfte geschlossenes Auge ist nur wenige Zentimeter von meinem entfernt. Sie ist so ruhig, dass auch ich mich entspanne. Ich strecke meine Hand aus und lege sie auf Hollys Flanke. Sie öffnet ihr Auge einen Spaltbreit, verdreht es, um mich anzusehen, und kneift es wieder halb zusammen. Sie bleibt dicht neben mir. Ich lege meinen Arm über sie, und sie lässt selbst dies geschehen. Seite an Seite bewegen wir uns langsam in tieferes Wasser hinaus.

Sie ist so entspannt, sanft und warm. Schon bald färbt ihre Stimmung auf mich ab, und ich lasse mich in einer traumähnlichen Ruhe treiben. Dann löst sie sich sachte aus meiner Umarmung und taucht auf den Meeresboden hinab. Wir befinden uns in sechs Meter tiefem Wasser, und ich versuche, mit ihr zu tauchen, doch mein plumpes Fuchteln bringt mich nicht weit, also bleibe ich an der Wasseroberfläche zurück. Unter mir stößt sie auf etwas am Meeresboden ein, aber das Wasser ist so trübe, dass ich es nicht genau erkennen kann. Einen Augenblick später taucht sie wieder neben mir auf. Sie zieht etwas Großes, Weißes und offensichtlich Schweres, das sie in ihrer Schnauze hält, hinter sich her. Sie kommt direkt auf mich zu und präsentiert mir eine Plastiktasche. Ich nehme sie, und Holly schwimmt weg, um in einiger Entfernung von mir erneut zu tauchen. Sie hat keine Lust, weiter mit mir zu schwimmen, und es wäre zwecklos, sie einholen zu wollen. Außerdem hat sie mich in eine derart entspannte Stimmung versetzt, dass ich keine Lust habe, mich anzustrengen. Einen Moment lang trete ich Wasser und mache die Plastiktasche auf. Sie kommt mir irgendwie bekannt vor. Darin befindet sich ein Schraubenschlüsselset, Zangen, Schraubenzieher, Zündkerzen und Leuchtmunition. Es ist die Werkzeugtasche aus meinem Boot.

Der Zyklon markierte in vielerlei Hinsicht einen Wende-
punkt in meiner Beziehung zu den Stammgästen von Monkey
Mia. Sämtliche Meinungsverschiedenheiten und Missverständnisse, die zwischen uns gestanden haben mochten, waren
mit dem Sturm größtenteils weggefegt. Eine Kraft, die viel stärker war als unsere kleinlichen Kontroversen, hatte uns alle in
unsere Schranken verwiesen. Unser Verhältnis zum alten Bondi
sollte sich zwar nie entspannen, aber viele der Senioren akzeptierten uns plötzlich mehr. Das Überstehen des Sturms war
gewissermaßen der »Übergangsritus«, mit dem wir in die Gemeinschaft aufgenommen wurden.

Diese Senioren waren an das Leben in der unwirtlichen Abgeschiedenheit gewöhnt, und sie kümmerten sich umeinander.
Von ihnen lernten wir, wie man einfache Reparaturen an Booten ausführte, Fische fing, Taue spliss, einige nützliche Knoten
band und worauf man beim Wetter achten musste. Jetzt versorgten sie uns zudem regelmäßig mit frischen Schnappern und
leisteten uns bei einem Bier – oder auch zweien – an vielen
Abenden kurzweilige Gesellschaft. Zu dem allabendlichen
Ritual gehörte es, am Strand entlangzuschlendern und an
jedem Putztisch stehen zu bleiben, um die Fänge der Leute zu
bewundern und über Fische und das Wetter zu sprechen, während pfundsschwere Rosa Schnapper und Schulmeister, Meeräschen und Seehechte abgeschuppt und für den Kühlschrank
ausgenommen wurden. Als wir endlich Teil dieser eng ver-
flochtenen, wenn auch bemerkenswert schrulligen Gemeinschaft wurden, spürte ich, wie sich eine gewisse Anspannung in
meinen Schultern löste.

Daher war es ein Schock, als die Masons wegzogen, der
Campingplatz den Besitzer wechselte und in einen »Ferienort«
verwandelt wurde. Wir waren plötzlich von Leuten umgeben,
die wir nicht kannten und mit denen uns keine gemeinsame
Vergangenheit oder sonst etwas verband. Adrette Yuppietypen
in strahlend weißen T-Shirts und kurzen Sporthosen mit Bügel-
falte verdrängten die zerlumpten, grauhaarigen, unrasierten,
nach Fisch riechenden und barfüßigen Senioren, die wir kennen und schätzen gelernt hatten. In den folgenden Jahren traf

ich dann und wann auf einen der alten Stammgäste, der irgendwo auf dem Gelände kampierte und fehl am Platze wirkte. Einer nach dem anderen blieben sie dann endgültig weg. Einige wurden zu alt, um die lange Reise zu unternehmen, andere klagten, die Preise des Ortes überstiegen ihre finanziellen Mittel. Jedenfalls gab es keine neue Generation passionierter Fischer, die sie ersetzt hätte, und so veränderte sich das Gesicht und der Charakter von Monkey Mia für immer.

Einige wenige Leute, die in den Ferienanlagen arbeiteten, blieben für Monate oder gar Jahre und pflegten einen gewissen Gemeinschaftssinn. Aber ansonsten ergoss sich ein steter Strom von Menschen aus ganz Australien und der ganzen Welt in die einstige Fischeridylle; sie kamen, um einen flüchtigen Blick auf die Delfine zu werfen und ein paar Tage in den Ferienanlagen auszuspannen.

Als die Delfine immer mehr Touristen nach Monkey Mia lockten, wurde der Kontakt zwischen Mensch und Delfin notgedrungen immer stärker reglementiert. Ein Team von Rangern sollte sich darum kümmern, dass weder Delfine noch Menschen zu Schaden kamen, und sie sollten die Fragen der Besucher beantworten. Dies war heikel. Die Verhältnisse wurden immer chaotischer, als die Touristenmassen zum Strand drängten, um die Delfine zu berühren und zu füttern.

Die Beobachtung der Interaktionen zwischen Menschen und Delfinen war für uns ein ebenso unerschöpflicher Quell der Erkenntnis wie der Unterhaltung und erstreckte sich vom Sublimen über das Lächerliche bis zum Gefährlichen. Für einige Menschen ist die Begegnung mit einem Delfin emotional stark aufgeladen. Ich weiß, dass meine Erwartungen und Fantasien über den Umgang mit Delfinen weit über das hinausgingen, was man etwa beim Spielen mit dem Hund der Nachbarn erwartete. Ich erinnere mich an meine Gefühle während einer meiner ersten Begegnungen mit Nicky. Ich stand am Strand, und Nicky ließ sich, auf die Seite gedreht, nur eineinhalb Meter von mir entfernt im Wasser treiben. Sie hatte ein Auge verdreht und beobachtete mich. Ich watete ins Wasser hinein. »Nicky! Guten Morgen, meine Hübsche. Wartest du auf etwas?« Ihr

Auge folgte meiner Hand, dann richtete sie es nach oben, um mir ins Gesicht zu schauen, und wieder zurück zu meiner Hand. Ich langte zu ihr hin, um ihr über die Flanke zu streichen, und sie öffnete ihr Maul ein wenig. Sie verharrte in dieser Position, sodass ihr perfektes Gebiss sichtbar wurde. Sie muss geglaubt haben, ich würde ihr einen Fisch hinhalten, bis sie erkannte, dass es nur meine Hand gewesen war. Sie glitt ein wenig von mir weg, und ich ging einen Schritt auf sie zu. Sie beobachtete jemand anderen, der zum Strand kam. Ich glaubte ihre Gedanken lesen zu können: »Ob der wohl einen Fisch hat? Bei der hier ist doch nichts zu holen. Die will mich nur mit ihren baumelnden Pfoten begrabschen.«

Sie stieß mit der Fluke gegen mein Schienbein, als sie auf den Neuankömmling, einen etwa fünfzehnjährigen schlaksigen Jungen, zuschwamm. Der Junge zögerte. Er schaute sie an, blieb jedoch am Strand und hielt die Arme steif an die Seiten gepresst. Sein Verhalten verriet eine Mischung aus Verwunderung und Furcht. Nicky rollte sich auf die Seite und schaute ihn an. Wir alle standen still und warteten. Holeyfin tauchte etwa fünfzehn Meter entfernt auf und suchte nach Nahrung. Sie atmete mehrmals ein und streckte beim Abtauchen ihre Fluke aus dem Wasser. Nicky drehte sich plötzlich nach ihr um, als hätte sie etwas Interessantes gehört, blieb dann aber doch bei uns.

Es war eine friedliche Szene am Strand. Zwei Menschen und ein Delfin, die in Ruhe den Augenblick genossen. Doch schon bald packte mich eine nervöse Unruhe. Ich wollte Nickys Aufmerksamkeit. Ich wollte mit ihr spielen, sie berühren und ihre Reaktionen erkunden. Und falls sie ungehalten auf mich reagieren sollte, wäre ich verlegen und gekränkt. Ich fragte mich, ob der Junge es ähnlich empfand. Seine Furcht hatte vielleicht weniger mit der Sorge zu tun, verletzt zu werden, als damit, ob Nicky ihn nun mochte oder nicht. Was konnte schlimmer sein, als von den uneigennützigsten und liebevollsten, immerzu lächelnden und fröhlichsten Geschöpfen überhaupt abgelehnt zu werden? Erneut näherte ich mich Nicky, und sie wirbelte mit dem gesamten Körper herum, um mich anzusehen. Ich sprach mit ihr und sagte lächerliche Dinge, die meine friedlichen Absichten kundtun sollten. Als ich näher kam, rührte sie sich nicht vom Fleck. Dann streckte ich meine Hand aus, um sie zu berühren. Plötzlich machte sie einen Satz auf mich zu, den Kopf über Wasser haltend. Sie war eindeutig verärgert, und mir brach das Herz. Enttäuscht ging ich rückwärts aus dem Wasser, blieb stehen und sagte mir, dass sie wohl netter gewesen wäre, wenn ich einen Fisch gehabt hätte. Vielleicht hatte sie aber auch bloß die violette Farbe meines T-Shirts nicht gemocht.

Der Junge entschloss sich, es zu wagen. Er näherte sich Nicky, sie kam näher und stieß mit ihrer Schnauze an seine Knie, richtete ihr Auge zu ihm auf und stieß diesen fragenden kleinen Laut aus – »eheh?« –, den Delfine immer von sich geben, wenn sie um Fisch betteln. Keine Spur von der Gereiztheit, die sie einen Augenblick zuvor mir gegenüber gezeigt hatte. Sie erlaubte ihm, ihre Seite zu streicheln und lehnte sich an seine Oberschenkel. Dann knabberte sie an seinen Zehen und schwamm weg. Ich war außer mir vor Eifersucht.

Vielen Besuchern, vielleicht sogar den meisten, geht es allein darum, ein Foto zu bekommen, auf dem man sieht, wie sie einen Fisch an einen Delfin verfüttern. Sie waten mit dem Fisch in der Hand zögerlich ins Wasser, während ein Partner den Fotoapparat scharf einstellt. Ist der Schnappschuss erst einmal im Kasten, heißt es, schnellstens den Rückweg anzutreten – nach dem Motto »Bin dort gewesen, hab's geknipst, ist abgehakt«. In den letzten Jahren haben Reiseveranstalter begonnen, Leute busweise von Perth hierher zu karren. Nach der langen Fahrt werden die Passagiere für ein oder zwei Stunden am Strand abgeladen, genügend Zeit, um ein Foto zu schießen und die Imbissstube aufzusuchen. Dann werden sie wieder für die zehnstündige Rückfahrt nach Perth eingesammelt.

Mir tun diese Menschen Leid. Nachdem sie die lange Fahrt zur Shark Bay auf sich genommen haben, werden sie dort mit einem kümmerlichen Erlebnis abgespeist. Eigentlich müssten sie sich verschaukelt fühlen, aber vielleicht haben sie auch nichts anderes erwartet. Einmal beobachtete ich, wie ein Kerl in seinem Landcruiser auf den Parkplatz fuhr, das Fenster herunterkurbelte, die Lage beurteilte, direkt vor die Delfine zum Strand hinunterfuhr, durch das Fenster ein Foto machte und davonfuhr.

An diesen Blitzbesuchern stört mich am meisten, dass sie nicht zu erkennen scheinen, was für ein unglaubliches Privileg ihnen zuteil wird. In ihren Augen sind die Delfine drollige kleine Geschöpfe, einzig zu dem Zweck da, den Besuchern die Zeit zu vertreiben und als Fotomodelle zu posieren.

Zum Glück sehr viel seltener, dafür weitaus störender sind die wirklich widerwärtigen Touristen. Einige harmlosere Vertreter dieser Spezies lassen gedankenlos ihren Abfall am Strand liegen oder entsorgen ihn sogar im Wasser mitten unter den Delfinen. Andere jagen den Delfinen hinterher, schreien und begrabschen sie und machen so das Ganze kaputt. Die Schlimmsten unter ihnen können regelrecht gefährlich werden.

Eines Tages im Jahr 1986 (bevor die Interaktionen zwischen Menschen und Delfinen von den Rangern strenger beaufsichtigt wurden), als ich mit meinem Hydrophon zwischen den Delfinen stand und Aufnahmen machte, kam ein drahtiger Mann mit sehr kurzem Haar und lauter Stimme runter zum Strand. Er war in Begleitung einer Frau mit extrem langen Haaren und einem äußerst freizügigen rosafarbenen Badeanzug. Der laute Mann schritt forsch ins Wasser und packte sich ohne viel Federlesens Holly (damals war sie drei Jahre alt). Er hob sie aus dem Wasser und hielt den sich windenden und zappelnden Delfin unter dem Arm fest. Der Kerl war ein Schrank und ignorierte alles außer der Kamera in den Händen seiner Freundin. Ungeduldig und lautstark herrschte er sie an, den Fotoapparat scharf einzustellen und ein Bild zu machen. Die Freundin mühte sich greinend und linkisch mit der Kamera ab, während ihm Holly mit panisch aufgerissenen Augen zu entgleiten drohte. Doch er ließ nicht locker und behielt seine Pose mit dem gestellten Lächeln bei. Mittlerweile bearbeitete ich mit beiden Fäusten seinen Rücken, doch selbst das schien ihn nicht zu stören. Ich vermute, dass sie sich nach der Entwicklung ihrer Fotos fragten, wer wohl diese Furie mit geballten Fäusten direkt hinter ihm war, die ihnen das Foto vermasselt hatte.

Als das Foto gemacht war, ließ er Holly jäh ins seichte Wasser fallen, packte ihre Rückenfinne und zog ruckartig daran, eine Geste, die dem machohaften »auf die Schulter klopfen« glich. Holly floh an Holeyfins Seite und pfiff heftig. Als ich dem Kerl die Meinung sagte, wirkte er verdutzt, und hinterher hörte ich, wie er sich bei seiner Freundin über die »verdammte Amizicke«, beschwerte, »die denkt, sie könnte mir sagen, was ich zu tun oder zu lassen habe... sollte sich lieber nach Amerika verkrümeln«. So, so.

Andererseits gibt es viele Besucher, für die es die Erfüllung eines lebenslangen Traumes ist, einen wilden Delfin zu sehen, zu berühren und zu füttern. Eine Begebenheit unter vielen ist mir dabei nachhaltig in Erinnerung geblieben: Ein altes Ehepaar steht gerade mal bis zu den Zehen im Wasser. Die Augen der Frau haben den bleichen und entwaffnenden Blick einer Blinden, und sie hält den Arm ihres Mannes. Ihr Ehemann hilft ihr sehr liebevoll ins Wasser und heißt sie, die Hosen hochzukrempeln. Sie ist derart aufgeregt, dass sie die geringste Störung nicht erträgt und droht ein wenig ihr Gleichgewicht zu verlieren. Er stützt sie mit seiner Schulter und führt sie vorwärts zu den Delfinen. Mit krampfhaft suchenden Fingern streckt sie die Arme grob in Richtung von Puck aus. Ihr Gesicht bebt vor Aufregung; ihre in freudiger Erwartung hoch gezogenen Augenbrauen glätten einige der vielen Runzeln in ihrem betagten Gesicht. Die emotionale Ergriffenheit ist ihr förmlich ins Gesicht geschrieben, unverfälscht, wie es bei Blinden die Regel ist. Sie tastet suchend mit den Händen und sagt zu ihrem Gatten: »Ach, ist hier wirklich ein Delfin? Ich will ihn berühren. Führe mich so nah heran, dass ich ihn anfassen kann.«

Alle anderen treten zur Seite und machen den beiden den Weg frei, sodass sie sich Puck nähern können. Die blinde Frau lehnt sich immer noch an ihren Ehemann, der ihr seine ganze liebenswerte Beachtung schenkt. Sie neigt sich nach vorne und streckt ihre Hand aus. Ihr Mann nimmt ihre Hand und führt sie vorsichtig an Pucks Seite. Ihr Gesicht spiegelt in diesem Augenblick ein ganzes Spektrum von Gefühlen. Die Wärme überrascht sie. Ihre Hand, die ihr die fehlende Sehkraft ersetzt, erkundet Pucks Gestalt, und Puck, die anscheinend spürt, dass es sich um eine besondere Situation handelt, lässt sie gewähren. Der Ehemann spricht zu seiner blinden alten Frau, hält ihren Arm, führt ihre Hand und geleitet sie dann nach einer Weile wieder zum Strand zurück. Ihre Hose ist vollkommen durchnässt. Tränen rollen mir über die Wangen.

Die Delfine von Monkey Mia sind versierte Kenner des menschlichen Verhaltens. Sie haben viel gesehen, interessieren sich jedoch immer wieder für alles Ungewöhnliche. Ich habe gesehen, wie sie schwangere Frauen, Babys, Menschen auf Krücken oder in Rollstühlen oder Leute, die einfach nur verrückt aussahen, eingehend in Augenschein nahmen.

Einmal beobachtete ich Nicky, wie sie die Wunder der menschlichen Anatomie inspizierte. Es war nach einer Fütterung an einem ruhigen Tag mit einer kleinen Gruppe unbeschwerter Touristen. Nicky und Puck schwammen mitten zwischen den Menschen langsam hin und her. Einige Besucher waren bis in hüfttiefes Wasser gewatet, um sich abzukühlen. Puck hatte sich einer Frau mittleren Alters genähert und hielt vor ihr an. Sie reckte den Kopf aus dem Wasser, sperrte die Schnauze auf und erlaubte es der Frau, ihre Seite zu streicheln. Unterdessen hatte Nicky hinter dieser Frau ihre Kreise gezogen. Nicky hielt direkt hinter der Frau an und starrte wie gebannt auf ihren Hintern, wobei sie ihren Kopf drehte, um zuerst mit einem Auge zu schauen und dann mit dem anderen. Es war in der Tat ein toller Hintern: gewaltig, mit Beulen, Rollen und Wülsten, die aus einem zu engen Badeanzug hervorquollen. Nicky setzte ihre Inspektion fort und brachte ihre Schnauze bis auf wenige Zentimeter an den Hintern der Frau heran. Nickys Augen wurden immer größer, als sich die Frau leicht bewegte, um näher an Puck heranzukommen. Die Frau war sich der Aufmerksamkeit, die ihr von hinten zuteil wurde, nicht bewusst, selbst als Nicky einen Flipper ausstreckte und den Hintern der Frau mehrmals streifte. Nicky beschloss, der Sache noch genauer auf den Grund zu gehen. Sie kam noch näher, steckte ihre Schnauze in eine der ausladenden Pobacken und zog sie dann wieder zurück, um das Ganze noch einmal in Augenschein zu nehmen. Ich konnte förmlich ihre Gedanken lesen: »Wow, schau dir das an! Wie fühlt sich das wohl an?«. Die Frau merkte die ganze Zeit nichts davon.

Vielleicht sind Menschen aufgrund ihres Vorurteils, dass Delfine stets niedlich, nett und sanft sind, manchmal in besonderem Maße blind gegen Zeichen und Signale der Gereiztheit von Delfinen. Wenn ein Delfin nicht berührt werden will, schüttelt er den Kopf, dreht sich ruckartig weg, schwimmt davon oder schnappt nach der zudringlichen Hand. Diese Signale stimmen weitgehend mit denjenigen überein, die man von Hunden kennt. Aber aus irgendeinem Grund neigen manche Menschen dazu, sie zu ignorieren und beharrlich mit ihren Versuchen, die Delfine zu berühren, fortzufahren. Sie vergessen dabei leicht, dass Delfine auch Menschen beißen, schlagen und umstoßen können, wenn es ihnen in den Sinn kommt.

Zu der Zeit, als die drei erwachsenen Männchen Snubnose, Bibi und Sicklefin häufig in das Flachwasser von Monkey Mia kamen, waren Bisswunden, die manchmal sogar genäht werden mussten, praktisch an der Tagesordnung. Die Auslöser für diese Bisse waren sehr unterschiedlich.

Larry Richards, der Vater von Andrew, kam einmal nach Monkey Mia zu Besuch. Er ging ins Wasser und stand schließlich neben einem Touristen, der Holeyfins Seite auf grobe Weise rieb; er benutzte dabei seine Fingernägel, als würde er einen Schoßhund kratzen. Holeyfin harrte in der Erwartung aus, einen Fisch zu bekommen, war jedoch ob dieser groben Behandlung sichtlich gereizt. Sie warf ihren Kopf hin und her und schnappte sogar ein paar Mal nach seiner Hand. Das Weiße ihrer Augen zeigte sich, doch sie wollte unbedingt einen Fisch und ließ sich durch nichts davon abbringen. Der Kerl ignorierte ihre Signale vollkommen und kratzte sie beharrlich weiter an ihren Flanken. Als keine Fische mehr da waren, fuhr Holeyfin zurück und versetzte der nächsten Hand, zufälligerweise der von Larry, einen kräftigen Biss. Das Blut strömte aus mehreren tiefen Bisswunden. Larry, ein Zoologe mit langjähriger Erfahrung mit wilden Tieren, nahm es gelassen.

Einige Menschen sind seltsam verlegen, wenn sie von einem Delfin gezüchtigt werden. Ein Mann, der von Bibi gebissen wurde, versuchte seine Wunde zu verbergen, doch sein Gesichtsausdruck und das an seinem Arm herabtropfende Blut verrieten alles.

Ich habe selbst einige Narben, die auf Bisswunden von Delfinen zurückgehen. Einmal spielte ich mit Bibi »Geben und Nehmen« mit einem Stück Seegras. Er schien gut gelaunt zu sein, doch mit einem verschlagenen Ausdruck in seinen Augen ließ er das Seegras immer näher an seinem Gesicht fallen, bis er, als ich danach greifen wollte, wild um sich schlug und dabei meinen Mittelfinger mit einem seiner scharfen Zähne aufschürfte.

Ein andermal schwamm ich im Flachwasser von Monkey Mia. Um mich waren mehrere Delfine, die mich alle ignorierten, während ich sie zu beobachten versuchte. Dann kam Sicklefin auf mich zu. Ich war nervös, da er bekanntermaßen grob mit Menschen umging. Ich versuchte also erst gar nicht, ihn zu berühren oder eine Hand nach ihm auszustrecken. Er tauchte direkt unter mich und krümmte seinen Rücken sehr schnell und kräftig nach oben, sodass die stumpfe, harte Vorderkante seiner Rückenfinne gegen meinen Oberschenkel schlug. Es tat furchtbar weh. Mein gesamter Oberschenkel schwoll an und wurde blau. Ich habe seit dieser Verletzung noch immer eine Beule in der Muskulatur.

Ich muss aber auch gestehen, dass es Vorfälle gab, bei denen Menschen meines Erachtens verdientermaßen gebissen wurden. Einmal hatte sich ein großer, ungestümer und lärmender Pulk von Menschen im seichten Wasser versammelt. Nicky, Puck, Holeyfin und die drei Männchen Snubnose, Bibi und Sicklefin waren da, und alle hatten deutlich ihre Gereiztheit signalisiert. Selbst Puck, die für gewöhnlich weitaus toleranteste, hatte ein Kind mit ihrer Fluke geschlagen. Eine Frau machte immer wieder einen Satz auf Nicky zu in dem verzweifelten Bemühen, sie zu berühren. Weiße Speckrollen wackelten an ihrem Rumpf unter ihren riesigen, aus dem Badeanzug herausquellenden, wogenden Brüsten. Sie schrie nach ihren beiden Kindern und hieß sie, näher zu dem Delfin zu gehen, damit sie ein Foto machen könne. Jedes Mal, wenn Nicky in ihre Nähe kam, fuchtelte sie wie außer sich mit ihrer Hand vor Nickys Gesicht herum, um ihre Aufmerksamkeit so lange zu fesseln, bis sie die Kamera fokussiert hatte. Schließlich hatte Nicky genug, sie schnellte aus dem Wasser, packte eine wulstige Bauchfalte und begann die Frau zu schütteln wie ein Hund ein Kaninchen. Die Frau fiel mit einem Ausdruck des Entsetzens samt Kamera und allem rückwärts ins Wasser.

Dann gibt es noch die Besucher, die, voll gestopft mit der ganzen »New-Age«-Weisheit über das »Bewusstsein von Delfinen«, kommen, um die Spiritualität der Delfine auf sich zu lenken, sich im Geiste mit ihnen zu vereinen, in ihrer Gegenwart die Erleuchtung zu erlangen und von ihnen zu lernen, wie man in Einklang mit dem Universum lebt. Diese Leute spüren wenigstens, dass Delfine etwas Besonderes sind, und sind bereit, die Zeit und Mühe aufzubringen, um die Delfine etwas besser kennen zu lernen. Aber in dem Maße, wie sie daran arbeiten, jegliche Erfahrung und Handlung seitens ihrer Mitmenschen und der Delfine in einen geheimnisvollen Gesamtplan einzupassen, wird deutlich, dass sich alles in verdächtiger Weise nur um sie selbst und nicht um die Delfine dreht.

Dennoch haben einige der New-Age-Delfin-Groupies im Laufe der Jahre für besonders amüsante Unterhaltung gesorgt. Eine Frau dünkte sich im Besitz der Fähigkeit, mit den Delfinen per Telepathie zu kommunizieren. Während unserer ersten Jahre kam sie jeweils mehrere Wochen nach Monkey Mia und meditierte stundenlang im Schneidersitz am Strand. Manchmal kamen Delfine, manchmal schwammen sie aber auch weg. Sie schien davon überzeugt zu sein, dass die Delfine von ihrer »mentalen Energie« angelockt würden. Ich hatte eher den Eindruck, dass die Delfine das taten, was sie immer taten, aber wie hätte ich mir anmaßen dürfen, sie aus ihren Illusionen zu reißen? Als sie eines Tages ein oder zwei Minuten nachdem die Delfine fort waren, an den Strand kam, bekam sie einen fürchterlichen Wutanfall, stampfte mit ihren Füßen und klagte: »Und dabei bin ich ein so ausgezeichnetes Medium.«

Dann war da noch diese reiche geschiedene Lady, die dem süßen Müßiggang frönte. Sie kam mit einem Gefolge mehrerer junger Adepten, die, in wallende Gewänder gehüllt und mit Perlen geschmückt, am Strand sangen, über die Delfine meditierten, an ihren Kräutertees nippten und Bohnensprossen mampften. Sie unternahm ihre erste Reise nach Monkey Mia ungefähr zur selben Zeit wie wir und kehrte dann zwei Jahre später mit einer achtköpfigen Frauengruppe wieder. Sie hatte mit ihnen vereinbart, sie werde sie auf einer Tour nach Monkey Mia »führen«, wenn sie ihr die Anfahrt bezahlten. Die Frauen standen allesamt in einem Kreis im Wasser, hielten sich an den Händen und sangen. Die alte Holeyfin kam vorbei und prüfte jede, ob bei ihr ein Fisch zu holen sei. Sie schwamm zu einer Frau nach der anderen und öffnete ihre Schnauze in der typischen Bettelgeste. Die Frauen waren wie elektrisiert. Holeyfin hatte sich »auf ihre Energie eingestellt« und »versuchte, mit ihnen zu kommunizieren« (sie meinten wohl kaum in dem Sinne von »Hast du Fisch?«). Ihre Gesichter strahlten vor tiefster Beglückung, und sie zitterten vor Aufregung. Vermutlich waren sie der Meinung, dass sie für ihr Geld etwas Vollwertiges bekommen hatten.

Eine andere Frau, die von der Idee einer »Wassergeburt« fasziniert und davon überzeugt war, dass Delfine hervorragende Hebammen abgäben, kam gegen Ende ihrer Schwangerschaft nach Monkey Mia. Als die örtliche Krankenschwester von diesem Vorhaben Wind bekam, brachte sie sie zum Glück wieder auf den Boden der Wirklichkeit zurück. Sie wollte nicht die möglichen Konsequenzen dieses Experiments tragen und wusste nur zu gut, dass dies auch für die Delfine galt. Das Wasser kann kalt sein und wimmelt von Bakterien, ganz zu schweigen von den Haien, die durch Blut angelockt werden.

Im Laufe der Jahre hat eine Hand voll Leute großes Interesse an den Delfinen entwickelt und sich mit großem Einsatz der Aufgabe gewidmet, eine enge Beziehung zu ihnen aufzubauen. Diese Menschen, die täglich Stunden mit den Delfinen verbracht haben, wurden scharfsinnige Beobachter ihres Verhaltens, Sachwalter ihres Wohlergehens, Ranger, Forschungsassistenten und Pädagogen. Solche Bemühungen zeitigen manchmal reichen, manchmal kärglichen Lohn. Das prickelnde Gefühl, mit einem Delfinkalb zu spielen, besonders aufmerksam begrüßt zu werden, ihnen bei etwas Bemerkenswertem zuzusehen, einen Beitrag zu einem tieferen und umfassenderen Verständnis ihres Lebens zu leisten, ist schwer zu überbieten. Delfine können einen aber auch zur Verzweiflung bringen. Oftmals habe ich mir gewünscht, dieselbe enthusiastische Zuneigung, die ich ihnen schenkte, von ihnen zurückzubekommen. Stattdessen haben sie mir manchmal nicht einmal einen Funken Aufmerksamkeit geschenkt.

Nicki entwickelte eine besonders enge Beziehung zu Puck. Bei jeder sich bietenden Gelegenheit sprang sie zu ihr ins Wasser. Puck erkannte sie ganz offensichtlich, und ihre Gesellschaft schien ihr besonders große Freude zu bereiten. Die beiden tauchten zusammen, wälzten sich im Wasser, berührten sich und schwammen nebeneinanderher. Puck passte sich in ihrer Schwimmgeschwindigkeit und ihrem Schwimmstil eindeutig Nicki an. Sie entwickelten eine eigene Kommunikation, tauschten Laute und Gesten aus und interagierten miteinander auf ziemlich einzigartige und sehr persönliche Weise.

Denise Myers, die an der Universität von Michigan studierte, arbeitete drei Sommer lang als Forschungsassistentin mit uns zusammen und konzentrierte sich dabei auf Sicklefin, das große und oft aggressive Männchen, das die meisten von uns mieden.

Denise, eine dralle Blondine, verbrachte viele Stunden damit, einfach nur bei Sicklefin zu verweilen. Manchmal hielt sie einfach eine Hand an seiner Flanke oder schlang sanft ihre Arme um ihn, dann wieder forderte sie ihn auf, mit Tangstücken zu spielen; sie sprach und schwamm mit ihm. Ihre Zuwendung gefiel ihm offenkundig. Wenn Denise ins Wasser watete, unterbrach Sicklefin seine jeweilige Aktivität und schwamm auf sie zu, um sie begeistert zu begrüßen. Er ließ sich von ihr Dinge gefallen, die keiner von uns auch nur gewagt hätte.

Sogar Ringer, ein Hund, wurde zu einem Delfin-Groupie. Ringer, ein Australischer Schäferhund, war nie sonderlich an Menschen interessiert, er hielt sich meist von früh bis spät im seichten Wasser von Monkey Mia auf, wo er inmitten der Delfine einfach herumstand. Seltsamerweise interagierte Ringer kaum mit den Delfinen; es schien ihm einfach nur großes Vergnügen zu bereiten, in ihrer Nähe zu sein. Er näherte sich ihnen, so weit er konnte, blieb dann, vor Spannung, Aufregung und Kälte zitternd, wie angewurzelt stehen. Seine Ohren drehten sich herum, wenn die Delfine Laute ausstießen, und ich habe mich oft gefragt, was er wohl hörte. Wenn sich die Delfine nicht in Monkey Mia aufhielten, stand Ringer im Wasser oder lag am Strand, suchte den Horizont ab und wartete. Sobald Ringer von ihnen Wind bekam, und das geschah fast immer, bevor ein Mensch sie bemerkte, stürmte er zum Wasser hinunter und watete, außer sich vor Freude, hinein.

Eines Tages war ich mit Ringer allein am Strand. Holeyfin schwamm gerade in Richtung Ufer, und Ringer erspähte sie. Ich saß still da und beobachtete die beiden. Ringer näherte sich dem Ufer und setzte sich in gespannter Erwartung und hoch konzentriert hin. Holeyfin näherte sich dem Strand aus der anderen Richtung und hielt, den Kopf Ringer zugewandt, ähnlich gespannt und aufmerksam inne. Ringer erhob sich wie in Zeitlupe, ähnlich einer Katze, die sich an einen Vogel anpirscht, und machte sehr langsam einen Schritt auf Holeyfin zu. Er hatte die Ohren wachsam nach vorne gerichtet, den Kopf gesenkt und nach vorne gestreckt, und sein Gesichtsausdruck verriet äußerste Konzentration. Holeyfin hob ihren Kopf aus dem Wasser und sah Ringer direkt an. Sie begann eine Litanei an Delfinlauten auszustoßen – Quietsch-, Klatsch-, Gurgel- und Summtöne. Ringers Ohren drehten sich; dann bewegten sie sich ruckartig und zuckten. Er machte einen weiteren Schritt in Zeitlupe auf Holeyfin zu und blieb erneut, Auge in Auge mit ihr, nur noch dreißig Zentimeter von ihrem Gesicht entfernt, stehen. Ich wünschte, ich hätte in diesem Moment ihre Gedanken lesen können. Was versuchte Holeyfin dem Hund mitzuteilen, und was fing er damit an? Der Bann wurde gebrochen, als eine Gruppe von Kindern spritzend ins Wasser stürmte und aufgeregt umherschrie. Ringer blickte schüchtern auf die Kinder und nahm wieder, nahe bei Holeyfin und bis zur Brust im Wasser stehend, seine gewohnte Haltung ein. Sein Fell war von Salz und Sonne gebleicht. Ringer hatte aus irgendeinem Grund einen Narren an Delfinen gefressen.

Ungefähr ein Jahr später wurde die Mitnahme von Hunden an den Strand verboten, damit frei umherlaufende Hunde nicht länger hinter Delfinen herjagten. Der arme Ringer durfte die Delfine nicht mehr besuchen. Sein Besitzer musste ihn an sein Wohnmobil anketten. Nachdem er eine Zeit lang unter diesem Verbot gelitten hatte, erbarmte sich sein Besitzer und brachte ihn an einen anderen Ort, fern der Verlockung durch die Delfine. Ich nehme an, dass er dort noch immer von den Delfinen träumt.

Obgleich mir das Leben in einer Ferienanlage nicht gerade zusagt und ich den alten Tagen, in denen die Kontakte mit den Delfinen nicht so stark reglementiert waren, nachtrauere, haben sich, rückblickend betrachtet, die Veränderungen in Monkey Mia, sowohl was die Menschen als auch was den Ort betrifft, nicht nur schlecht ausgewirkt. Ein Großteil unserer Schreckensvisionen im Hinblick auf zunehmende Bautätigkeit und den wachsenden Tourismus bewahrheiteten sich nicht. Die Ranger haben sich hervorragend um das Wohl der Delfine und die Unterweisung der Besucher gekümmert. Und trotz der Menschenmassen missgönne ich niemandem die Gelegenheit, die Delfine von Monkey Mia zu besuchen. Es ist ein unvergessliches Erlebnis.

Abgesehen von der Umwandlung des Campingplatzes in eine große Ferienanlage, wuchs auch unsere Forschungsgruppe im Laufe der Jahre. Wir hatten gewaltige Fortschritte bei der Aufklärung des Verhaltens der Delfine der Shark Bay gemacht: Wir konnten über vierhundert Individuen identifizieren und kannten die Geschlechtszugehörigkeit und das ungefähre Alter von ungefähr achtzig bis hundert Delfinen. Wir hatten herausgefunden, dass sie in der Regel nach Geschlechtern getrennte Gruppen bildeten und dass sich die Männchen zu gestaffelten kooperativen Bündnissen zusammenschlossen, um Weibchen sexuell zu bedrängen. Wir hatten sie dabei beobachtet, wie sie alle möglichen Techniken einsetzten, vom Schwammtragen über das »Heringsknallen« bis hin zur großen Vielfalt ihrer Beutetiere. Wir hatten sie belauscht und zumindest ansatzweise ihre Kommunikation aufgeklärt. Dieses Grundlagenwissen öffnete uns die Tür für weitere Untersuchungen. Es gab noch sehr, sehr viel zu tun, und wir mussten andere Wissenschaftler hinzuziehen, die sich mit Geduld, Tatkraft und Sachverstand den Delfinen widmeten.

Für unsere wachsende Forschungsgruppe samt Hilfskräften reichte der verfügbare Wohnraum bald nicht mehr aus. Nachdem ich mich fast den ganzen Tag mit mindestens einer oder zwei Personen auf einem drei Meter langen Boot aufgehalten hatte, sehnte ich mich nach einer gewissen Ruhe und Einsamkeit an Land, nach der Muße, mich um die Schreibtischarbeit zu kümmern: Tagebucheinträge und Notizen, die Ausrüstung warten und die Fotos der Rückenfinnen sortieren. Es war nahezu unmöglich bei so vielen Leuten, die in unseren kleinen Wohnwagen gezwängt waren. Der Lärm und die Geschäftigkeit lenkten zu sehr ab, und wir waren durch das stete Bestreben, eine Vielzahl unterschiedlicher Persönlichkeiten und Lebensstile auf engstem Raum miteinander in Einklang zu bringen, emotional ausgezehrt.

Die *Nortrek*, unser zwölf Meter langer Katamaran, linderte den Platzmangel ein wenig. Da sie Schlafplätze für drei bis vier Personen hatte – wenn nötig auch für mehr –, wurde sie eine Art schwimmendes Hotel. Ich zog es stets vor, an Bord zu schlafen. Wenn ich die knapp zweihundert Meter zu der Stelle vor der Ferienanlage ruderte, an der sie vertäut lag, hatte ich das Gefühl, nach Hause zu kommen, und ich hielt mir die Massen, den Lärm und die Zerstreuungen der Anlage zumindest eine Zeit lang vom Leib.

Ich liebte das stete rhythmische Schaukeln des Doppelrumpfes der *Nortrek*, das Geräusch des Windes, der durch die Seile ihrer Takelage surrte, und der Wellen. Ich liebte es, am Morgen aufzuwachen und von Scharen von Seeschwalben begrüßt zu werden, die die *Nortrek* gerne als Sitzwarte benutzten. Insbesondere morgens reihten sich die eleganten kleinen schwarzen, orangen und weißen Vögel auf der Reling aneinander. Sie piepsten, trällerten und zwitscherten sich gegenseitig in einem furiosen, gefälligen Impromptu zu, während sie mich die ganze Zeit über ansahen und sich zankten. Gelegentlich stiegen sie steil in die Luft, um sogleich wieder aufs Deck herabzustoßen. Ein Pärchen versuchte sogar, steuerbords im Lagerbereich des Rumpfs ein Nest zu bauen. Abgesehen von den Exkrementen, die sie überall auf Deck zurückließen, war mir ihre Gegenwart willkommen. In ihrer Gesellschaft aufzuwachen war mir weitaus lieber, als Massen fremder Menschen in den Ferienchalets vor Augen zu haben, die in der Tiki-Hütte an ihren Cappuccinos nippten.

Aber ich wollte vor allem deshalb auf der *Nortrek* übernachten, weil ich nur hier den Delfinen so nahe war, wie man es als Landlebewesen überhaupt sein konnte. Wenn sie mich mitten in der Nacht durch ihr »Pfhuu« beim Atem holen weckten, sah ich die Sterne und erkannte meinen Platz im Universum, während ich im Reich der Delfine trieb.

Die Intelligenz der Delfine

Mein Wunsch, Delfine zu erforschen, drehte sich anfangs um die Frage, was wohl in ihren Köpfen vor sich geht. Wie intelligent sind sie, und auf welche Weise sind sie intelligent? In den vergangenen zwanzig Jahren haben sich indes mein Interesse und meine Neugier immer wieder indirekt auf neue Fragestellungen verlagert. Dabei haben mich so verschiedene Themen interessiert wie die Details des Beutefangverhaltens der Delfine, die Zusammensetzung und Veränderlichkeit ihrer Gruppen, ihre Lebensläufe, die sozialen Beziehungen, die sie untereinander entwickeln, und die Frage, wie und worüber sie kommunizieren. Die kleinsten Einzelheiten ihres Alltagslebens haben mich jahrelang beschäftigt. Jede dieser mannigfaltigen wissenschaftlichen Fragestellungen hat zu neuen Erkenntnissen über spezifische Aspekte des Verhaltens der Delfine geführt, die vielfach in wissenschaftliche Fachaufsätze eingegangen sind. Doch meine Beurteilung ihrer Intelligenz ist letztlich das Produkt sowohl wissenschaftlicher Untersuchungen als auch persönlicher Erfahrungen. Einmal gab uns eine Panne mit unserem Außenbordmotor den Anstoß, über einige Ähnlichkeiten und Unterschiede zwischen der menschlichen Intelligenz und der Intelligenz der Delfine nachzusinnen.

Andrew und ich waren nach einem schwierigen Start gerade sechs Meter vom Strand entfernt, als der Motor seinen Geist aufgab. Während er zurück zum Campingplatz lief, um ein paar Werkzeuge und das Bedienungshandbuch zu holen, mühte ich mich damit ab, die Zündkerzen herauszubekommen, um einen Blick darauf zu werfen.

Innerhalb weniger Minuten versammelten sich drei australische Männer um das Boot, um mir zu helfen. Jeder von ihnen sah das Problem irgendwo anders, und sie versuchten sich zu einigen, wessen Plan der Vorzug zu geben sei. Sensible Egos bewegten sich wie die Tentakel einer Anemone; sie waren ausgestreckt, jedoch bereit, sich im Falle einer Verletzung augenblicklich zurückzuziehen. »Hast du Sprit im Tank?«, fragte Nummer eins. (Wirklich brillant, Sherlock, ja, hab ich überprüft). »Wahrscheinlich ist etwas Sand im Vergaser«, diagnostizierte Nummer zwei. »Meiner Meinung nach sind es die Zündkerzen«, meinte Nummer drei.

Ich merkte, dass mindestens zwei der drei Männer weniger als ich von Außenbordmotoren verstanden, aber ich wagte nicht, es ihnen zu sagen. Sie meinten es gut, und Männer können in solchen Situationen empfindsam reagieren. Einer wollte den Benzintank leeren und mit Alkohol säubern, der andere wollte den Vergaser auseinander nehmen. Nummer drei war gewillt, mich bei meinen Bemühungen um die Zündkerzen nicht zu stören, bestand aber darauf, sie selbst herauszudrehen.

Im Verlauf dieser komödienreifen Szene näherte sich Nicky mit einem argwöhnischen Ausdruck in den Augen. Sie wollte nachsehen, ob wir etwas für sie hatten, dabei jedoch nicht gestört werden. Als niemand auf sie zuging, schwamm sie langsam näher und verharrte unmittelbar hinter dem Außenbordmotor, von wo sie das Schauspiel überblicken konnte. Sie neigte ihren Kopf zur Seite und sah jeden von uns abwechselnd an. Dann neigte sie ihren Kopf auf die andere Seite, um sich die Sache aus einem leicht veränderten Blickwinkel anzusehen, wobei sie den Stapel Werkzeuge und den geöffneten Motor von oben bis unten betrachtete.

Während ich Nicky dabei zusah, wie sie uns beobachtete, traten die gereizten, schrillen Stimmen der drei Männer, die sich gegenseitig ins Wort fielen, immer stärker in den Hintergrund. Ich hätte zu gerne gewusst, was in ihr vorging. Nach all der Zeit, die ich damit zugebracht hatte, sie und ihre Verwandten zu beobachten, fühlte ich mich immer noch weit von einem wirklichen Verständnis dessen, was sie dachten und fühlten, entfernt. Offenkundig meine Aufmerksamkeit spürend, schaute sie mich flüchtig an, fing kurz meinen Blick auf und schwamm dann näher zum Boot, als wollte sie sich eine bessere Sicht verschaffen, womit sie deutlich machte, dass sie nicht an mir interessiert war.

Ich kann mich immerhin mit der Tatsache trösten, dass wir weit mehr über das Alltagsleben von Nicky und den anderen Delfinen wissen, als wir noch vor einigen Jahren für möglich gehalten hätten. Mit diesem Wissen gewappnet, kann ich vermutlich besser *abschätzen*, was sie denken und fühlen *könnte*. Meine Vermutungen mögen die rein anthropomorphe Projektion der eigenen Denkweise auf ein anderes Wesen sein. Ich könnte Szenarios über Nickys Innenleben entwerfen, die vollkommen falsch sind, ein Artefakt der Unfähigkeit meines Gehirns, sich etwas vorzustellen, das so verschieden von ihm ist. Aber woher kann ich das wissen? Selbst wenn ich die Maßstäbe strengster wissenschaftlicher Objektivität anwende, kann ich einfach nicht aus meiner Haut. Ich kann nur auf so viele Gemeinsamkeiten zwischen mir und Nicky hoffen, dass ich mit meinen Vermenschlichungen nicht zu sehr danebenliege. Ich kann zudem versichern, dass sämtliche Annahmen über die Intelligenz der Delfine evolutionsbiologisch schlüssig sind. Wir wissen, dass sich ihr Gehirn im Laufe von Jahrmillionen entwickelt hat, und wir wissen etwas über die Umwelt, in der es entstanden ist. Es sollte daher möglich sein, einige sachlich fundierte Vermutungen anzustellen.

Nicky beobachtete uns unaufhörlich, während wir uns am Motor zu schaffen machten. Nur selten beobachtete sie, abgesehen von der Fischfütterung, eine andere menschliche Verrichtung so aufmerksam. Als sich ihr einer der Männer näherte, warf sie den Kopf hin und her; offensichtlich wollte sie nicht abgelenkt werden. Warum interessierte sie sich so sehr für den Motor? Begriff sie vielleicht, was wir gerade taten?

Obgleich Nicky unsere Motorreparaturen offensichtlich neugierig verfolgte, bezweifle ich, dass sie verstehen kann, wie ein Motor funktioniert. Etwas, das wir mit Sicherheit nicht mit Delfinen gemeinsam haben, ist unser Hang, Gegenstände herzustellen. Uns genügt ein kurzer Blick, um die Bedeutung von Menschenhand gefertigter Gegenstände in unserem Leben zu erkennen. Praktisch jede menschliche Kultur hat ihre eigene, manchmal recht überwältigende materielle Kultur. Dank der Anordnung unserer Daumen und unserer feinmotorischen manuellen Geschicklichkeit haben wir schrittweise die Fähigkeit erworben, immer kompliziertere Gegenstände zu fertigen, von Steinwerkzeugen und geschnitzten Figurinen über Häuser und Mikroskope bis hin zu Satelliten und Atomwaffen.

Unsere Neigung, Gegenstände herzustellen, gestattet es uns, alle möglichen Dinge zu tun, die andernfalls unmöglich wären. Kleidung und Häuser erlauben es uns, selbst unwirtliche Klimazonen zu besiedeln; Speere, Bögen und Pfeile, Schusswaffen und Sprengstoffe haben es uns ermöglicht, unsere Beute sicher zu überwältigen und uns gegenseitig in scheußliche Kriege zu verwickeln. Mithilfe unserer materiellen Technologien beherrschen wir unseren Lebensraum, statt von ihm beherrscht zu werden, und einige halten diese Fähigkeit sogar für das Kennzeichen des menschlichen Intellekts.

Wie aber steht es mit der Intelligenz von Delfinen? Ich bezweifle, dass Nicky die Mechanik von Außenbordmotoren durchschaut, obwohl sie ihnen ständig begegnet ist. Delfinen und ihren Vorfahren fehlt die Veranlagung, Gegenstände mit einem gewissen Maß an Geschicklichkeit zu handhaben; sie haben im Verlauf ihrer Evolution einfach nicht die Fähigkeit erworben, materielle Technologien hervorzubringen. Es gibt keinen Präzedenzfall, keinen evolutionären Anreiz für mechanisch begabte Delfine.

Ich würde jedoch wetten, dass Nicky etwas von der zwischenmenschlichen Dynamik zwischen den drei Männern und mir, als wir uns um den Außenbordmotor bemühten, begriffen hat. Ihre Intelligenz ist sozialer Natur, und ihre intellektuellen Fähigkeiten liegen im Bereich der Beziehungen, des Taktierens, der sozialen Interaktion. Auch wenn uns vermutlich unsere technologischen Erfindungen am stärksten beeindrucken, hat sich unsere Intelligenz wahrscheinlich ebenfalls als ein soziales Werkzeug entwickelt.

In dem mittlerweile berühmten Aufsatz »The Social Function of Intellect« (»Die soziale Funktion des Intellekts«) behauptete Nicholas Humphries als einer der Ersten, die Notwendigkeit, sich in komplexen sozialen Beziehungen zurechtzufinden, habe den erforderlichen Anstoß für die Evolution von Intelligenz beim Menschen und, wenn auch in geringerem Maße, bei anderen Lebewesen geliefert. Der Primatologe Robin Dunbar zeigte, dass jene Primatenarten das größte Gehirn besitzen, die in großen sozialen Verbänden leben, in denen Einzelne dauerhafte und mannigfaltige Beziehungen pflegen. Eine einfache, aber aufschlussreiche Korrelation. Je mehr verschiedene Formen sozialer Beziehungen zu bewältigen sind, desto mehr Intelligenz ist erforderlich.

Tiere mögen ursprünglich aus verschiedenen Gründen soziale Gruppen bilden. Der wahrscheinlich bedeutendste und universellste Grund ist der Schutz vor Fressfeinden. Alle Mitglieder einer Fischschule, eines Stechmückenschwarms oder einer Gnuherde profitieren von der Bildung großer Verbände, da sie ein Fressfeind nicht so gut erspähen und aus der Gruppe herauslösen kann. Die Biologen nennen solche Gruppen »egoistische Herden«, weil die Individuen stets im Eigeninteresse handeln. Sie kooperieren im Grunde genommen nicht miteinander und versuchen auch nicht, sich gegenseitig aktiv zu beschützen. Der Schutz ist ein Nebenprodukt der Bildung großer Gruppen.

Besonders interessant sind gerade jene Spezies, bei denen die Gruppenmitglieder aktiv miteinander kooperieren. Die Einzeltiere profitieren von der Kooperation bei der Abwehr von Fressfeinden oder beim Erlegen von Beutetieren, die ein Einzeltier unmöglich allein fangen könnte. Die Vorteile des Gruppenlebens können enorm sein, doch es hat auch Nachteile. Wer in einer Gruppe lebt, muss beispielsweise eher seine Nahrung teilen, und bei der täglichen Entscheidung, welcher Weg einzuschlagen ist, Kompromisse eingehen.

Das gesellige Leben erfordert fortwährend Kompromisse und Verhandlungen, da nicht alle Mitglieder einer Gruppe gemeinsame Interessen und Sorgen haben. Die Interessen der Männchen unterscheiden sich von denen der Weibchen, die der Weibchen mit Jungen unterscheiden sich von denen der Weibchen ohne Nachwuchs, hochrangige, dominante Einzeltiere haben andere Interessen als rangniedere Individuen und so weiter. Dennoch müssen sie alle irgendwie miteinander auskommen, wenn sie von den äußerst wichtigen Vorteilen des Gruppenlebens profitieren wollen.

Hier kann man leicht die Vorteile ersehen, die ein wenig taktische Klugheit, gewisses diplomatisches Geschick, die Fähigkeit, andere zu überlisten und zu manipulieren, die Folgen seines Verhaltens vorwegzunehmen, sich in andere einzufühlen und einzuschätzen, was sie womöglich wissen und was sie empfinden, andere zu täuschen, wenn es von Vorteil ist, und vielleicht sogar über das eigene »Selbst« in Beziehung zu anderen Gruppenmitgliedern nachzudenken, mit sich bringen.

Diese und viele verwandte mentale Attribute werden gemeinsam als »soziale Kognition« bezeichnet. Sie kommen uns irgendwie bekannt und vertraut vor. Menschen verstehen sich hervorragend darauf, soziale Probleme zu lösen. Natürlich verwenden wir einen Teil unserer intellektuellen Leistungsfähigkeit auf technologische Objekte, doch vieles, vielleicht sogar der größte Teil dessen, was in unseren Köpfen vor sich geht, bezieht sich direkt oder indirekt, teilweise oder völlig auf soziale Sachverhalte. Wir konkurrieren um Ansehen und Aufmerksamkeit, wir erzählen anderen nur das, was unseren Zwecken dient, und lassen weg, was uns schadet. Dabei versuchen wir andauernd abzuschätzen, was der/die andere denkt. Wir zerbrechen uns ständig den Kopf darüber, wie andere uns wahrnehmen – ob wir großzügig oder geizig erscheinen, moralisch oder unmoralisch, ordentlich gekleidet oder nicht. Wir fragen uns nervös, ob wohl jemand ein »schmutziges kleines Geheimnis« von uns weiß oder nicht und ob er dies einem Dritten weitererzählte. Wir tratschen über andere und verbringen unzählige Stunden mit imaginären sozialen Begegnungen.

Der meines Erachtens plausibelste und umfassendste Erklärungsansatz zur Evolution der sozialen Intelligenz des Menschen stammt von Richard D. Alexander, der behauptet, dass sich Menschen ursprünglich zu sozialen Gruppen zusammenschlossen und miteinander kooperierten, um sich vor Fressfeinden zu schützen und um zu jagen. Dank dieser Kooperation konnten die Menschen viele der ökologischen Herausforderungen, mit denen sie konfrontiert waren, bewältigen, sodass die feindlichen Kräfte der Natur (Hunger, räuberisches Verhalten von Tieren, Krankheit und klimatische Unbilden) zweitrangig wurden. Die hauptsächliche Bedrohung, der sich die Menschen nunmehr ausgesetzt sahen, ging von anderen Menschen aus, entweder von Mitgliedern der eigenen Gruppe oder denen anderer Gruppen.

Immer intensiver und auf immer komplexere Art und Weise mussten die Menschen zusammenarbeiten, um gegen die anderen kooperierenden Gruppen bestehen zu können: Mensch gegen Mensch, Familie gegen Familie, Gruppe gegen Gruppe, Dorf gegen Dorf, Gemeinschaft gegen Gemeinschaft, Nation gegen Nation. Den Konkurrenten standen genau dieselben Mittel zur Verfügung: die sozialen Fertigkeiten, um sich Unterstützung zu verschaffen, andere zu überlisten, zu manipulieren, zu täuschen, zu kooperieren, Verhaltensregeln durchzusetzen, Privilegien zu bewahren und Benachteiligungen aufrechtzuerhalten, soziale Szenarios im Geiste durchzuspielen und so weiter. Man spielte Intelligenz gegen Intelligenz aus, und innerhalb der Spezies kam es zu einem eskalierenden »Wettrüsten«, das zu einer noch ausgeklügelteren und extrem sozialen Intelligenz führte.

Die Vorstellung, dass der Mensch des Menschen Wolf ist, mag entmutigend erscheinen, entbehrt aber keineswegs der Plausibilität. Ich vermute, dass selbst heute mehr Menschen bei schrecklichen Genoziden, Kriegen, ethnischen Konflikten und wahllosen Morden durch die Hand ihrer Mitmenschen sterben als durch irgendetwas anderes.

Könnte derselbe Prozess die Evolution der Intelligenz bei Delfinen angetrieben haben? Delfine sind sowohl Räuber als auch Beute. Sie jagen die Fische, die sie fressen, werden aber ihrerseits gnadenlos von großen Haien und Schwertwalen gejagt. Die Vorteile der Gruppenbildung schließen für Delfine vermutlich auch den Schutz vor Fressfeinden ein: Es existieren einige Berichte über Delfine, die bei der Abwehr von Haien miteinander kooperierten, und mit Sicherheit nehmen viele Augen und Ohren einen Fressfeind eher wahr.

Auch die gemeinsame Jagd zählt für Delfine zu den Vorteilen des Lebens in Gruppen. Ich habe bereits einige Beispiele der Zusammenarbeit bei der Jagd erwähnt, die unser Forschungsteam in der Shark Bay beobachtete. Ein weiteres gut dokumentiertes Beispiel stammt aus Bernd und Melany Wursigs Untersuchungen an Schwarzdelfinen vor der Küste Argentiniens. Die Wursigs beobachteten, wie Schwarzdelfine einen großen Sardellenschwarm zu einem kompakten Ball zusammentrieben, um dann abwechselnd durch den Schwarm hindurchzuschwimmen und Fische zu verschlingen; danach kreisten sie wieder um den äußeren Rand des Schwarms, um die Fische an der Flucht zu hindern.

Die Kooperation der Delfine bei der Jagd ist eindrucksvoll. Nachdem ich die Intensität und Komplexität ihrer sozialen Interaktionen beobachtet habe, bin ich davon überzeugt, dass sie die treibende Kraft hinter ihrer Intelligenz ist. Delfingruppen sind fließend, sie unterliegen ständiger Veränderung; da sich neue Mitglieder anschließen oder alte weggehen, kommt ein einzelner Delfin im Laufe des Tages mit einer Vielzahl anderer Delfine in Kontakt. Der Delfin hat sowohl einige ständige Gefährten als auch ein sich unentwegt wandelndes soziales Umfeld. Nimmt man die Korrelation zwischen Hirngröße einerseits und der Gruppengröße und -komplexität andererseits, die Robin Dunbar bei Primaten nachgewiesen hat, dann sollten Delfine sehr große Gehirne besitzen, was auch der Fall ist.

Nicht nur die Art von Delfingruppen, sondern auch die regen Interaktionen innerhalb der Gruppen sind äußerst eindrucksvoll, wenngleich sie sich nur schwer in Worte fassen lassen. Ich kann zwar einzelne Geschichten und Fallstudien aufzählen, doch geprägt hat meine Auffassung über die soziale Intelligenz von Delfinen das Zusammenwirken vieler, vieler Einzelbeobachtungen, von denen einige vollständiger sind als andere.

Ein Großteil meiner Ansichten über ihre Intelligenz ist reine Vermutung und basiert auf meinen instinktiven Gefühlen. Es gibt praktisch keine systematischen Studien über ihre soziale Intelligenz. Wir können zwar das Ergebnis an ihrem Verhalten ablesen, wissen aber nichts darüber, was sich in ihren Köpfen zuvor, während oder danach abspielt. Wir können daraus auf Intentionalität oder Bewusstsein schließen, doch bleibt fast immer die Möglichkeit, dass eine herkömmlichere, vorsichtigere Interpretation, die weniger auf Bewusstsein, Absicht und Voraussicht abstellt und mehr auf einfache Reiz-Reaktions-Folgen, treffender sein *könnte*.

Ungeachtet aller Relativierungen haben wir im Laufe der Jahre Dinge beobachtet, die mit Sicherheit zum Verständnis der Bandbreite des sozialen und mentalen Lebens der Delfine beigetragen haben. So prüfen etwa Männchen eingehend und sehr lange ihren gegenseitigen Wert, ehe sie eine Allianz eingehen. Dabei berücksichtigen sie wahrscheinlich Faktoren wie Größe und Gesundheit. Haben sie aber auch eine Vorstellung von Merkmalen wie Intelligenz, Loyalität, Fairness, Ansehen und Status innerhalb der Gemeinschaft? Ich wette, dass dies der Fall ist. Außerdem glaube ich, dass sie solche Merkmale sowohl durch unmittelbare persönliche Erfahrung – also durch Beobachtung und Interaktion mit anderen – als auch indirekt durch das Überwachen ihrer Meinungen und Interaktionen, einzuschätzen lernen.

Im Lauf der Jahre beobachteten wir Pointer, ein junges Männchen, das zunächst Mitglied eines Bündnisses mit zwei anderen jungen Männchen, Lucky und Lodent, war. Wann immer die älteren Bündnisse männlicher Delfine in der Gegend auf Lucky, Pointer und Lodent trafen, schienen sie sich Pointer als Objekt ihrer Sexspielchen auszusuchen. Sie jagten ihn durch die Gegend, oftmals mit Erektionen, plantschten, beschnäbelten ihn und taten sich gegen das »arme Kind« zusammen. Die beiden Männchen Realnotch und Hi, von denen wir glaubten, sie seien das ranghöchste Bündnis der Red Cliff Bay, schlossen sich diesem Treiben häufig an und schikanierten Pointer. Es war schwer zu sagen, ob Pointer diese Aufmerksamkeiten genoss, denn oft waren sie recht wild und grob. Aus irgendeinem Grund schien er immer voll mitzumachen, obwohl er vermutlich einfach hätte Reißaus nehmen oder die älteren Männchen hätte meiden können, wenn er gewollt hätte.

Als Pointer nach einigen Jahren ausgewachsen war, verließ er seine ehemaligen Bündnispartner Lucky und Lodent (die verschwanden) und wurde zum neuesten und bei weitem jüngsten Mitglied der Allianz von Realnotch und Hi (zu denen sich nun auch noch Bottomhook gesellt hatte, mit dem Pointer eine Zweiergruppe bildete). War die Bereitwilligkeit, mit der sich Pointer bei den älteren Männchen einschmeichelte, ein Test und sein späterer Status ein Anzeichen dafür, dass er sich als würdig erwiesen hatte?

Haben Männchen einmal ein Bündnis gebildet, stehen sie unter ständiger Anspannung, ihre Beziehungen zusammenzuhalten. Es gibt viele Konfliktherde, die ständige Verhandlungen erfordern. Zu den offensichtlichsten Problemen gehört die Frage, wer sich, wenn die Männchen ein Weibchen in ihre Gewalt bringen, mir ihr paaren wird. Ein Männchen, das sich zurückgesetzt fühlt, könnte »abtrünnig« werden und sich ein neues Bündnis suchen. Wenn ihm jedoch nur wenige Alternativen offen stehen, muss es unter Umständen die Vergehen seines Partners hinnehmen, und sein Partner mag sich dieser Tatsache durchaus bewusst sein und dies ausnutzen. Wie verhält es sich aber, wenn sich ein anderes Männchen dem Bündnis anschließen will oder sich seinerseits mit einem Mitglied einer bereits bestehenden Zweiergruppe verbünden möchte, oder wenn zwei Mitglieder einer Dreiergruppe sich enger zusammenschließen und den Dritten ausstoßen?

Als Snubnose, Bibi und Sicklefin ihr Bündnis schmiedeten, schienen sie die Rekrutierungschancen von Weibchen nahezu gleichmäßig unter sich aufzuteilen. Sie übernahmen abwechselnd die Position des »unbeteiligten Dritten«. Im Laufe der Jahre war es immer öfter Snubnose, der sich bei den Rekrutierungen passiv verhielt. Aus irgendeinem Grund schien er in Ungnade zu fallen. Sicklefin und Bibi hingegen schlossen sich immer enger zusammen. Doch Snubnose blieb nicht untätig. Er begann an seinen Beziehungen zu Wave und Shave zu arbeiten, die schon immer eng mit Snubnose, Bibi und Sicklefin verbunden gewesen waren. Snubnose trieb oftmals mit Wave und Shave – und nicht mit seinen Allianzpartnern – Weibchen auf.

Männchen müssen nicht nur mit den Beziehungen zu ihren Bündnispartnern ringen, sondern auch mit anderen Bündnissen. Wenn Allianz A Allianz B dabei hilft, Allianz C ein Weibchen wegzunehmen, ist dann B verpflichtet, A beizustehen? Delfine sind wahrscheinlich in dieser Beziehung wie Menschen; sie können sich solche Sachen gut merken. Ein wichtiges Kennzeichen eines intelligenten, sozialen und bündnisbildenden Lebewesens besteht in der Fähigkeit, sich sorgfältig zu merken, wer wem wann geholfen hat, wer wem einen Gefallen schuldet und wie groß dieser Gefallen sein sollte.

Delfine teilen mit uns Menschen vermutlich auch die potenteste aller Fähigkeiten, die soziale Intelligenz ausmachen: das Vermögen, soziale Szenarios im Geiste durchzuspielen, ehe man sie in die Tat umsetzt. Dadurch können sie die Aktionen und Reaktionen verschiedener Akteure unter Berücksichtigung vielfältiger Eventualitäten abwägen und unter den vorteilhaftesten Ergebnissen auswählen. Das Entwerfen sozialer Szenarios ist ein derart fester Bestandteil unseres Verhaltens, dass wir es kaum noch wahrnehmen. Wir spielen im Geiste Unterhaltungen mit anderen Personen durch und stellen uns ihre Antworten vor, die auf unserem ausgeklügelten Verständnis ihrer Persönlichkeiten und Rückschlüssen auf ihre Gefühle basieren.

Delfine verhalten sich manchmal so, als ob sie ein bestimmtes Szenario bereits gedanklich durchgespielt hätten. Nehmen wir das Beispiel von Trips und Bite, als beide nach Monkey Mia kamen, um sich ein Bild von Snubnose, Bibi und Sicklefin zu machen, die Holeyfin überschwänglich den Hof machten. Sie schwammen geradewegs fort, um Cetus, ihren dritten Bündnispartner, sowie Realnotch und Hi, ihre Bündnispartner zweiter

Ordnung, aufzutreiben. Dann kamen alle fünf Männchen nach Monkey Mia zurück und nahmen Snubnose, Bibi und Sicklefin Holeyfin weg. Es ist schwer vorstellbar, dass Trips und Bite *kein* Szenario vor Augen hatten, als sie fortschwammen, um sich Unterstützung zu holen.

Eine verwandte Fähigkeit, das Einfühlungsvermögen – das einem ermöglicht, sich in die Gefühle und Gedanken anderer hineinzuversetzen –, ist eine weitere Grundvoraussetzung für soziale Intelligenz. Immer mehr wissenschaftliche Aufsätze über das Tierverhalten stützen sich auf die »Theorie des Geistes« (*theory of mind),* die untersucht, welche Schlüsse ein Tier über die mentalen Zustände von Artgenossen zieht. Wenn beispielsweise ein Schimpanse einen anderen Schimpansen sieht, der jemanden beim Verstecken von Bananen beobachtet, schließt er dann daraus, dass der andere Schimpanse weiß, wo sich die Bananen befinden? Nimmt er an, dass der andere Schimpanse über einen ähnlichen Intellekt wie er selbst verfügt? Benutzt er die verfügbaren Anzeichen (wie zum Beispiel einen starren Blick), um Informationen über das Wissen und den mentalen Zustand des anderen Schimpansen zu sammeln? Kann er sich in einen anderen Schimpansen hineinversetzen?

Es ist offenkundig sehr schwierig, zweifelsfrei nachzuweisen, dass ein Tier über eine »Theorie des Geistes« verfügt. Wir wissen um unser Einfühlungsvermögen; wir überwachen ständig das Verhalten anderer und schließen daraus, was in ihren Köpfen vorgeht. Und durch die Sprache können wir uns gegenseitig befragen, um festzustellen, dass die anderen das Gleiche tun. Delfine verhalten sich so, als könnten sie sich in Artgenossen hineinversetzen. Sie gehören zu den wenigen Lebewesen, die einem verletzten Gruppenmitglied zu Hilfe kommen und es an der Wasseroberfläche stützen, damit es nicht ertrinkt. Dasselbe fürsorgliche Verhalten erstreckt sich sogar auf andere Arten einschließlich des Menschen.

Eines der eindrucksvollsten Merkmale des menschlichen Sozialverhaltens besteht darin, dass wir moralische Systeme beziehungsweise Regeln, die unser Verhalten steuern, aufstellen und befolgen. Solche Regeln, von denen wir viele als so selbstverständlich erachten, dass wir uns ihrer nicht bewusst sind, sind das Ergebnis einer tief greifenden kulturellen und religiösen Prägung. (»Was du nicht willst, dass man dir tut, das füg auch keinem andern zu«; »Begehre nicht die Frau deines Nächsten«...) Selbst die einfachsten Normen, die unser Alltagsleben bestimmen, sind Teil unseres Moralsystems. »Stütze deine Ellbogen nicht auf den Tisch, kaue mit geschlossenem Mund, gib keine frechen Antworten, sag stets bitte und danke, wenn dir jemand ein Geburtstagsgeschenk macht, solltest du ihm eine Dankeskarte schicken, dich vielleicht sogar revanchieren.«

All diese Regeln brachten mir in der Kindheit meine Eltern bei; damals habe ich ihren Sinn und Zweck nicht richtig verstanden (und tue es in manchen Fällen bis heute nicht), aber ich wusste, dass das Nichtbefolgen dieser Konventionen ein breites Spektrum an Sanktionen nach sich zog, angefangen von einer leichten gesellschaftlichen Ächtung, wie einem abfälligen Blick dafür, dass man sich nicht bedankt hat, bis hin zur Inhaftierung wegen bestimmter Formen von Diebstahl und Lüge. Unsere ausgefeilten Regierungs- und Rechtssysteme sind im Grunde genommen Hilfsmittel, um sozialen Regeln, den moralischen Systemen, die wir für wichtig erachten, Nachdruck und Geltung zu verschaffen.

Dann und wann habe ich mich gefragt, ob auch Delfine gewisse soziale Regeln besitzen. Was mich auf diesen Gedanken brachte, war die Beobachtung, dass einige Delfine die Red Cliff Bay sehr selten besuchten und wahrscheinlich von weit her kamen. Dennoch begegneten ihnen, soweit wir das beurteilen konnten, die ortsansässigen Delfine ohne Feindseligkeit. Weite Wanderungen (über hunderte von Meilen) von Delfinen sind für andere Gegenden gut belegt. Wieso stoßen diese Außenseiter nicht auf größere Feindseligkeit? Ist es möglich, dass es soziale Aggressionshemmungen gibt, die es Wanderern erlauben, unbehelligt die Territorien fremder Delfine zu durchqueren?

Einige Beobachtungen bei ihrer Nahrungssuche haben meine Neugier bezüglich Verhaltensregeln weiter geschürt. Erstens fiel uns mehrfach auf, dass sich die Delfine oft um einen Artgenossen, der einen großen Fisch gefangen hatte, scharten, doch keiner je den Versuch unternahm, die Beute zu stehlen, selbst dann nicht, wenn der Fänger den Fisch mehrere Meter weit wegschleuderte (was vermutlich geschieht, um den Kopf des Fischs abzubrechen). Es schien, als betrachteten sie den Fisch als Eigentum des Delfins, der ihn gefangen hatte. Der Versuch, ihn zu stehlen, stand wohl völlig außer Frage. Das Fehlen einer aggressiven Nahrungskonkurrenz zwischen Delfinen stand in deutlichem Kontrast zum Verhalten der anwesenden Seemöwen, die sich die meiste Zeit über zankten und sich gegenseitig die Nahrung zu entreißen versuchten.

Einige wenige Vorkommnisse wie das Folgende veranlassten mich ebenfalls, über die Umgangsformen der Delfine nachzudenken: Eines Tages versuchten Andrew und ich Crookedfin dazu zu bringen, sich neben unserem Boot auf den Rücken zu legen, damit wir ein gutes Foto von ihrem gesprenkelten Bauch für unsere Unterlagen machen konnten. Wir köderten sie dabei mit einem Fisch, den wir gerade so weit von ihr weghielten, dass sie einige Verrenkungen machen musste, um ihn zu erreichen, wobei wir hofften, dass sie sich dabei auf den Rücken drehen würde.

Als sich Crookedfin die ersten paar Male näherte, drehte sie sich zwar auf die Seite, aber nicht auf den Rücken. Da wir nur einen Fisch hatten, mussten wir ihn vorerst zurückhalten. Als sie ein oder zwei Minuten später zu uns zurückkam, hielten wir ihr den Fisch ein zweites Mal hin. Diesmal drehte sie sich auf den Rücken und ein Großteil ihres Bauchs kam zum Vorschein. Aber wie so oft in solchen Situationen versagte die Kamera, und wir verpassten die Gelegenheit. Wieder zogen wir den Fisch zurück.

Nach einigen weiteren Versuchen war Crookedfin sichtlich frustriert, warf den Kopf hoch und schwamm plötzlich im Kreis. Da tauchte Puck auf, und ich beschloss, Crookedfin den Fisch als Lohn für ihre Geduld zu geben, ehe Puck zu stören begann. Doch bevor ich ihr den Fisch reichen konnte, entfernte sie sich ein wenig. Ich zog den Fisch aus dem Wasser, ehe Puck ihn packen konnte, und sie reagierte darauf, indem sie den Kopf hochwarf und gereizt die Kiefer zuschnappen ließ. Dann näherte sich Crookedfin noch einmal, und ich hielt ihr den Fisch unter Wasser hin, doch sie drehte, ohne ihn zu nehmen, ab.

Mittlerweile fühlte ich mich schrecklich, da ich so viel Frustration ausgelöst hatte, und warf, als sich Crookedfin und Puck ein weiteres Mal näherten, ihnen den Fisch hin. Ich dachte mir, eine der beiden würde ihn schon packen. Doch zu unserem Erstaunen stupste Puck ihn lediglich mit ihrer Schnauzenspitze umher und nahm den Fisch, den sie noch vor einem Augenblick eindeutig gewollt hatte, nicht an. Crookedfin schwamm auf den Fisch zu, wollte ihn aber auch nicht und stieß ihn unwillig weg. Puck näherte sich dem Fisch ein weiteres Mal und stieß ihn ebenfalls weg. Nach mehreren Minuten schnappte Crookedfin den Fisch schließlich und schlang ihn hinunter, worauf Puck sich ihr näherte und mit der Schulter spielerisch gegen ihre Mutter stieß.

Ich hatte eine frustrierende Situation für Crookedfin und Puck geschaffen, und beider Reaktion erinnerte an zwei befreundete Menschen, die nur noch ein einziges Plätzchen auf dem Teller haben: »Nein, du nimmst es« – »Nein danke, ich will's nicht, nimm du es« – »Nein, nein, nein, ich bestehe darauf, nimm es schon« – »Also gut.«

Solche Beobachtungen, so selten sie auch sind, geben der Frage nach der Intelligenz der Delfine neue Anstöße. Doch immer wieder geschah es gerade dann, wenn ich Delfine dabei beobachtete, wie sie einer scheinbar trivialen, nicht sonderlich informativen oder wissenschaftlich interessanten Aktivität nachgingen, dass ich plötzlich die Dinge mit anderen Augen sah und verblüfft Parallelen erkannte zwischen dem, was ich bei den Delfinen wahrgenommen hatte, und dem, was ich über die menschliche Natur wusste. So erging es mir, als ich einmal mit Nicky und Puck rein spaßeshalber herumschwamm.

Puck wartete auf mich. Geschmeidig und glänzend hatte sie sich teilweise auf dem sandigen Strand unmittelbar vor mir stranden lassen. Obwohl ihr Genick nicht sonderlich biegsam ist, mühte sie sich ab, ihren Kopf über die Ebene ihres Körpers emporzurecken und sah zu, wie ich mich in die Flossen zwängte und Taucherbrille und Schnorchel anlegte. Als ich unbeholfen den Strand hinunterwatschelte, glaubte ich, ein amüsiertes Funkeln in ihren braunen Augen zu sehen. Und als ich im Wasser meine Taucherbrille säuberte, stieß sie sich mit ihren Flippern vom Strand ab. Es sollte eine wahre Wonne werden. Oft genug hatte ich mich mit dem Anlegen der Ausrüstung abgemüht und dem kalten Wasser getrotzt, nur um dann von den Delfinen vollkommen ignoriert zu werden. Diesmal freute sich Puck sichtlich auf meine Gesellschaft, und ich freute mich auf ihre. Auch Nicky und Holeyfin waren irgendwo in der Nähe.

Puck glitt sofort an meine Seite und hielt ihr sanftes braunes Auge vor meine Taucherbrille. Ein kleines bisschen Weiß zeigte sich an den Winkeln ihres Auges, ein Zeichen, dass sie entspannt war. Ich war Auge in Auge mit einem wilden Delfin. Sie pfiff, und die Ränder ihres sichelförmigen Blaslochs kräuselten und krümmten sich bei jedem Pfeifton ein wenig. Es ist nicht leicht, unter Wasser Laute zu erzeugen, doch ich tat mein Bestes, sie mit einem möglichst delfinähnlichen Gruß zu imitieren.

Ich streichelte Pucks Flanke und schwamm in tieferes Wasser, wo wir uns beide freier bewegen konnten. Nicky schloss sich uns an. Nicky und Puck, die damals beide Heranwachsende waren, erinnerten mich an junge Mädchen aus meinem Bekanntenkreis. Sie hatten eine enge Beziehung, die jedoch voller Eifersüchteleien und kleinerer Anflüge von Neid wegen diesem und jenem war. Dies zeigte sich, als die beiden begannen, um meine Aufmerksamkeit zu wetteifern. Ich hielt ein Stück Seegras in einer Hand aus dem Wasser und beide stürzten los, um es zu schnappen. Nicky stieß Puck in gewohnter Manier aus der Bahn und nahm das Gras. Puck schnäbelte gereizt in Richtung von Nicky und wollte es ihr abjagen. Es gelang ihr jedoch nicht, und stattdessen kam sie nochmals auf mich zu.

Als Nicky sah, dass sich Puck nicht länger für das Büschel interessierte, ließ sie es fallen. Puck legte sich gefühlvoll über meinen Schoß. Sie wirkte riesig, ihr Kopf war hart wie massiver

Gummi, aber warm, und ihre Haut gab bei Berührung leicht nach. Ich streichelte sie, und sie drehte ihren schneeweißen Bauch zu mir hin. Unter ihren »Achselhöhlen« und dem Kinn hatte sie mehrere winzige, von zartem Rosa gesäumte Falten. Ich kitzelte sie dort und sie wand sich, ließ es sich aber gefallen und schwamm nicht davon.

Nicky versuchte sich nun zwischen uns zu drücken, doch Puck verhinderte dies. Daraufhin schwamm Nicky auf die andere Seite und bot mir ein Stück Seegras an. Ich wusste, dass sie eigentlich gar nicht mit mir spielen wollte, sondern lediglich versuchte, meine Aufmerksamkeit von Puck abzulenken. Puck stieß mit ihrem Kopf gegen Nicky und schob sich zwischen uns. Als ich an ihrem Bauch entlangfuhr, näherte sich meine Hand ihrem Genitalschlitz. Sie schob sich nach vorne, als ob sie den Kontakt verstärken wollte und um sich gegenüber Nicky durchzusetzen. Ich tat ihr den Gefallen; daraufhin stürzte sich Nicky plötzlich mit geöffneter Schnauze auf Puck und kratzte mit ihren Zähnen an Pucks Stirn. Die beiden wälzten und überschlugen sich inmitten einer Kakophonie von Quietsch- und Knurrlauten. Ich versuchte, aus dem Weg zu gehen. Auf keinen Fall wollte ich einen Schlag dieser kräftigen Fluken abbekommen und ebenso wenig mit dreihundert Pfund fester Muskelmasse zusammenstoßen.

Als sie sich ein wenig beruhigt hatten, sah ich, dass Puck nun ein Stück Seegras im Maul hielt (dasselbe Stück?). Nicky stürzte los, um es ihr abzujagen, aber Puck drehte sich weg und wich ihr aus. So kam Nicky zu mir und duldete, was untypisch für sie war, meine Streicheleinheiten und Berührungen, wobei sie über meinem Schoß verweilte, so, wie es Puck zuvor getan hatte. Ich merkte jedoch, dass sie mich weitgehend ignorierte. Ihre Augen folgten Puck, sogar als ich meine Hand sanft an ihrer Flanke hinabbewegte.

All diese kleinen »Spielchen«, das Wetteifern um meine Aufmerksamkeit und der Kampf um das Seegras, erinnerten mich an zwei Kinder (oder auch Erwachsene), die sich um ein begehrtes Spielzeug streiten. Im Grunde genommen hatte der Streit wenig mit mir zu tun. Nicky und Puck waren nicht wirklich daran interessiert, meine Aufmerksamkeit zu gewinnen, geschweige denn das Stück Seegras zu bekommen. Sie benutzten mich und das Seegras als Mittel, um ihre eigenen Angelegenheiten zu regeln. Im Gegenzug für das Privileg, ihnen zusehen zu dürfen, gab ich mich erfreut dafür her. Als das Gezänk, die Rempeleien und Rivalitäten anhielten, begriff ich plötzlich, dass diese Delfine den größten Teil ihrer Zeit und mentalen Energie darauf verwandten, ihre Beziehungen zu regeln.

Es gibt viele Aspekte im Leben der Delfine, die sich grundlegend von unserem Leben unterscheiden. Abgesehen von den enormen Unterschieden im Körperbau und in den sensorischen Fähigkeiten, leben Delfine im Meer, während wir an Land leben. Sie verlassen sich bei der Nahrungssuche vollkommen auf die Jagd, wohingegen der Mensch Landwirtschaft und Viehhaltung entwickelt hat. Delfine werden stark von Haien bejagt, der Mensch hingegen hat praktisch keine natürlichen Fressfeinde. Während wir monogame Paare bilden und Väter sich mit um ihren Nachwuchs kümmern, haben Delfine ein promiskuitives Paarungsverhalten und wissen wahrscheinlich auch nicht, wer wen gezeugt hat. Die Evolution von Delfin und Mensch vollzog sich über Jahrmillionen in grundverschiedenen Lebensräumen, und sie entwickelten sich aus völlig unterschiedlichen Ahnformen. Eine Liste ihrer Unterschiede ließe sich daher beliebig verlängern.

Wenn ich all meine Vermutungen und Eindrücke über die Intelligenz der Delfine Revue passieren lasse, bin ich erstaunt, wie viel wir gemein zu haben scheinen. So wie wir setzen die Delfine einen großen Teil ihrer Intelligenz dazu ein, sich darüber auf dem Laufenden zu halten, wer was mit wem tut. Sie rivalisieren miteinander und versuchen sich gegenseitig zu überlisten; sie sind bestrebt herauszufinden, was andere denken, und sie konkurrieren und kooperieren miteinander in komplizierten, vielschichtigen Bündnissen. Wie bei uns gilt ihr Interesse dem anderen.

Was sehen wir, wenn wir einem Delfin ins Auge blicken und intuitiv von dem Gefühl überwältigt werden, dass er über eine außerordentliche Intelligenz verfügt? Wir sehen ein Auge, das nicht zwanghaft hoffnungsvoll und zustimmend ist wie das eines Hundes noch in sich selbst versunken wie das einer Katze noch so ängstlich abgelenkt wie das eines Vogels. Dieses Auge kommt uns irgendwie vertraut vor, auch wenn es sich jeglicher Beschreibung entzieht. Es ist ein Auge, das abschätzt, nicht vorschnell urteilt, aufmerksam beobachtet, wägt und betrachtet, Schlüsse zieht und versteht. Es ist ein Auge, das taktieren und sich einfühlen und vielleicht, vor allem, erkennen kann, wann sein Blick von einem anderen, ähnlich komplexen und empfindungsfähigen Lebewesen aufgefangen wird.

Der Schutz von Delfinen

An einem Nachmittag im April – wir erforschten gerade die Kommunikation zwischen Mutter und Kind – folgten Janet und ich Peglet, Squares sechs Monate altem Kalb. Die Delfine verbrachten fast den gesamten Nachmittag ruhend, wobei sich Peglet behaglich in typischer Kalbposition eng an Squares Flanke schmiegte. Sie blieben überwiegend im seichten Wasser über den Untiefen nördlich von Monkey Mia. Dabei zogen sie langsam durchs Meer und ruhten gelegentlich an der Wasseroberfläche. Square stöberte am Meeresboden im Seegras herum und scheuchte einige kleine Fische auf, die sie dann lustlos verfolgte. Sie schien mehr auf Ruhe als auf die Jagd aus zu sein.

Nach mehreren erholsamen Stunden gesellten sich Yogi und Smoky dazu. Smokys Ankunft stellte eine Gelegenheit zum Spielen dar, und Peglet verwandelte sich sofort von einem teilnahmslosen Klotz an der Seite ihrer Mutter in einen Ausbund der Lebhaftigkeit. Die beiden Kälber plantschten herum und jagten sich gegenseitig, vollführten Luftsprünge, schnäbelten und stießen sich spielerisch mit den Köpfen, während ihre Mütter in der Nähe mit halb geschlossenen Augen nebeneinander trieben und darauf warteten, dass sich ihre Kinder wieder zu ihnen gesellten. Peglet und Smoky begannen unser Boot zu umkreisen. Peglet, die sich auf die Seite gedreht hatte, um zu uns aufzusehen, presste einen Flipper, wie um sich abzustützen, an Smokys Flanke.

Plötzlich hörte ich durch das Hydrophon einen durchdringenden Pfeifton, der einem Schrei ähnelte. Peglet brach daraufhin durch die Wasseroberfläche, sprang kerzengerade in die Luft und hielt für einen kurzen Augenblick inne, ehe sie zurück aufs Wasser platschte. Dies war kein gewöhnlicher, flacher gerichteter Sprung, mit dem Delfine eine gewisse Distanz zurückzulegen pflegen. Ich hörte weitere durchdringende Pfiffe; sie waren laut und zitternd, als würden sie mit großem Druck ausgestoßen. Und wieder sprang Peglet, diesmal mit Square an ihrer Seite. Mutter und Kalb schwammen davon und sprangen mehrmals gleichzeitig in die Luft. Verwirrt durch dieses plötzliche Drama, folgten wir ihnen in der Hoffnung herauszufinden, was es damit auf sich hatte. Nach wenigen Minuten erhaschten wir einen flüchtigen Blick auf etwas, was Peglet hinter sich herzog. Ein Knäuel verhedderter Angelschnur hing an ihrer Rückenfinne und ein Teil der Schnur hatte sich um ihre Rückenfinne gewickelt. Wahrscheinlich steckte irgendwo in ihrem Körper ein Haken. Ich fühlte, wie mir das Herz in die Hose rutschte.

Square und Peglet schwammen, so schnell sie konnten, nebeneinanderher. Bei jedem Luftholen setzten sie ihre Flucht mit gemeinsamen flachen Sprüngen oder hohen Bogensprüngen fort, wobei sie vor Anstrengung schwer atmeten. Janet und ich versuchten mit ihnen Schritt zu halten. Sie schwammen ziellos umher und änderten aus unerfindlichen Gründen häufig ihre Richtung, sie glaubten sich von dem Knäuel Angelschnur verfolgt und suchten, ihm zu entkommen. Zwei weitere Delfine schlossen sich Square und Peglet an und hielten einige Meter hinter ihnen mit ihnen Schritt. Es waren Surprise und Puck. Die gesamte Gruppe drehte nach Osten ab und setzte ihr Rennen fort.

Peglet zog das Knäuel Angelschnur hinter sich her. Wahrscheinlich schnitt sie ihr ins Fleisch, und der Haken bohrte sich immer tiefer hinein. Nachdem Surprise und Puck Square und Peglet ungefähr zehn Minuten lang gefolgt waren, wurden sie langsamer und setzten sich ab. Vielleicht hatte sie der bloße Anblick von Squares und Peglets Schrecken in Angst versetzt und bewogen, da sie den Grund ihrer Angst nicht kannten, sich für die sicherste Strategie – Flucht in dieselbe Richtung – zu entscheiden.

Square und Peglet sausten noch immer durch die Bucht. Drei andere Delfine tauchten auf, und auch sie schlossen sich ihnen an. Nach ungefähr zehn Minuten scherten sie aus und ließen Square und Peglet allein weiter nach Norden jagen.

Janet und ich überlegten krampfhaft, wie wir Peglet dazu bringen könnten, zu uns zu kommen, damit wir sie von der Schnur befreiten. Könnten wir ihr nur verständlich machen, dass wir ihr helfen wollten, dass unsere Hände für Verrichtungen geschaffen sind, die sie mit ihren Flippern nicht bewerkstelligen können. Obwohl es ungeheuerlich klingen mag, so hatte ich doch Grund zur Annahme, dass Delfine womöglich so denken konnten. Wilf Mason hatte uns einen Vorfall geschildert, bei dem ein fremdes ausgewachsenes Delfinweibchen, das offenkundig in Schwierigkeiten war, ins Flachwasser von Monkey Mia kam und sich ihm näherte. Es hatte einen großen Fischerhaken in seinem Maul stecken. Dieser Delfin, der an den Kontakt mit Menschen nicht gewöhnt war, hatte es Wilf gestattet, den Haken mit einer Zange zu entfernen. Dies ist um so bemerkenswerter, als dem Delfin die Entfernung des Hakens höllisch wehgetan haben muss. Dennoch begriff das Weibchen irgendwie, dass Wilf ihm helfen wollte, dass der Schmerz letztlich unvermeidlich war und sie auf lange Sicht besser dran wäre, wenn sie ihn ertrug. Ich hatte ähnliche und genauso bemerkenswerte Geschichten über Delfine gehört, die ebenfalls die Hilfe von Menschen suchten.

Es war jedoch unwahrscheinlich, dass Square und Peglet freiwillig unsere Hilfe in Anspruch nehmen würden. Könnten wir sie mit der Unterstützung der Ranger von Monkey Mia mit einem Netz einfangen? Auch dies war nur schwer vorstellbar. Außerdem wäre es für Square und Peglet mit enormem Stress verbunden gewesen. Hilflos folgten wir ihnen, während sie weiter in panischer Angst vor der Gefahr flohen, die sie hinter sich herzogen. Langsam ging die Sonne unter, und wir sorgten uns, dass Square und Peglet sich womöglich überanstrengten.

Sie schwammen jetzt schon weit über eine halbe Stunde so schnell sie konnten. Dann überquerten wir die nördlich von Monkey Mia gelegenen Untiefen und gelangten an den Rand des tiefen Kanals, wo das Wasser plötzlich dunkel wurde und Wellen an unsere Bootswand klatschten, die uns vom Kurs abbrachten. Unter diesen Bedingungen und um diese Stunde wäre es gefährlich, weiter in die Bucht hinauszufahren, zumal wir sowieso nichts tun konnten. Janet hatte die ganze Zeit über Daten gesammelt, doch nun verloren wir die Spur der Delfine zu oft, und es war Zeit, die Verfolgung abzubrechen.

Wir kehrten um und fuhren grimmig nach Monkey Mia zurück; wir fragten uns, ob sie wohl so lange in diesem halsbrecherischen Tempo weiterschwimmen würden, wie die Angelschnur an Peglets Rückenfinne hing und sich vielleicht in gefährlichem Maße erschöpften. Schnitt die Schnur gar in ihr Fleisch und brachte ihr eine scheußliche Wunde bei, oder verfing sie sich in anderen Körperteilen, in Squares Körper oder einem anderen Gegenstand, sodass Peglet vielleicht sogar ertrank? Die Vorstellung, dass sie den Tod finden würde, nur weil sich jemand achtlos einer verwickelten Angelschnur entledigt hatte, war schier unerträglich.

Im Camp angekommen, legte sich die quälende Sorge wie Blei über unsere abendlichen Hausarbeiten und das Essen. Wir schworen uns, anderntags in aller Herrgottsfrühe aufzustehen und Peglet so schnell wie möglich ausfindig zu machen. Doch bei Tagesanbruch blies ein heftiger Wind aus Südost, und die raue See ließ es nicht zu, dass wir nach ihnen suchten. Wir warteten bis in den Nachmittag hinein, aber noch immer machte der Wind uns einen Strich durch die Rechnung. Schließlich beschlossen wir in unserer Frustration, dennoch ins Boot zu steigen. Zumindest könnten wir die Gewässer unmittelbar vor Monkey Mia absuchen. Da Square und Peglet in der Regel nicht in dieses Gebiet kamen, betrachteten wir unsere Suche als verlorene Liebesmühe. Aber wir mussten irgendetwas unternehmen, also fuhren wir hinaus. Und als ob sie gewusst hätten, dass wir nach ihnen suchten, waren Square und Peglet die ersten Delfine, denen wir, keine halbe Meile von der Küste entfernt, begegneten. Die Angelschnur war verschwunden. Peglets Finne wies einen frischen Einschnitt auf, dort, wo sich die Schnur in ihr Fleisch geschnitten hatte, doch sie war wohlauf. Wir klatschten, schrien und pfiffen vor Freude und kehrten dann, zumindest einstweilen enorm erleichtert, nach Monkey Mia zurück.

Peglet war nicht der erste Delfin, der sich vor Monkey Mia in einer Angelschnur verfangen hatte. Da die Leute oft von der Mole aus fischten, trieben zweifellos eine Menge weggeworfener Angelschnüre im Wasser herum. Delfinkälber schienen besonders gefährdet zu sein; vielleicht veranlasste sie ihre Neugier zu gewagteren Erkundungen, oder vielleicht hatten sie noch nichts über die möglichen Gefahren gelernt. Doch die Delfine der Shark Bay sind noch in einer vergleichsweise glücklichen Lage. Ihre Probleme mit monofilen Schnüren, Fischernetzen und Angelhaken sind im Vergleich zu den Problemen, mit denen Delfine in den Weltmeeren konfrontiert sind, belanglos.

Die Probleme sind so gravierend, dass es mir sehr schwer fiel, die Statistiken zu ergründen, die darüber Auskunft geben, wie viele Delfine jedes Jahr, jeden Tag beziehungsweise jede Minute infolge unsauberer Fischereipraktiken ums Leben kommen. Beim Tunfischfang beispielsweise kreisen die Fischer Delfinschulen ein, mit denen sich die Tunfische zusammenschließen. Nach Schätzungen der IATTC (InterAmerican Tropical Tuna Commission) wurden dabei bis vor wenigen Jahren, als sich die Sterberate von Delfinen aufgrund neuer Beschränkungen und Technologien verringerte, jährlich über hunderttausend Delfine getötet. Doch auch heute noch kommen schätzungsweise drei- bis fünftausend Delfine im Zuge des Tunfischfangs ums Leben. Tausende von Delfinen, jeder Einzelne wie Nicky, Puck, Holeyfin, Surprise, Square und ihre Töchter, Squarelet und Peglet, Snubnose, Bibi und Sicklefin, verlieren auf diese Art ihr Leben; all diese intelligenten Delfinpersönlichkeiten werden nur deshalb getötet, damit wir uns unsere Sandwiches mit Tunfisch belegen können.

Die Tunfischindustrie ist aber nur einer der Übeltäter. Man

nimmt an, dass Fischerboote weltweit jährlich siebenundzwanzig Millionen Tonnen »nicht-anvisierte« Meerestiere aus dem Wasser ziehen und, tot oder sterbend, wieder über Bord werfen. Dieser »Beifang«, der auch Delfine und andere Meeressäuger einschließt, macht ungefähr ein Viertel der Fangmenge aus. Tatsächlich sind Delfine überall dort, wo Fangnetze aus robusten, widerstandsfähigen Monofilamentfasern eingesetzt werden, in Bedrängnis. Das bedeutet, praktisch überall auf den Weltmeeren und in den Flüssen, in denen Delfine vorkommen.

Fischernetze stellen nicht die einzige Gefahr dar, die den Delfinen vom Menschen droht. In einigen Regionen werden Delfine als Nahrungsquelle gejagt oder, wie es bis vor kurzem vor der Küste Chiles der Fall war, zu Krabbenködern verarbeitet. Einige Delfinpopulationen sind deshalb zurückgegangen, weil die Fischarten, die ihre Nahrungsgrundlage bilden, überfischt wurden. Die Flussdelfine gehören zu den am stärksten gefährdeten Arten. Die größten Binnenschifffahrtswege der Welt sind auf ihrer gesamten Länge mit Staudämmen von Wasserkraftwerken verriegelt, die für Delfine unpassierbar sind. Der Jangtsekiang in China ist ein typisches Beispiel. Der Baiji – Chinesische Flussdelfin – kam einst überall im Jangtsekiang vor, doch Dämme, der starke Schiffsverkehr, delfinfeindliche Fischfangmethoden und Wasserverschmutzung haben diese Art an den Rand des Aussterbens gebracht. Nach gegenwärtigen Schätzungen leben vermutlich nur noch hundert Baijis im Jangtsekiang, und ihre Zukunft sieht äußerst düster aus.

Die Umweltverschmutzung stellt in ihren vielen schleichenden Formen die größte globale Bedrohung für die Delfine dar. Da Delfine räuberische Lebewesen sind und an der Spitze der Nahrungskette stehen, akkumulieren sich in ihrem Körper unglücklicherweise Giftstoffe. Diese so genannte Bioakkumulation findet statt, wenn ein kleiner Organismus, sagen wir, ein kleiner Fisch, durch seine Nahrung Gifte (wie DDT oder PCBs) in seinem Gewebe anreichert. Größere Fische fressen viele dieser kleinen, leicht giftigen Fische. Auf diesem Weg nimmt der größere Fisch sämtliche Giftstoffe all der kleinen Fische in sich auf. Nun frisst ein noch größerer Fisch den großen Fisch und viele seiner Art und reichert die akkumulierten Gifte in seinem Körper weiter an. Bei einem Räuber wie dem Delfin kann das angereicherte Gift folglich wahrhaft Besorgnis erregende Konzentrationen erreichen.

Wissenschaftler haben in den Organen von Meeressäugern einschließlich Delfinen extrem hohe Konzentrationen von Chlorkohlenwasserstoff-Rückständen nachgewiesen. Wir wissen, dass diese Gifte die Funktion der Sexualhormone, des Immunsystems und sogar die kognitive Entwicklung beeinträchtigen. Schlimmer aber ist, dass diese giftigen Rückstände über das Stillen von einer Generation an die nächste weitergegeben werden. Da die Gifte fettlöslich sind, gelangen sie über den Stoffwechsel auch in die Muttermilch. Aus diesem Grund sind bereits Säuglinge stark mit Giften belastet. Dies führt zu einem exponentiellen Anstieg der toxischen Belastung von einer Generation zur nächsten.

Eine weitere ernsthafte Bedrohung für Delfine und andere Meeressäuger stellt der durch das Zusammenwirken von schwindender Ozonschicht, Verbrennung von Kohlenwasserstoffen und Abholzung der Wälder verursachte Klimawandel dar. In welchem Maße Delfine davon betroffen sein werden, lässt sich schwer vorhersagen, doch ganze Ökosysteme einschließlich der Delfine werden zweifelsohne von den steigenden Temperaturen, dem abnehmenden Salzgehalt des Meerwassers, dem Anstieg des Meeresspiegels und anderen absehbaren Veränderungen betroffen sein.

Die Shark Bay ist eines der abgelegensten Gebiete der Erde. Die Strände sind immer noch verhältnismäßig frei von Abfall, und Luft und Wasser sind relativ sauber. Doch selbst hier hat die Umweltverschmutzung bereits ihren Tribut gefordert. Im Februar 1989 erhielt ich während eines Aufenthalts in den Vereinigten Staaten einen Anruf von Richard aus Monkey Mia: »Ich hab schlechte Neuigkeiten.« Dem Klang seiner Stimme konnte ich entnehmen, dass ein Delfin gestorben war. »Was?«, fragte ich. »Snubnose, Bibi und Sicklefin sind nicht mehr da.« – »Was meinst du mit ›sind nicht mehr da‹?« »Zuerst verschwand

Sicklefin, dann Snubnose und wenige Tage danach Bibi. Sie sind seit einer Woche weder hier in Monkey Mia noch vor der Küste gesichtet worden. Es besteht die Möglichkeit, dass sie tot sind, andernfalls wären sie hier aufgekreuzt.« Es war nicht nur ein Delfin, sondern gleich alle drei Männchen. Ich legte den Hörer auf und war wie betäubt. Nach all dem, was wir von diesen drei Männchen gelernt hatten, konnte ich mir Monkey Mia ohne sie einfach nicht vorstellen.

Ungefähr einen Tag später, als Richard wieder anrief und seine Stimme zittrig und ernst klang, kam ein noch größerer Schock. »Rachel, auch Holly ist tot... und Nipper (Nickys Erstgeborenes).« Wenn es sich nur um die erwachsenen Männchen gehandelt hätte, dann hätten wir noch eine gewisse Hoffnung hegen können, dass sie einfach für eine Weile fortgezogen waren und wieder zurückkehren würden. Aber nicht Holly und das Baby. Sie waren zu jung, um auf eigene Faust fortzugehen. Unsere Delfine starben.

Am schwersten fiel es mir, mich mit dem Tod von Holly abzufinden. Sie und ich hatten so oft in außergewöhnlicher Weise miteinander gespielt. Ihr kleiner Kopf schien so intelligent, verspielt und lebendig, dass ich ihren Tod nicht wahrhaben wollte. Sie war so jung und hatte die besten Voraussetzungen für ein langes und interessantes Delfinleben gehabt. Wir würden nicht sehen, wie sie heranwächst, eigene Junge aufzieht und alt wird. Nie mehr wieder würde ich Seegrasspielchen mit ihr machen oder an ihrer Seite schwimmen.

Die Todesfälle waren durch Verschmutzung verursacht worden. Wie zu dieser Jahreszeit üblich, waren die Gezeiten besonders ausgeprägt. Im Jahr zuvor hatte man einen neuen Toilettenblock errichtet, um dem wachsenden Andrang von Touristen gerecht zu werden. Das Abwassersystem war nur wenige Fuß über der Flutlinie installiert, und aufgrund des für diese Jahreszeit ungewöhnlich hohen Abwasseraufkommens war der Inhalt der Tanks in die Bucht gespült worden. Anschließend entnommene Wasserproben ergaben eine extrem starke bakterielle Verunreinigung der küstennahen Gewässer von Monkey Mia. Obwohl einige eine Verbindung zwischen den

Todesfällen und der erhöhten bakteriellen Belastung bestritten, schien ein bloß zufälliges Zusammentreffen recht unwahrscheinlich. Welch traurige Ironie, dass die Delfine ausgerechnet durch die Exkremente ihrer Bewunderer vergiftet worden waren.

Die Todesfälle ereigneten sich in der Zeit des Umbruchs, als der Campingplatz von Monkey Mia einem modernen Ferienort wich. Wir hatten mit Wilf und Hazel hart um Reglementierungen bei der Delfinfütterung gerungen, und dann hatten wir für weitere Kontrollen gekämpft, von denen wir glaubten, sie seien für das anhaltende Wohl der Delfine von Bedeutung. Trotz unserer anfänglichen Ängste wegen der regen Bautätigkeit in Monkey Mia zeigte sich das neue Management relativ offen für unsere Vorschläge zum Wohl der Delfine. Sie erkannten offenbar, dass die Anziehungskraft des Ortes von den Delfinen ausging und es in ihrem ureigenen Interesse lag, sie am Leben und gesund zu erhalten und dafür zu sorgen, dass sie weiterhin nach Monkey Mia kamen.

Wir machten alle erdenklichen Vorschläge: was die Touristen den Delfinen füttern durften, wie sie sich ihnen gegenüber zu verhalten hatten, Geschwindigkeitsbeschränkungen für Boote in den küstennahen Gewässern, Beschränkungen für den Einsatz von Pestiziden und chemischen Düngern, die ins Wasser gelangen konnten, die fortlaufende Überprüfung der Wasserqualität, begrenzte Vergabe von Konzessionen für die Vermietung von Wassersportgeräten wie Jet-Skis und Surfbrettern (bei starkem Wind kann ein Surfbrett eine Geschwindigkeit von bis zu neunzig Kilometern pro Stunde erreichen; zudem sind sie verhältnismäßig leise; ein ruhender oder unerfahrener Delfin kann leicht getroffen werden, wie bereits andernorts geschehen, wo sich Delfine und Surfer in die Quere gekommen sind).

Im Laufe der Jahre sammelten wir so viele Daten über die Überlebensziffer von Jungtieren, dass wir aufzeigen konnten, dass die Sterblichkeitsrate unter den Delfinkälbern von Monkey Mia noch höher war als die von Delfinen, die nicht nach Monkey Mia kamen. Wir machten uns Sorgen, dass die Kälber nicht lernten, wie man sich in freier Wildbahn richtig verhält, da sie mit ihren Müttern zu viel Zeit damit verbrachten, in Monkey Mia gefüttert zu werden, statt sich ihre Nahrung in den Weiten der Bucht selbst zu besorgen.

Die sorglosen und unbeschwerten Tage unserer ersten Aufenthalte in Monkey Mia sind lange vorbei. Heute sind der Ort und die Delfine eine »bewirtschaftete Ressource«: Es ist der einzige Weg, mit dem Ansturm der Touristen fertig zu werden, die die Delfine sehen, füttern, berühren, und fotografieren wollen. Ein fester Stab von Vollzeitkräften ist damit beschäftigt, die Menschenmassen in geordnete Bahnen zu lenken, ihnen Auskunft zu geben und ihre Fragen zu beantworten.

Obwohl mich diese Veränderungen in mancher Hinsicht traurig stimmen, fühle ich mich gleichwohl durch die Tatsache ermutigt, dass sich so viele Menschen für Delfine interessieren. Ihr Interesse ist so groß, dass die Menschen nicht davor zurückscheuen, den langen Weg zur Shark Bay auf sich zu nehmen. Letztlich liegt in der Anziehungskraft der Delfine die größte Hoffnung auf die Erhaltung ihrer Art.

Nachdem ich sie seit so vielen Jahren besuche, vermute ich, dass ich sie mittlerweile in gewisser Hinsicht als etwas Selbstverständliches erachte. Gelegentlich trete ich zurück und erkenne, wie aufregend es für die meisten Besucher sein muss, ins Wasser hineinzuwaten und einen wilden Delfin zu berühren. Ich vergegenwärtige mir meinen ersten Kontakt mit Holeyfin vor vielen Jahren, die überraschende Wärme ihrer Haut, als ich sie mit der Hand berührte. Und den Gesichtsausdruck der alten, blinden Frau, die von ihrem Ehemann ins Wasser geführt wurde, um ihre Hand auf Pucks Seite zu legen: die Erfüllung eines lebenslangen Traums. Welchen besseren Weg gibt es, um Menschen etwas über diese Geschöpfe beizubringen und ihr Interesse und ihre Sorge zu wecken?

Ich glaube, diese Erfahrung ist gerade deshalb so tief greifend, weil es sich um wilde Delfine handelt. Würden sie in einem Becken leben, wäre da stets das schleichende Gefühl, dass sie lediglich darauf abgerichtet wurden, sich so zu verhalten, oder gar keine andere Wahl hatten. Die Delfine von Monkey Mia zwingen die Besucher dazu, ihnen auf halbem Weg entgegenzukommen, ins Wasser, ihr Element, hineinzuwaten. Dort erwarten die Menschen dann freundliche Delfingesichter. Es bleibt jedoch eine gewisse Distanz bestehen, die davon zeugt, dass es wilde Delfine sind, deren interessantes Leben viel mehr beinhaltet, als nur Menschen zu unterhalten, und die außerdem größtenteils nicht von uns abhängig sind.

Während ich diese Zeilen schreibe, feiern wir das »Jahr der Meere«. Es begann mit einer Petition, die von hunderten von Wissenschaftlern, politischen Entscheidungsträgern und besorgten Bürgern unterschrieben wurde und in der die führenden Politiker der Welt eindringlich aufgefordert wurden, Maßnahmen zum Schutz der Weltmeere einzuleiten. Alle stimmen in der düsteren Diagnose überein, dass die Ozeane, Herz und Lungen unseres Planeten, im Sterben begriffen sind. Delfine sind nur eine von vielen Spezies, die wir mit Sicherheit verlieren werden.

Meines Erachtens liegt uns etwas an Individuen, deren Persönlichkeit wir kennen und mit denen wir uns identifizieren können. Daher hoffe ich, dass die Delfine Monkey Mias, die ihr Leben und den Umgang mit ihrer Persönlichkeit eine Zeit lang mit uns geteilt haben, uns womöglich so berühren, dass es weitreichende Auswirkungen auf den Schutz ihrer Art haben wird. Wenn wir schon nicht bereit sind, das Notwendige zu tun, um die Weltmeere wegen eines Korallenriffs, einer Sergeantfischart, eines Mantas oder eines Banjorochens oder auch des künftigen Wohles unserer Spezies zu retten, können uns vielleicht Nicky, Puck, Surprise und ihr Nachwuchs dazu anregen, die heute die Tradition in Monkey Mia, dass Menschen sie berühren dürfen, fortsetzen.

Nachwort

Man kann ein ganzes Leben mit der Erforschung der Delfine verbringen und immer wieder neue Entdeckungen machen. Da ein Delfin eine annähernd so hohe Lebenserwartung wie der Mensch besitzt, kann ein einzelner Mensch immer nur höchstens eine Generation von Delfinen beobachten. Im Laufe der Jahre erkannte ich jedoch allmählich den Tribut, den das Lagerleben von mir forderte, und beschloss, dass es Zeit für eine Pause wäre.

In gewisser Weise fühlte ich, dass das Verständnis der Lebensweise der Delfine zu Lasten meines Lebens gegangen war. Ich hatte gesehen, wie Nicky, Puck und andere aufwuchsen, spielten und jagten, ihre Beziehungen zu anderen entwickelten, selbst Nachwuchs hatten, Verluste ertragen mussten und ihr vielfältiges Leben fortsetzten. In der Zwischenzeit trieben mich die beengten Wohn- und Arbeitsbedingungen und das Gefühl, durch mein weltweites Pendeln entwurzelt zu werden, in den Wahnsinn. Aufgrund meiner langen Abwesenheit waren zwei wichtige Beziehungen in den Vereinigten Staaten zerbrochen. Ich hatte mir große Mühe gegeben, Freundschaften an beiden Orten zu pflegen, doch fiel es mir schwer, mich rasch und ohne Mühe an das sich stets wandelnde soziale Umfeld, dem ich ausgesetzt war, anzupassen.

Vielleicht lag es daran, dass ich älter wurde, jedenfalls begann ich mich nach einem Zuhause zu sehnen, wo ich mein Hab und Gut aus den Kisten packen und meinen Rucksack in den Schrank stellen konnte; nach einem Ort, an dem ich bestimmen konnte, mit wem ich morgens meine erste Tasse Kaffee trank, wo ich etwas hinlegen konnte und wusste, dass es, wenn ich es benötigte, da sein würde, und wo ich mich abends in Ruhe bei einem Glas Wein und einem Buch entspannen konnte.

Wir hatten große Fortschritte bei der Erforschung des Lebens der Delfine in der Shark Bay gemacht. Je mehr wir herausfanden, desto mehr Entdeckungen lagen noch vor uns. Doch ich hatte das Gefühl, dass es an der Zeit war, meinem Leben den Vorrang zu lassen. Es war an der Zeit, sich häuslich niederzulassen und sesshaft zu werden, dauerhafte Beziehungen zu pflegen und die vielen Berichte, die halb fertig auf meinem Schreibtisch lagen, zu vollenden. Es war Zeit, zwischen meinen Reisen nach Australien größere Abstände zu machen und mir die Muße zu gönnen, über meine Erfahrungen und all das, was wir von den Delfinen gelernt hatten, nachzudenken.

Nun ist es bereits mehrere Jahre her, dass ich die Delfine von Monkey Mia besucht habe. Mein Leben hat sich tief greifend verändert; ich heiratete, zog ins ländliche Vermont und ließ meine wissenschaftliche Laufbahn nach der Geburt meines ersten und der bevorstehenden Geburt meines zweiten Kindes ruhen. Auch in Monkey Mia haben sich die Dinge geändert. Holeyfin starb im Sommer 1997. Sie war eine vornehme alte Delfindame, doch wahrscheinlich spürte sie ihr Alter. Der Tierarzt, der eine Autopsie durchführte, entdeckte den Stachel eines Stechrochens in der Nähe ihres Herzens, der eine Infektion und Blutung verursacht hatte. Das wird ihr vielleicht den Rest gegeben haben, aber ich nehme an, dass nach einem langen und abwechslungsreichen Leben ihre Zeit gekommen war. Vermutlich wurde das Leben nur weniger Delfine so gründlich dokumentiert wie das ihre.

Nicky, Puck und Surprise stellen die derzeitige Generation von Matriarchinnen. Pucks Tochter Piccolo, Surprises Tochter Shock und Nickys Tochter Holeykin werden voraussichtlich die Tradition von Monkey Mia an eine weitere Generation weitergeben. In der Zwischenzeit haben alle drei Mütter wieder

Junge bekommen. Die Erfahrung hat uns gelehrt, nicht zu viel Hoffnung in die Youngster zu setzen, zumindest nicht, bis er oder sie die ersten paar Jahre überstanden hat, aber hoffentlich werden sie es schaffen.

Jetzt, da eine eigene Familie meine Zeit in Anspruch nimmt, habe ich es zugelassen, dass die Tage in Monkey Mia, zumindest einstweilen, der Vergangenheit angehören. Eine neue Generation hervorragender und motivierter Wissenschaftler setzt die Forschungen fort, und der Gedanke ist schön, dass sie etwas von derselben Begeisterung, die ich bei meinen ersten Aufenthalten dort verspürt habe, erleben.

Wenn ich meine Augen schließe, höre ich noch immer den Klang der Glockenflötergesänge und das Geräusch eines aus der Dunkelheit auftauchenden Delfins, der mich durch die Wasseroberfläche, diese zwar durchsichtige, aber grundlegende Barriere zwischen uns, ansieht. Wir kommen aus so verschiedenen Welten, dass wir genauso gut von fremden Planeten sein könnten. Dennoch ist uns vieles gemeinsam. Vor allem sind wir beide so neugierig, dass wir jegliche Furcht überwinden, die uns ansonsten schon an einer Begegnung hindern würde.

Was bist du? Wer bist du? Die Antworten auf diese Fragen liegen für uns beide in einer langen geschichtlichen Entwicklung, die sowohl evolutionär als auch persönlich geprägt ist. Unser Leben dreht und wendet sich, angefangen von der Geburt über die vielen Jahre der Kindheit bis zur langen Zeit des Erwachsenseins. Dies alles birgt große Veränderungen, ist mit Freuden, Frustrationen, Glück und der Erfahrung des Verlusts verbunden. Obwohl unsere Spezies keine Ähnlichkeit miteinander haben, so haben wir doch beide gelernt, durch die heiklen Gewässer unserer Beziehungen zu anderen zu navigieren – durch Liebe, Hass, Geben und Nehmen –, wobei wir stets versuchen herauszufinden, was in unseren Freunden vor sich geht. Wir tragen beide diese lange und verzweigte Geschichte in gemeinsamer Absicht in diesen Augenblick hinein. Können wir Freunde sein? He du da, auf der anderen Seite, unser Herz und unser Verstand unterscheiden sich gar nicht so sehr!

In meiner Fantasie schwindet das Bild dieses Delfins ebenso wie die Melodie des Glockenflöters. Unsere Begegnung ist zu einem Schattenbild der Vergangenheit geworden, einem flüchtigen Blick durch ein kleines Fenster. Doch diese Geräusche und Bilder zerren an mir und ziehen mich zurück zur Bucht. Vielleicht werde ich schon bald meine Taschen packen, meinen Mann und unsere Kinder nehmen und uns alle zurück nach Australien führen, um diese Freundschaften neu zu beleben und gemeinsam mit meiner Familie die Begeisterung zu erleben, einen wilden Delfin zu berühren.

Inhalt